Travesía
interminable

Travesía interminable
Primera edición, 2019

Texto
© Adam Skolnick, Antonio Argüelles

Fotografías
© Pablo Argüelles Cattori
© María Paula Martínez Jáuregui Lorda
© Paulo Nunes dos Santos
© April Wong

Editor
Franco Bavoni

Coordinadora general
Karina López

Director creativo
Ramón Reverté

Traductor
Franco Bavoni

Cuidado de edición
María Teresa González

Diseño
HILL Strategic Brand Solutions – Houston, Texas

© 2019 Editorial Reverté, S.A.
Calle Loreto 13-15, local B
08029, Barcelona
Tel.: (+34) 93 419 3336
reverte@reverte.com
www.reverte.com

Edición en papel:
ISBN: 978-84-291-6461-9

Edición en e-book (e-pub):
ISBN: 978-84-291-9540-8

Edición en e-book (PDF):
ISBN: 978-84-291-9541-5

Impreso por Masquelibros

Enero 2020

Travesía interminable

ANTONIO ARGÜELLES

EDITORIAL
REVERTÉ

Nadar me producía un gozo enorme, una sensación de bienestar tan extrema que en ocasiones se convertía en una especie de éxtasis. Había un compromiso total con el acto de nadar, con cada brazada, y al mismo tiempo la mente podía flotar libremente, fascinarse en un tipo de trance. Nunca conocí algo tan poderoso, tan sanamente estimulante, y estaba enviciado, todavía lo estoy, y me irrito cuando no puedo nadar.

OLIVER SACKS

Prólogo

Usted, apreciado lector, está a punto de iniciar un recorrido fascinante. Gracias a este libro, podrá acompañar a Antonio Argüelles en un periplo asombroso que muy pocos seres humanos se han atrevido a intentar y sólo seis antes que Antonio han completado: cruzar a nado siete estrechos ubicados en siete distintos mares.

Una hazaña. Una proeza ambiciosa. Una aventura que linda en lo descabellado y que implicó nadar continuamente, en la travesía más corta, la del estrecho de Gibraltar, de 14.4 kilómetros, más de cuatro horas, y en la más larga, la del canal de Kaiwi, de 45 kilómetros, durante prácticamente un día completo. La gesta supuso tolerar aguas más gélidas de lo que, según los que saben, puede soportar el cuerpo humano, además de privarse del sueño durante larguísimas jornadas mientras se hallaba sometido a intensa actividad física. Por si fuera poco, Antonio completó este sueño a la madura edad de 58 años, más que ningún otro de quienes antes lo realizaron.

Usted, lector atento, disfrutará de una detallada, amena y a veces escalofriante crónica de los pormenores de cada uno de los cruces a brazadas en cada uno de los Siete Mares, pues sucede que Toño, además de ser buen nadador es buen narrador —su excelente colaborador en este texto, Adam Skolnick, no me dejará mentir—.

Me imagino, lector sensible, que usted sufrirá —como a mí me sucedió— en los muchos momentos difíciles, algunos casi trágicos, que el protagonista de esta aventura vivió al cubrir tan largas distancias en aguas abiertas e inhóspitas. También se regocijará con admiración al leer de sus arribos triunfantes en los estrechos conquistados, después de haber superado episodios que pusieron a prueba su capacidad física, su entereza y su voluntad y de que supo encontrar la fuerza para no darse por vencido y seguir nadando para superar, literalmente, las corrientes más adversas, hasta tocar la ansiada orilla.

Además, usted, empeñoso y curioso lector, acompañará a Antonio en el descubrimiento de la geografía, la cultura y la gente de los lugares que lo acogieron generosamente en cada una de las etapas de su proeza. Una parte muy importante de la historia que aquí se nos obsequia es lo que ha debido hacer el protagonista antes, mucho antes, de iniciar cada uno de sus siete exitosos nados. Tanto como en estos admirables logros de la voluntad y del esfuerzo físico, Antonio nos da una muy importante lección de vida cuando nos cuenta cómo tuvo la idea y decidió llevar a término estas siete epopeyas; cómo formuló un plan para prepararse y cómo lo cumplió paso por paso, con firme disciplina. En el camino, al contar estas cosas, Antonio nos lleva a conocer singulares circunstancias, ilusiones y vicisitudes de su infancia, juventud y madurez.

Otra gran lección está en la manera en que Toño reconoce la importancia de las personas que lo han motivado, entrenado y respaldado en sus extraordinarios emprendimientos deportivos. Nos transmite con sinceridad, gratitud y humildad que sus éxitos lo son también de esas otras personas, mensaje que no es poca cosa en esta época de abominables narcisismos e individualismos.

Sin vacilación, sumérjase el entusiasta lector en las muy especiales travesías de Antonio Argüelles, porque le aseguro que mucho las disfrutará.

DR. ERNESTO ZEDILLO
Universidad de Yale

Dedicatoria

A Shirley y Bill Lee, quienes me adoptaron y trataron como un hijo más, y cuyo cariño y generosidad nunca olvidaré. La oportunidad que me dieron fue un parteaguas en mi vida y el origen de esta travesía.

— LOS SIETE MARES —

2017
Canal del Norte

TIEMPO
13:32 HRS
—
DISTANCIA
35 KM

2016
Canal de Kaiwi

TIEMPO
23:18 HRS
—
DISTANCIA
45 KM

2017
Canal de Catalina

TIEMPO
14:27 HRS
—
DISTANCIA
32.3 KM

2015
Estrecho de Gibraltar

TIEMPO
4:23 HRS
—
DISTANCIA
14.4 KM

2017
Estrecho de Cook

TIEMPO
11:22 HRS
—
DISTANCIA
23 KM

2009
Canal de la Mancha

TIEMPO
12:54 HRS
—
DISTANCIA
33.5 KM

2015
Estrecho de Tsugaru

TIEMPO
12:38 HRS
—
DISTANCIA
19.5 KM

Bajo la luz

de la luna, la

lluvia o el sol

implacable,

nado, firmo

mi nombre en

la marea.

Sueño

Cuando todo marcha bien, puedo sentir su ritmo. La manera en que el mar sube y baja, mientras estiro el brazo derecho, luego el izquierdo, hasta mi límite físico. Mis piernas y mis pies se sacuden, y con su aleteo dibujan una estela que me sigue mientras cuento las brazadas que me impulsan hacia delante en medio de un abismo de tinta azulada.

Aun con un equipo de apoyo cerca, en el barco escolta, las horas se traslapan y empiezo a sentirme solo, a la deriva en el canal, a kilómetros de mi punto de partida, a kilómetros de la costa más cercana. Es un anhelo, una soledad hermosa. Bajo la luz de la luna, la lluvia o el sol implacable, nado, firmo mi nombre en la marea.

Los números me hacen compañía. Mi conteo de brazadas mantiene ocupado mi cerebro con una tarea monótona e interminable. A medida que empujo mi cuerpo, es útil entretener mi mente; necesario, incluso. Una mente desocupada es una bomba de tiempo, un desastre en potencia cuando se suman el dolor y la incomodidad: se rebelará o hará corto circuito, como un país sin oportunidades.

¿No ansiamos todos tener un propósito? En los deportes de resistencia —en especial en la natación en aguas abiertas—, como en la política y la vida, la mayoría de los fracasos son producto de uno mismo. Así que alimento mi mente con números. Le entrego tareas insulsas hasta que renuncia a toda identidad y se unifica en torno a un solo propósito. Pierdo noción de mí mismo por completo.

Antes de comenzar un nado de larga distancia o después de terminarlo, una vez que he alcanzado el destino que mi equipo y yo imaginamos, y para el cual hemos trabajado durante años, hay un zumbido de inmediatez en el aire. Pero el nado en sí se siente tan elástico como un sueño sin un final discernible.

Un reloj en marcha hace tictac como ruido blanco que puedo escuchar incluso en esos momentos en que me entrego a la fantasía: dejo mi cuerpo y, como ave marina, vuelo lo suficientemente alto como para apreciar la escena en su totalidad y ver la verdad. Sin importar cuánto entrene o cuán fuerte me sienta, estoy a merced de la naturaleza. Soy un simple punto en una vasta extensión de agua oscura que se arremolina con corrientes guiadas por los vientos y que conecta o divide costas y personas.

Desde que era niño y viajaba en trolebús a las albercas de la Ciudad de México, cuya inmensidad me empequeñecía, nadar ha sido mi pasión, eso que he amado por encima de todo lo demás. En varios momentos de mi vida, la natación ha dado forma a todo mi ser. He perseguido sueños olímpicos. Nadé brevemente en la Universidad de Stanford en California. Y aunque durante mi vida adulta he trabajado en educación y

14

política, corrido maratones, hecho triatlones y escalado montañas, es al agua a donde siempre regreso. Porque no importa lo que esté sucediendo en mi vida, bueno o malo, en el agua siempre me siento libre.

Eso es lo que recordé en 2012, cuando las corrientes de la vida me remolcaron una vez más y desperté en una cama de hospital. De hablar acerca de escalar el Monte Everest en una comida, pasé, en un abrir y cerrar de ojos, a resbalar por las escaleras, intentar detener la caída con mi pie, sentir mi pierna doblarse y escuchar el crujido de mi fémur.

Durante los largos meses de recuperación, estaba aburrido y deprimido porque no podía moverme. Pasé seis semanas en casa sin poder salir y eso implicaba un periodo largo lejos del trabajo. Mi mente desocupada estuvo al borde de la rebelión y la implosión, hasta que me quitaron el yeso y volví a la alberca por primera vez en tres años. En tierra firme aún cojeaba, pero en el agua no tenía problemas para moverme. Cuanto más nadaba, mejor me sentía.

Un día, después de un nado estimulante en Sport City, mi gimnasio en la Ciudad de México, me encontré a una buena amiga que me habló de un nuevo desafío: los Siete Mares. Lo había concebido Steven Munatones, uno de los promotores y documentalistas de la natación en aguas abiertas más dedicados. Había creado un desafío sin precedentes de siete nados en lugares con características geográficas distintas. Era la versión acuática de las Siete Cumbres, los puntos más altos en cada uno de los continentes y el sueño de todo alpinista de élite.

Cuando llegué a casa, me metí a internet a investigar. Mientras más leía acerca de los desafíos que conllevaba cada nado, más me entusiasmaba. El icónico canal de la Mancha,

15

de 33.5 kilómetros, estaba en la lista de los Siete Mares junto con el canal de Catalina, de 32.3 kilómetros. El más largo era el canal de Kaiwi, cuyos 45 kilómetros separan las islas de Oahu y Molokái en Hawái. El estrecho de Cook en Nueva Zelanda, de 23 kilómetros, era el cruce más al sur, y el estrecho de Tsugaru, en Japón, tenía 19.5 kilómetros y representaba al continente asiático. Con sus 14.4 kilómetros, el estrecho de Gibraltar entre España y Marruecos era el más corto. Cada uno de esos seis nados tenía su propia combinación de peligros, que incluían vientos fuertes, marejadas imponentes, tiburones, medusas y rutas de navegación transitadas, pero, al parecer, el canal del Norte, que separa Irlanda del Norte y Escocia por medio de 35 kilómetros de agua oscura y gélida, era el más frío, impredecible y difícil de todos.

La mera idea de nadar en distintas partes del mundo despertó algo dentro de mí. De pronto, mi mente dejó de estar letárgica y arisca; estaba particularmente enfocada. Me comprometí de lleno y entrenaba todos los días en la alberca. Cada fin de semana, nadaba durante horas en Las Estacas, un río fresco que se alimenta de un borbollón cerca de Cuernavaca, a noventa minutos de la Ciudad de México. También volaba regularmente a La Jolla y San Francisco para sumergirme en las aguas frías del Pacífico. Un año después, esto había dejado de ser una noción pasajera o un sueño lejano; era la realidad. En julio de 2015, abordé un avión a España, donde comenzaría mi misión de convertirme en la séptima persona en el mundo, el primer mexicano y el nadador más viejo en completar los Siete Mares.

Cada nado me enseñó algo vital: lecciones de riesgo, pasión, adaptación y perseverancia. Aprendí a manejar mis miedos y mis dudas y descubrí cómo dejar ir. Sobre todo, aprendí lo pequeño que realmente soy, lo pequeños que somos todos.

Muchas veces, nuestros problemas y dificultades personales pueden parecer interminables. En realidad, sólo somos pequeñas manchas de conciencia que brillan efímeramente aquí en la Tierra, como bioluminiscencia pasajera en un mar infinito. Pero, mientras estemos aquí, ¿por qué no brillar lo más intensamente posible? ¿Por qué no arriesgarlo todo, despertar temprano y entrenar duro, desvivirse cada día en el trabajo, absorber todo lo que ofrece la vida? ¿Por qué no cruzar los océanos a brazadas?

Cada hora del día, en todo el mundo, los océanos se relajan y nutren a pecadores neuróticos como yo. Nos alimentan y sostienen toda la vida en el planeta. Absorben carbono de la atmósfera y, mediante la fotosíntesis de su fitoplancton, producen el oxígeno que nos mantiene vivos. Pero también engendran huracanes y tifones con una fuerza aterradora. Los océanos son poderosos, magníficos e impredecibles. Nos recuerdan lo frágiles que somos.

El mar, cualquier mar, es mi lugar favorito en la Tierra. Entro y salgo a su antojo.

"En cada

sesión de

entrenamiento o

evento, uno debe

convertirse en

el héroe de su

propia historia".

I

El canal
de la Mancha

A penas dos horas después de haber iniciado el nado más difícil de mi vida, ya sentía nudos en el estómago. Estaba al borde del precipicio. Una capa de nubes, que no lograba vislumbrar, bloqueaba la luz de las estrellas en un cielo sin luna. No tenía ritmo, ni verdadero sentido de dónde estaba ni en qué dirección iba. Lo único que sabía era que estaba en algún lugar del océano Atlántico Norte, entre Inglaterra y Francia, y que enfrentaba una dura corriente impulsada por un viento feroz.

Las olas eran dos veces más grandes de lo que habíamos anticipado, así que cada brazada era un suplicio. A veces, ni siquiera podía sacar el brazo del agua. Lo único que podía ver a través de mis *goggles*, cuando el vaivén de las olas me lo permitía, era un tenue resplandor amarillo que provenía de mi barco escolta. Era como tratar de estabilizarse, pese a tener la mirada fija en un yoyo que sube y baja. El mareo me causaba náuseas.

En cada respiración, mientras luchaba por ubicar mi barco de apoyo, sentía que las olas constantes me sofocaban. Mi entrenador, Rodolfo Aznar, había colgado en la popa una lámpara que él mismo había construido con la idea de que la luz me guiara. Desafortunadamente, el foco amarillo que tanto había brillado en tierra sucumbió ante la oscuridad. A las tres de la mañana mis náuseas alcanzaron un punto álgido y vomité por primera vez. Esto era un problema porque no sólo pretendía cruzar el canal de la Mancha una vez. Salí del puerto de Dover con el objetivo de lograr algo que únicamente veintisiete personas habían conseguido antes: completar un cruce doble de 67 kilómetros sin parar, de Dover a Cap Gris-Nez y de vuelta.

En mi carrera, sólo en una ocasión había sentido mareo durante un nado. Sucedió en mi primer intento de cruzar los 32.3 kilómetros del canal de Catalina en California. En aquel entonces, nunca había intentado un nado tan difícil y largo como ése, y el viaje en barco del continente a la isla había sido escabroso. Todos los que íbamos a bordo nos mareamos y, cuando salté al océano Pacífico para comenzar el largo y lento nado hacia la costa sur de California, mi malestar persistía.

Quien se haya mareado en un barco sabe que es raro vomitar sólo una vez. Con cada vómito mi ansiedad se disparaba, porque eso quería decir que estaba perdiendo energía e hidratación. La temperatura de mi cuerpo comenzó a bajar. Mi margen de error, que de por sí ya era pequeño, se redujo rápidamente y, tras cuatro horas de nado, desistí. El dolor, el mal tiempo y el mareo fueron insoportables.

Ahora parecía que la historia se repetiría. Sin embargo, en mi mente había algo más —o, más bien, alguien más—. Su nombre era Fausta Marín, otra nadadora mexicana. Apenas dos semanas antes, se había desvanecido a medio nado en el canal de la Mancha y nunca volvió a despertar. Cuando la declararon muerta, se convirtió en la octava nadadora en ciento veinticuatro años en perecer durante un cruce del canal. Su muerte fue noticia importante en México. Tenía apenas 41 años.

Yo no era la única persona que pensaba en ella mientras intentaba canalizar mi energía para abrirme paso entre el viento y las olas. Mi equipo también la tenía en mente. Me observaban con atención, en especial mi amiga y asesora cercana Nora Toledano. Fausta era buena amiga suya y Nora había estado con ella el día de su muerte; de hecho, la estaba dirigiendo. La primera señal que Nora tuvo de que algo andaba mal fue cuando Fausta vomitó dos horas después de haber iniciado a nadar. En otras palabras, desde el punto de vista de Nora, parecía que la historia de terror comenzaba a repetirse.

Aunque actualmente la natación en aguas abiertas es uno de los deportes de resistencia que más rápido está creciendo en el mundo, no siempre fue así. Cuando me sumergí en el canal de la Mancha en 1999, todavía era un deporte relativamente desconocido. Nadie prestaba mucha atención en aquel entonces a quién cruzaba el canal de Catalina, y quienes osaban nadar alrededor de la isla de Manhattan en Nueva York sólo eran reconocidos por su auténtica locura.

En un episodio de *Seinfeld*, el exitoso programa de televisión, a Kramer le da por nadar en los alrededores de los muelles de Manhattan. Lógicamente, el hedor que despedía al salir del río Este no ayudó a popularizar la natación en aguas abiertas en Nueva York.

Pero el canal de la Mancha, el primero de los cruces despiadados en aparecer en nuestro radar cultural, ha ocupado desde hace tiempo un lugar especial en los corazones humanos. Tal vez esto se debe a la intensa relación histórica entre Inglaterra y Francia; o quizá la explicación sea que la idea de nadar de un país a otro en el océano Atlántico Norte, con tan sólo traje de baño, gorra de natación y *goggles*, parece una locura total.

El canal de la Mancha es relativamente poco profundo, pero une partes del mar del Norte con el océano Atlántico y es una de las rutas marítimas más transitadas del mundo. Es un tramo de agua que han patrullado los romanos y la Armada española, barcos de vela napoleónicos y submarinos nazis. Por una parte, con excepción de los romanos y una fuerza francesa y flamenca liderada por Guillermo el Conquistador en el siglo xi, el canal ha logrado mantener a los ingleses a salvo de sus invasores potenciales —si bien los vikingos invadieron Inglaterra dos veces, lo hicieron desde Escocia—. Por otra parte, los británicos y sus aliados han cruzado el canal varias veces. La más famosa de ellas sucedió en 1944, con la invasión estadounidense de la Francia ocupada durante la Segunda Guerra Mundial.

El primer nadador en cruzar el canal de la Mancha fue el capitán de la Marina Real británica Matthew Webb, quien nadó de pecho entre el 24 y el 25 de agosto de 1875. Le tomó casi veintidós horas, tal vez porque su fuente de hidratación y energía era *whisky* escocés de malta.

Más de cincuenta años después, menos de diez nadadores —entre ellos una mujer, Gertrude Ederle, quien cruzó en 1926— habían logrado duplicar la hazaña. Sin embargo, docenas de personas aseguraban haber cruzado el canal. Por eso, en 1927 se fundó la primera asociación de natación en aguas abiertas como un organismo rector oficial con la facultad de autenticar y ratificar todos los nados. La asociación estableció las reglas básicas que actualmente siguen casi todas las demás asociaciones de canales. Con base en el precedente de Matthew Webb, los nadadores sólo pueden usar traje de baño, gorra y *goggles*. No obstante, a diferencia de lo que hizo el capitán de la Marina, ya no se permite que el nadador ni la tripulación de su barco consuman alcohol.

A la fecha, más de mil ochocientas personas han cruzado el canal de la Mancha sin asistencia. Pero nadar "sin asistencia" no quiere decir que los nadadores no hayan recibido ayuda; significa que nadie los tocó en el camino y que nunca se detuvieron para sostenerse de un bote, kayak o cualquier dispositivo de flotación. Ah, pero para cruzar el canal de la Mancha, para completar cualquier nado importante en aguas abiertas, los nadadores sí que necesitan mucha ayuda.

La natación en aguas abiertas ni siquiera había pasado por mi mente hasta 1996, cuando tan sólo dos días antes del centésimo maratón de Boston, me desgarré el músculo de la pantorrilla durante un entrenamiento. Tenía 37 años y dirigía el sistema escolar más grande de México: el Colegio Nacional de Educación Profesional Técnica (Conalep). Tenía una trayectoria en la política y la administración pública, y también había obtenido varios logros como atleta *amateur*. Era triatleta, Ironman y corredor. En una ocasión terminé el maratón de Nueva York en dos horas y cincuenta y cinco minutos.

Mi vida tenía un ritmo establecido. Me ponía grandes metas —tanto en el trabajo como en el deporte— y las utilizaba para dar a mi vida forma, textura, estructura y, especialmente, propósito. Pero una vez que alcanzaba cualquiera de mis objetivos, no pasaban más de unos segundos de celebración antes de que sintiera que un agujero negro se abría debajo de mí para llevarme, de nuevo, hacia el siguiente desafío.

Lo que intento decir es que nada de lo que hacía —sin importar qué tan bien lo hiciera— me hacía sentir bien conmigo mismo. Siempre había una inseguridad inherente que acechaba mi bienestar. Establecer un nuevo objetivo me permitía ignorar momentáneamente esa picazón existencial, pero una vez que lograba mi objetivo inmediato, mi sensación de insuficiencia siempre reaparecía. Nada era suficientemente bueno; yo nunca era suficientemente bueno.

En reposo debido a mi lesión de pantorrilla, me sentía desmoralizado. Sabía que tenía que centrar mi atención en otro objetivo antes de ahogarme en el alcohol. Al igual que en el deporte y el trabajo, una bebida nunca era suficiente en el bar. En cuanto veía el fondo de mi vaso, tenía que volverlo a llenar.

Un día, un amigo que conocía mis antecedentes como nadador me sugirió cruzar el canal de la Mancha.

Me pareció extraño porque yo ya no me consideraba un nadador. Nadaba en las competencias de triatlón, pero pasaba mucho más tiempo andando en bicicleta y corriendo. Desde mi graduación universitaria, el nado más largo que había completado era el recorrido de 3.86 kilómetros en el Ironman de Kona. No había nadado más de 3,000 metros en una alberca en casi veinte años y no estaba ni cerca de haber completado 15 kilómetros, no se diga 33.5 de un jalón. Le dije a mi amigo que estaba loco y me dije a mí mismo que olvidara su sugerencia.

Excepto que no la olvidé; no podía. La semilla ya estaba plantada y, mientras más lo pensaba e investigaba la historia del canal, más me aferraba a la idea. En unas cuantas semanas, esa pequeña semilla —el comentario casual y pasajero de un amigo— había germinado en un sueño propio, un sueño que no tenía idea de cómo lograr.

Mi amigo Alexander Kormanowski, bioquímico ruso que fue uno de los primeros científicos en México en analizar la sangre de los atletas y usar los hallazgos para ayudarlos a adaptar su entrenamiento, sugirió que me pusiera en contacto con Nora Toledano. Nora era apenas la segunda mujer mexicana en cruzar el canal. Para 1996, cuando la busqué, ya lo había hecho en cinco ocasiones distintas. Sin embargo, lo que la volvió una leyenda internacional de la natación en aguas abiertas fue un nado que hizo en 1994, cuando se convirtió en la decimosegunda persona, y la primera latinoamericana, en completar un cruce doble, de Inglaterra a Francia y de regreso. Le tomó casi veinticuatro horas. En 1996, pese a que muy pocas personas en México habían escuchado el nombre de esta joven de apenas 26 años,

25

ningún otro nadador mexicano —y muy pocos nadadores en todo el mundo— tenía su nivel de experiencia en el canal de la Mancha.

Nos reunimos cinco semanas después de mi lesión, el 10 de mayo de 1996, en las orillas de Las Estacas. La parte del río en donde se puede nadar no es muy larga: mide tan sólo un kilómetro de un extremo a otro. El objetivo esa mañana no era cubrir una distancia predeterminada, sino nadar de un lado al otro durante tres horas sin parar.

Al principio estaba nervioso, pues no sabía si podría seguir el paso a una leyenda como Nora. Si en efecto me dejaba atrás, me preguntaba si todavía estaría dispuesta a asesorar a mi equipo. Tal vez se apiadó de mí, pero logré mantener el ritmo. Aunque fue un nado aburrido, la experiencia me sirvió, porque una cosa ya sabía: si iba a cruzar el canal de la Mancha, tendría que luchar incontables veces la batalla del aburrimiento. Después de ese nado inicial, nos sentamos juntos en la orilla del río. "Cruzar el canal —me dijo— no es nada más cuestión de resistencia. Nadar por horas y horas sin detenerse no es suficiente. Para superar las corrientes fuertes, es importante mantener un ritmo rápido".

Nora ayudó a mi entrenador, Rodolfo Aznar, a diseñar un plan de entrenamiento centrado en mi velocidad. Establecimos objetivos de tiempo para cada serie de 1,500 metros que nadaba en la alberca. Una vez al mes, también hacíamos una prueba para ver cuántos metros podía recorrer en una hora. Complementé el trabajo en la alberca con nados ocasionales en Las Estacas y mucho tiempo en el gimnasio para fortalecer los músculos de la espalda y los hombros, los bíceps y los tríceps. Una vez que mejoró mi ritmo, programamos una serie de nados más largos para prepararme para el reto y demostrar mis capacidades a la Federación de Natación y Pilotaje del Canal. Los nadadores pueden contratar uno de los barcos y capitanes que reconoce la Federación, pero únicamente después de que se haya confirmado su nado de clasificación son elegibles para intentar el cruce. Luego, el día del nado, la Federación se asegura de que un observador oficial esté a bordo del barco de apoyo para ratificar que el nadador haya cruzado el canal de la Mancha de principio a fin sin ayuda.

Para clasificar tenía que nadar al menos seis horas seguidas en aguas abiertas a una temperatura de entre 16 y 18 °C. Nuestra mejor opción era Zirahuén, un lago natural en Michoacán rodeado de pastizales y colinas verdes que es especialmente hermoso durante el amanecer. Nora y yo llegamos la noche anterior a nuestro nado. Cuando dijimos a los encargados de la posada nuestras intenciones —despertar a las tres y media de la mañana para cruzar el lago a las cuatro— pensaron que estábamos locos y casi nos sacan. Logramos persuadirlos y nos entregaron las llaves de la posada para que pudiéramos salir lo más silenciosamente posible a la mañana siguiente.

Una niebla espesa se había formado durante la noche. Cuando salimos, no alcanzábamos a ver el lago desde la orilla: la visibilidad no era mayor a tres metros. Sin embargo, la temperatura del aire era bastante más fría que la del agua y eso hizo que nos metiéramos al lago y comenzáramos a nadar. El nado no fue sencillo porque mi nivel de glucosa sanguínea estaba bajo, pero la belleza natural atenuó mis molestias. A medida que el sol salía, sus rayos atravesaban la niebla y revelaban campos dorados y colinas salpicadas de pinos.

El lago, profundo y cristalino, parecía no tener fondo. Eso evitaba mi aburrimiento; estaba embelesado. Nuestro regreso a la orilla, después de nadar seis horas sin parar, marcó mi clasificación al canal de la Mancha.

Ése fue sólo uno de los once nados largos que completé entre julio de 1997 y julio de 1999, mientras me preparaba para el canal de la Mancha. También rodeé la isla de Manhattan en Nueva York. Ver una de mis ciudades favoritas en el mundo desde el agua me llenó de energía. Nadé a la sombra de la Estatua de la Libertad y subí por el río Este, donde pasé por debajo de los puentes de Brooklyn, Manhattan y Williamsburg. Luego me incorporé al río Harlem y nadé hasta la punta de la isla, para después hacer un recorrido largo por el río Hudson, alrededor del corazón de la ciudad. Recuerdo ver las Torres Gemelas a la distancia conforme me acercaba a la línea de meta en Battery Park.

No todos mis entrenamientos largos fueron tan agradables. Mi nado en Las Estacas durante doce horas seguidas, de cuatro de la mañana a cuatro de la tarde, puso a prueba mi cordura más que nada. No es fácil combatir el aburrimiento cuando hay que recorrer el mismo tramo una y otra vez durante medio día. En la madrugada tuve el río para mí solo, mientras que al amanecer disfruté ver a las tortugas nadar, pescar y descansar en las orillas del río. A partir de las ocho de la mañana llegó tanta gente que el río parecía un vagón de metro en hora pico. Al caer la tarde, casi todos los visitantes se fueron y las tortugas se escondieron, así que tuve que lidiar con el vacío adormecedor que provoca un nado tan largo. Pero, después de terminarlo, había aprendido lecciones acerca de paciencia, resistencia y mi capacidad de superar el agotamiento físico y mental.

Mi última aventura antes del reto principal —el cruce doble del canal de la Mancha— fue un segundo intento de cruzar el canal de Catalina el 12 de julio de 1999. De Catalina hablaré más adelante, pero por ahora basta decir que en esa ocasión lo logré. Con este nado y el de Nueva York en la bolsa, sólo me faltaba un cruce exitoso del canal de la Mancha para obtener la Triple Corona de Natación en Aguas Abiertas. Mientras estaba parado en la costa rocosa de California, al norte de Long Beach, recuerdo que pensé en lo frío que se sentía el océano Pacífico ese día. En julio, el Pacífico es casi tan frío como el canal de la Mancha. No obstante, después de ese nado de doce horas y treinta minutos, me sentí tan bien que estaba más convencido que nunca de que podría completar el cruce doble del canal de la Mancha. Pero todavía faltaban seis semanas para que pudiera probarlo, y muchas cosas pueden pasar en un tiempo tan corto.

El 20 de agosto de 1999 estaba en mi oficina en Metepec, cerca de Toluca en el Estado de México, cuando escuché la noticia por primera vez. En aquel entonces todos teníamos bípers y esa tarde recibí un mensaje de un amigo: un nadador había muerto en el canal de la Mancha. Sabía que Fausta iba a nadar ese día, pero puede haber hasta cinco nadadores que intenten cruzar el canal en un día cualquiera. Sin embargo, cuando me metí a internet y leí el reportaje, mi corazón se desplomó.

Fausta Marín nació pobre en el campo. De joven se mudó a la Ciudad de México para estudiar y trabajar. Encontró un puesto como trabajadora del hogar y su jefa pronto se percató de que era brillante y tremendamente ambiciosa, por lo que le dio tiempo libre para estudiar. Fausta comenzó la secundaria después que la mayoría, pero terminó la educación básica y luego entró a la universidad, donde conoció a Nora.

Pese a una diferencia de edad de quince años, Nora y Fausta se hicieron amigas mientras estudiaban biología. Nadaron juntas durante tres años. Fausta nunca fue la nadadora talentosa que era Nora —muy pocos lo son—, así que idolatraba a su joven amiga. Cuando Nora cruzó el canal por primera vez y la comunidad internacional de natación en aguas abiertas la elogió, una semilla se plantó dentro de Fausta. Nora nunca fue entrenadora formal de Fausta en México. Yo era el primer atleta que Nora asesoraba, pero ambos sabíamos que Fausta también estaba entrenando para el canal. Dado que la natación en aguas abiertas es un deporte caro y ella estaba haciendo todo lo que podía con un ingreso limitado, la invitamos a participar en algunos de nuestros nados de entrenamiento. Cuando se enteró de que Nora estaría en Dover para mi intento de cruce doble del canal, le pidió a Nora que fungiera como su entrenadora y jefa de equipo durante su cruce.

Después de leer el reportaje en línea, llamé a Nora hasta Inglaterra. No contestó el teléfono, pero seguí intentando durante horas. Cuando finalmente pude hablar con ella, estaba llorando. La prensa estaba encima de ella. Los medios de comunicación de todo el mundo querían saber qué había salido mal. Nora me contó toda la historia.

Fausta había estado mareada desde el inicio del nado y había tenido problemas para retener la comida y los líquidos.

En los cruces largos, es común que los nadadores vomiten. Muchos nadadores vomitarán en algún punto durante un nado de 33.5 kilómetros. Es menos común sentirse mal desde el comienzo, pero, pese a eso, Fausta nunca pareció sentir la angustia que implica estar en riesgo de morir. Fiel a su personalidad, nunca se quejó.

A la tercera hora, Fausta comenzó a tener problemas para orinar y, a la cuarta, cambió su posición de crol a dorso. Obviamente se sentía incómoda, pero la incomodidad se da por hecho en cualquier nado de larga distancia. Su decisión de abandonar su brazada más eficiente —crol— tan sólo cuatro horas después de haber iniciado el cruce sorprendió a Nora, por lo que llamó a Fausta para que se acercara.

Nora se inclinó sobre la barandilla. Tenía una serie de preguntas sencillas que haría a Fausta para evaluar su capacidad de respuesta. Hasta ese momento, Fausta había estado alerta y comunicativa. Nora sabía que su amiga había completado nados mucho más largos antes, pero también estaba consciente de que la hipotermia puede tomar por sorpresa a cualquier nadador y, antes de que alguien se dé cuenta, su mente puede comenzar a fallar. Las preguntas simples permiten a los entrenadores y jefes de equipo evaluar a sus atletas: ¿su habla es clara?, ¿se ven confundidos?, ¿qué tan rápido responden esas preguntas fáciles?

Nora esperó, pero Fausta no contestó y siguió nadando. Llamó a su amiga una vez más y, de nuevo, no hubo respuesta. Fausta continuó braceando, así que Nora decidió actuar. Se quitó los zapatos, saltó al agua completamente vestida, nadó hacia Fausta y la miró con detenimiento. Parecía estar despierta, pero desorientada. Ni siquiera se dio cuenta de que

31

Nora estaba nadando a su lado. Alarmada, Nora la tomó y, en cuanto lo hizo, Fausta quedó sin fuerzas. Nora la llevó hacia el barco con una brazada lateral —como lo haría un salvavidas durante un rescate— y, en el camino, Fausta perdió el conocimiento. El equipo tiró de Fausta y la tumbó en el piso de la cubierta. Empapada, Nora subió al barco y se arrodilló a su lado. Ya no estaba respirando.

El capitán llamó a la guardia costera por radio y Nora y el equipo de apoyo empezaron la reanimación cardiopulmonar. La guardia costera tardó unos cuarenta minutos en localizarlos. Cuando llegaron, subieron a Fausta al barco de rescate y continuaron la reanimación mientras se dirigían hacia Inglaterra a toda velocidad. Una hora después, Nora y su tripulación llegaron a Dover y se enteraron de la noticia: Fausta había muerto. La causa de la muerte se identificó como edema pulmonar, una acumulación de líquido en los pulmones que impide el intercambio de dióxido de carbono y oxígeno. El edema pulmonar es como un ahogamiento interno, y es uno de los efectos secundarios más peligrosos de la hipotermia.

Si escuchar la historia había sido horrible, ni siquiera podía imaginar lo que había sido vivirla. Lo único que podía hacer era tratar de calmar a Nora y decirle cómo lidiar con la prensa. Con esta noticia, yo también tendría que hacer varias llamadas. A los pocos días, todas las personas cercanas a mí, especialmente mi esposa Lucía y mi hija Ximena, además de muchos de mis conocidos, me rogarían que cancelara el nado.

Entre las docenas de personas que se me acercaron la semana de la muerte de Fausta estaba Nelson Vargas, quien dirigía el equipo nacional de natación y, además, era mi antiguo entrenador y socio. Me preguntó que cómo podía confiar en alguien que había perdido a una nadadora de esa manera. No fue el único que me hizo esa pregunta, pero me parecía injusta. Nora no había ahogado a Fausta. En todo caso, su muerte simplemente había puesto de manifiesto los riesgos inherentes de la natación en aguas abiertas, algo que, desde un inicio, yo debía haber tenido presente. La natación de fondo en agua fría es un deporte extremo y no debía tomar a la ligera esos riesgos potencialmente mortales. Eso sí, nunca me había tomado el entrenamiento a la ligera. Había entrenado duro y habían sido Rodolfo y Nora quienes me habían impulsado y preparado. Estaba en gran forma y ahora dependía de mí permanecer mentalmente fuerte después de la crisis.

Esa noche llegué a casa y expliqué a Lucía que, aunque entendía por qué estaba preocupada, tenía que intentar el cruce. No le gustó mi decisión, pero la aceptó. Con Ximena, mi hija, la situación era mucho más delicada. Al principio, busqué protegerla de la noticia de la muerte de Fausta, porque no quería que se preocupara. Sin embargo, sus compañeros se aseguraron de que supiera la verdad. Se burlaron de ella y le dijeron que me pasaría lo mismo: que moriría en medio del océano. Le expliqué que los rayos rara vez caen dos veces en el mismo lugar y que planeaba hacerla sentir orgullosa.

Los tres nos fuimos a Europa unos diez días después de la muerte de Fausta. Volamos a París, donde nos encontramos con Nora. Juntos tomamos el tren a Calais, en la costa norte de Francia, y abordamos un ferri rumbo a Dover. Nora no había puesto un pie en el agua desde la muerte de su amiga, así que, mientras Lucía y Ximena nos registraban en el hotel,

Nora y yo caminamos a la playa de los Nadadores en Dover. En ese lugar se reúnen y entrenan los nadadores antes de cruzar el canal.

Las aguas abiertas habían hecho que Nora Toledano fuera un nombre conocido en la comunidad internacional de natación de fondo. Tenía toda una trayectoria como atleta y entrenadora, pero ahora la idea de volver al mar la aterrorizaba. Titubeó. Tomé su mano y la conduje hasta la orilla. El agua bañaba los dedos de nuestros pies. "Tomaré tu mano durante el tiempo que sea necesario —le dije— y, cuando estés lista, nadaremos y verás que no nos va a pasar nada".

Llorando, avanzamos hasta que el agua nos llegó a las rodillas y luego a la cadera. Cuando me llegó al ombligo, la volteé a ver, se enjugó las lágrimas y asintió. Empezamos a nadar. Al llegar a Dover me había dicho que no creía querer volver a nadar, pero dos horas en el agua bastaron para darle fuerza. Por primera vez desde que su amiga muriese, pudo relajarse.

Una semana después, estaba en la cercana playa de Shakespeare. Era la una de la mañana y Nora no estaba conmigo, sino a bordo de mi barco de apoyo, el *Aegean Blue*, que esperaba a unos 100 metros de la costa. No había viento y el agua cercana al puerto se veía vítrea y tranquila. Cuando el capitán Mike Oram hizo sonar su bocina, el reloj se puso en marcha y, después de casi tres años de preparación, mi intento de cruce doble del canal de la Mancha finalmente comenzó.

Conforme me deslizaba por las aguas del puerto, mis brazadas se sentían vigorosas y pronto encontré un buen ritmo. Pero en cuanto dimos vuelta para entrar al canal en sí, el oleaje y la corriente aumentaron. Las condiciones, que en un inicio habían sido perfectas, se deterioraron rápidamente. Me costó trabajo ajustarme y me empecé a desgastar. Nora me vigilaba de cerca.

Pese a que nuestros nados relajantes en los días previos habían aliviado su mente hasta cierto punto, Nora no quería abordar el barco esa noche. Estaba ansiosa y dubitativa, pero le dije que la necesitaba y accedió. Durante las siguientes dos horas luché contra las corrientes y nadé casi sin avanzar, mientras hacía lo posible por ver el barco. Cuando empecé a vomitar, mi mente se descompuso otro poco más. Conforme peor me sentía, la preocupación de Nora aumentaba.

Cada vez que me acercaba al barco para hidratarme y comer, notaba que me observaba en busca de señales de angustia, preguntándose cuándo —y no si— me rendiría. Sentirse tan mal al comienzo de un nado no es normal. Como Nora era mi asesora más experimentada, le había dado la autoridad exclusiva para terminar mi nado si consideraba que estaba en problemas, aunque sabía que, después de la muerte de Fausta, no dudaría en dar la orden.

Seguí mi lucha. Intentaba mantener la concentración mientras imágenes de Lucía y Ximena ocupaban mi mente. Esa noche, antes de partir rumbo a la playa, había prometido a Lucía que, si el nado no salía bien y mi salud se ponía en riesgo, me rendiría. Cuando le hice la promesa tenía toda la intención de cumplirla, pero ahora no estaba tan seguro. Tal vez seguiría nadando sin importar cómo me sintiera. ¿Estaba

35

condenado, como Fausta, a nadar hasta que mi cuerpo se rindiese? La idea me caló hasta los huesos.

Mi única esperanza era dejar de preocuparme por la distancia y el tiempo, y comenzar a concentrarme en el control de daños. Necesitaba dejar de vomitar porque mi energía se agotaba y mi temperatura corporal caía, pese a que el agua no estaba tan fría para estándares del canal de la Mancha (16 °C). Tenía que disminuir el ritmo y tomar control de mi mente y mi cuerpo.

Bajé la velocidad y relajé mi respiración, pero las náuseas persistieron. Cuatro horas después de haber iniciado la travesía, a las cinco de la mañana, tenía que haber recorrido cerca de cuarenta por ciento del cruce de ida y apenas acababa de superar la marca de veinte por ciento. Pero ni siquiera podía pensar en eso, porque aún tenía un nudo en el intestino. Había estado luchando contra la necesidad de expulsar todo lo que tenía dentro de mí. Me preocupaba que tomara demasiado tiempo y que la corriente me hiciera perder terreno, pero lo tenía que hacer. Cambié de posición para dar brazadas laterales y me bajé el traje de baño.

Tomó un buen rato, pero finalmente pude sacar todo y mi dolor abdominal se aplacó. En ese momento me pegó el frío. Comencé a temblar de forma incontrolable, oía mis huesos sacudirse y me sentía débil; mis músculos se tensaron, la piel me ardía. Pensé que había hecho todo lo posible para prepararme para el frío. Me había equipado con quince kilos de músculo y grasa; no me había duchado con agua caliente durante meses; había completado muchos nados en agua casi tan fría como la del canal. Y, pese a todo, ahora estaba a su merced, temblando de frío. Vi la cara de Fausta. Me dije que estaba sintiendo todo lo que ella debía haber experimentado. Estaba nadando en su estela. Como una carga, la negatividad me hundía, me jalaba hacia las aguas más oscuras de todas.

Pero a medida que se acercaba el amanecer, el azul oscuro del cielo se tornó naranja y, por fin, se abrió paso el sol. Con la luz del día ya no tenía que seguir el resplandor amarillo y mis náuseas desaparecieron. Sin embargo, cada vez que echaba un vistazo a mi barco de apoyo, veía que Nora aún me vigilaba. Era hora de acelerar. Ésa era la única manera de calentarme e infundir confianza en mi equipo y, sobre todo, en mí mismo. Tenía que borrar toda negatividad de mi mente. Había subido esos kilos por una razón y me había desvivido en el entrenamiento. Para tener éxito, tenía que confiar en mi preparación e intentar acercarme a mi mejor nivel de desempeño.

Haber sobrevivido la noche me ayudó. ¿Cuántas veces no se despierta uno en medio de la noche, preocupado o ansioso por un trabajo inconcluso o un amor perdido? En la oscuridad, las sombras y los ruidos se vuelven desconcertantes y monstruosos. Si así se siente en tierra, sólo hay que imaginar cómo es en el mar. De día, todo se sentía diferente y establecí un buen ritmo. No obstante, mi progreso era lento porque la corriente me empezó a empujar hacia el noreste. En lugar de nadar en línea recta, tendría que recorrer una curva en S para llegar exitosamente a Cap Gris-Nez en Francia.

Durante una pausa de alimentación, calculé el tiempo que me tomaría completar el cruce de ida. Todo parecía indicar que necesitaría cerca de veinte horas en el agua para cruzar el canal en una sola dirección. Era momento de cambiar de perspectiva. De los cinco nadadores que habíamos empezado la travesía del canal de la Mancha durante la noche, sólo dos seguíamos en el agua por la mañana. Como las corrientes habían sido tan duras, los otros tres habían desistido. Dadas las condiciones, un cruce doble estaba más allá de mis posibilidades, pero, si lograba cruzar el canal en una dirección, aún podría obtener la Triple Corona de Natación en Aguas Abiertas.

A partir de ese momento, dejaron de importarme la distancia y el tiempo. Simplemente nadaría. La única razón por la que me importaba el reloj era que, a la mitad de cada hora, me detenía a beber, a los cuarenta minutos orinaba y a la hora comía. Eso me permitió dividir el nado en segmentos pequeños y digeribles, lo que lo hizo manejable para mi mente.

A las diez de la mañana nadé hacia un lado del bote para tomar un refrigerio, pero, en lugar de encontrarme sólo a Nora o Rodolfo, todos los miembros de mi equipo de apoyo estaban amontonados en la barandilla. Roberto López Peña, el entonces esposo de Nora y uno de los cinco miembros de mi equipo a bordo del *Aegean Blue*, se aclaró la garganta:

—Toño —comenzó—, llevas nueve horas en el agua y ni siquiera estamos a la mitad del camino a Francia. Estamos muy preocupados por ti y decidimos sacarte del agua por unanimidad. Lo siento, pero se acabó tu nado.

Furioso, lancé mi botella de agua hacia la cubierta. ¿Estaban ciegos? Sí, había tenido un mal comienzo, pero ya no me sentía mal y mi condición estaba mejorando, ¡no empeorando!

—No sé lo que pretenden hacer —les grité—, ¡pero voy a seguir nadando!

Me alejé a brazadas y, con mi mente hirviendo de rabia, aceleré el ritmo. Eso era exactamente lo que esperaban.

38

Más tarde, descubriría que habían intervenido para poner a prueba mi tenacidad y medir cuánta gasolina me quedaba en el tanque. A juzgar por mi reacción, era obvio que todavía tenía mucho más que dar: esfuerzo, determinación y pasión. Además, como Nora no fue quien me había comunicado la decisión, su autoridad permaneció intacta. La verdad es que ni siquiera tenían que votar. Nora podía interrumpir mi nado cuando quisiera, y todos lo sabíamos.

Su truco me hizo avanzar. Durante la siguiente hora, me imaginé qué pasaría si me obligaran a rendirme. Sabía que personas que no entienden el poder y el capricho de la naturaleza me harían las mismas preguntas una y otra vez: "¿Por qué fracasaste? ¿No entrenaste lo suficiente? ¿Cuándo lo vas a volver a intentar?".

Los amigos de Ximena en la escuela se burlarían de ella, por supuesto, y mi orgullo quedaría golpeado. Además, con todos mis compromisos laborales —tenía que supervisar 262 escuelas—, encontrar el tiempo, por no mencionar el patrocinio, para realizar un segundo intento sería casi imposible. Tenía que seguir adelante. Tenía que terminar.

Recordé una frase de un ensayo de George Sheehan en la revista *Runner's World*: "En cada sesión de entrenamiento o evento —escribió—, uno debe convertirse en el héroe de su propia historia". Eso era todo lo que pensaba con cada brazada. Una hora después llegué a la mitad del camino y la corriente cambió. De pronto, me empezó a empujar hacia delante. Se sentía como si hubiera escalado una montaña y ahora me estuviera deslizando cuesta abajo. Como dice el refrán, "cuesta abajo la calabaza rueda, y el calabazón con ella".

Pensé en todos mis logros deportivos. En mi cumpleaños 40, había nadado desde La Paz hasta Espíritu Santo, en Baja California Sur. Me tomó doce horas nadar 38 kilómetros y, si lo había logrado una vez, sabía que podía hacerlo de nuevo. Cuando cumplí doce horas de estar en el agua, recordé el Ironman de 1995 en Kona, Hawái, que me llevó trece horas completar. Sabía que podía duplicar ese esfuerzo y dar un poco más. Mi alimentación también me mantenía con energía. A partir de la octava hora me consintieron con uvas y melón y, desde la décima, comencé a tomar sorbos de caldo de res, que me calentó en cuerpo y alma.

Con la corriente a mi favor, devoré varios kilómetros y, pronto, la costa francesa apareció a la distancia. Roberto gritó que estaba a sólo ocho kilómetros de la orilla. Por experiencia sabía que, si mantenía mi ritmo actual, podría recorrer esa distancia en dos horas para completar el cruce en un total aproximado de quince. Tomando en cuenta cómo había empezado todo, no era un mal tiempo. Pero, en cuestión de segundos, una nueva realidad —en forma de un viento severo que alcanzó los catorce nudos— me golpeó de frente. Por si esto fuera poco, la corriente también volvió a cambiar. De repente, me empezó a empujar hacia el norte, alejándome de Cap Gris-Nez. Así de rápido pueden cambiar las condiciones en las aguas abiertas.

Como en un mal sueño, podía ver mi destino, pero no podía acercarme sin importar cuán intensamente nadara. Otro bote pasó cerca de nosotros: se trataba del barco de apoyo de un nadador brasileño que había conocido en Dover, el cuarto que ese día abandonaba su intento de cruzar el canal. Sólo yo quedaba en el agua; era el único que seguía en la lucha contra el destino y el siempre impredecible océano.

Mientras nadaba sin avanzar entre olas impulsadas por el viento que rompían en mi cabeza, identifiqué todas las excusas que podría usar para mi fracaso: la muerte de Fausta, mi malestar, las corrientes, los vientos. Diría a todo mundo que había sido el último nadador en darse por vencido ante la naturaleza, el más resistente de todos los nadadores del canal de la Mancha en su peor día. Eso me daría algo de consuelo, pensé. Sí, había muchas maneras y formas de justificar el fracaso, pero ninguna de ellas se comparaba con la simplicidad del éxito. Una vez más, tenía que detener el flujo de pensamientos negativos. Tenía que manejar mi mente.

Comencé a imaginar lo bien que se sentiría llegar a la costa francesa. Con esa visión firmemente enraizada en mi mente, me concentré en mi respiración y visualicé un chorro que me impulsaba hacia delante a pesar del viento. En pocos minutos encontré un buen ritmo y la determinación que necesitaba para competir con la madre naturaleza, pero ella no cedía.

Durante mi pausa de alimentación en la decimoséptima hora, Roberto me dio más malas noticias: la corriente nos había empujado y ya no nos dirigíamos hacia Cap Gris-Nez. Había otra franja de playa que podía funcionar como lugar de llegada y ése era nuestro nuevo destino, pero me advirtió: "El capitán dice que, si no aumentas el ritmo y llegas a la playa en las próximas dos horas, la corriente nos empujará de nuevo y tendrás que nadar otras tres o cuatro horas hasta la próxima playa".

Tras diecisiete horas seguidas de nado, tenía tres opciones: dar todo de mí el mayor tiempo posible y esperar lo mejor;

41

ser conservador, pero constante, y conservar mi energía para otras cinco o seis horas en el agua; o abandonar el nado por completo.

La elección fue sencilla. Desde lo más profundo de mí, concentré toda mi pasión, la canalicé y aumenté mi ritmo de sesenta y dos a sesenta y ocho brazadas por minuto. Motivados por mi esfuerzo, los miembros de mi equipo me alentaron, echándome porras hasta que se quedaron sin voz. Su energía me dio vida y me esforcé aún más. En menos de una hora, había superado la corriente, que se desvanecía conforme me acercaba a la costa francesa.

Sabía que la llegada sería difícil, porque nos habíamos desviado de la playa de arena en Cap Gris-Nez. Esta "playa" no era más que un montón de rocas resbaladizas salpicadas con filosas conchas a los pies de un acantilado. Después de nadar durante tantas horas, no quería terminar embarrado en esas rocas, así que, al acercarme, disminuí la velocidad para ajustarme al ritmo de las olas.

Dejé que me levantaran y me depositaran sobre unas rocas pequeñas. Desde allí, me arrastré hasta una roca grande para cumplir el requisito de salir completamente del agua. Intenté pararme, pero mis piernas parecían gelatina y no lo logré. Sin embargo, estaba fuera del agua de pies a cabeza y, cuando el capitán Oram vio que así era, hizo sonar su bocina. Levanté la mano derecha y cerré el puño. Tras un nado de dieciocho horas y diecinueve minutos, me convertí en el duodécimo mexicano en cruzar el canal de la Mancha. Más que una hazaña física, éste había sido el desafío mental más intenso en mi vida deportiva. Me había enfrentado a la derrota y había superado todos los obstáculos.

Nadé lentamente hacia el barco, subí a bordo y caminé directamente hacia Nora. Antes de partir, había dedicado el nado a Fausta y, después de soportar algunas de las peores condiciones que podía presentar el canal, nos abrazamos con lágrimas en los ojos.

Mis piernas seguían temblorosas por haber estado en posición horizontal durante tantas horas y, mientras me tambaleaba hacia la popa del bote, Roberto me dio la mano. "Conquistaste el canal", me dijo con un destello de victoria en los ojos. Me reí y lo rodeé con el brazo mientras el capitán nos llevaba de vuelta a Dover. Luego, volteé hacia el horizonte para ver el canal de la Mancha en todo su esplendor. Uno no conquista el canal de la Mancha, pensé. En todo caso, había tenido la suerte de que me permitiera cruzar.

Lucía y Ximena nos recibieron en el puerto de Dover. Se sintió bien abrazarlas y verlas tan aliviadas, relajadas y felices, pero esa noche y las que siguieron no pude dormir. La adrenalina recorría todo mi cuerpo; estaba de todo menos aliviado o relajado.

Es más, durante los meses siguientes, me sentía perdido. No podía dar sentido a mi logro. ¿Era real? ¿Era un sueño? ¿Era tan sólo un acontecimiento más, sin sentido, que se perdería en el pasado para siempre? Sólo sabía una cosa con certeza: no pensaba volver a hacer un cruce como ése. Al fin y al cabo, ya había conseguido la Triple Corona de Natación en Aguas Abiertas. No tenía nada más que buscar en las aguas abiertas.

Algo se encendió

en mi interior y

supe, por primera

vez, lo que quería

hacer con mi

vida: quería ser

nadador olímpico.

2

Pasión

Cada vez que el organillero giraba su manubrio en el antiguo centro de Coyoacán, podía escuchar el etéreo susurro. La melodía carnavalesca recorría los tubos del instrumento hasta que la brisa la atrapaba y la transportaba por callejones empedrados y calles peatonales; esquivaba las ramas de los árboles y, como un espíritu entrometido, entraba por nuestras ventanas abiertas. En tardes tranquilas podía escuchar las melodías entrecortadas a varias cuadras de distancia. Eran como una alarma que me recordaba que las calles estaban a punto de cobrar vida, que era hora de salir a despedir el día. En esa tarde en particular, pedí un deseo, salí corriendo de casa de mis padres y volteé hacia arriba. El sol se había puesto en el occidente, detrás de las montañas, y el cielo se teñía de rosa.

Pese a que la Ciudad de México está a más de 2,000 metros sobre el nivel del mar, las tardes de octubre en Coyoacán son cálidas. Los vendedores aparecen en las esquinas con carritos y puestos de camotes, chicharrones, tamales y, claro, elotes con sal, chile, limón y queso. Lo mismo sucedía en 1968, cuando yo era un niño ansioso de nueve años. En aquel entonces, en la tarde típica de otoño, esos aromas y las melodías del organillero me guiaban hasta el alboroto del zócalo de Coyoacán, donde se congregaban aún más vendedores. Luego, solía acompañar a mi padre a hacer sus visitas a domicilio en el barrio.

Ésa no fue una tarde típica; para nada. Los Juegos Olímpicos eran en la Ciudad de México ese año y, en esa tarde en particular, todo mundo centró su atención en la deslumbrante y recién construida Alberca Olímpica.

Mis padres eran veterinarios. Durante el día, mi padre vendía medicinas para mascotas y ganado, mientras que mi madre era investigadora en la Universidad Nacional Autónoma de México (UNAM). Por la noche, él abría la clínica que tenía en nuestra casa y, de vez en cuando, hacía visitas a domicilio; me encantaba acompañarlo. Había un dóberman por aquí, un gato persa por allá y varias casas con pollos que cacareaban desde los gallineros de los patios.

Los dueños de los animales eran pintores y actores, escritores y profesores: nuestros vecinos. Coyoacán era el barrio que Frida Kahlo había vuelto famoso. Kahlo murió antes de que yo naciera, pero había muchas otras personalidades. Gabriel Figueroa, un cinefotógrafo brillante —quizás el mejor de México durante la época dorada de Hollywood—, fue nuestro vecino más célebre durante mi infancia. Miguel León Portilla, un historiador distinguido; Pablo O'Higgins, un famoso muralista estadounidense contemporáneo de Frida

Kahlo y Diego Rivera; y Manuel Álvarez Bravo, el fotógrafo mexicano más famoso del siglo XX, también vivían cerca. Estábamos rodeados de toda clase de bohemios e intelectuales y, comparados con ellos, nosotros, la familia Argüelles, éramos bastante convencionales.

A pesar de ello, uno escuchaba lo que se decía en el barrio. En el verano y el otoño de 1968, las discusiones acaloradas eran tan comunes como las melodías del organillero. Activistas se reunían en casas de la colonia para organizarse y planear la próxima manifestación de lo que se conocería como el movimiento estudiantil de 1968. Entonces no entendía bien lo que sucedía, pero ahora lo comprendo mejor. Si bien la economía mexicana había tenido un buen desempeño durante las tres décadas anteriores, con crecimiento sostenido y poca inflación, se produjo un descontento intenso entre ciertos sectores de la población, en particular los estudiantes. De forma paralela a movimientos en París y Berkeley, los estudiantes convocaron un paro general, se manifestaron a favor de la libertad de expresión y se proclamaron en contra del autoritarismo del régimen y la represión policial y militar.

Las protestas pusieron a las autoridades gubernamentales en una situación incómoda, especialmente conforme se acercaban los Juegos Olímpicos, que se celebrarían en la Ciudad de México a mediados de octubre. Se suponía que éstos serían una oportunidad para que México tomara el escenario mundial y demostrara que, en efecto, era una economía emergente.

Sin embargo, con la presión en aumento y el tiempo encima —aún había que completar varias obras como la Alberca Olímpica—, el régimen adquirió el hábito de reprimir las manifestaciones con fuerza. Pero eso no impidió que los estudiantes siguieran organizándose: continuaron las marchas, los enfrentamientos y los disturbios.

El punto más álgido llegó el 2 de octubre, cuando una multitud de estudiantes se congregó en la Plaza de las Tres Culturas para manifestarse. Antes de que se pusiera el sol, aparecieron helicópteros zumbando. Esto no era nada nuevo, pero en esta ocasión llovieron bengalas de colores que desataron el caos entre la multitud.

Francotiradores del Estado Mayor Presidencial apostados en los edificios que rodeaban la plaza comenzaron a disparar a los manifestantes. Cuando se escucharon los primeros tiros, algunos soldados que estaban en la plaza también abrieron fuego. Lo que había empezado como una manifestación pacífica se convirtió en la masacre de Tlatelolco. Aunque no hay cifras oficiales, docenas, tal vez cientos, de estudiantes fueron asesinados y arrestados. Después de que se disparase la última bala y se removiese el último cuerpo, el país quedó de luto.

A mi edad, el miedo, la rabia y la tragedia eran incomprensibles. Lo único que sabía era que mi padre había partido rumbo a la universidad, que el ejército había ocupado para evitar más protestas. Llevó consigo una pequeña cámara de agente secreto que había comprado de broma. Como un James Bond de bajo presupuesto, tomó fotos de la ocupación para la posteridad.

Diez días después, iniciaron oficialmente los Juegos Olímpicos. Durante la primera semana, mis hermanos y yo empezamos a ir en camión a la Villa Olímpica para pedir autógrafos a los atletas. Aún no era un gran fanático de los deportes, pero me encantaba todo lo relacionado con el ambiente olímpico: los innumerables idiomas y culturas, la atención internacional y la fuerza y el glamur de los atletas. Por la tarde, como no teníamos televisión en casa, visitaba a mis abuelos y, juntos, veíamos las competencias. Me negaba a perderme una sola.

Los Juegos Olímpicos de 1968 dejaron muchos recuerdos. Hubo numerosos récords mundiales, como el del estadounidense Bob Beamon en salto de longitud. También es inolvidable el saludo del poder negro que hicieron los velocistas Tommie Smith y John Carlos para protestar por los derechos civiles en Estados Unidos. Pero, en México, la XIX Olimpiada se recuerda sobre todo por ser la más exitosa de la historia del país. Atletas mexicanos ganaron nueve medallas en total: tres de oro, tres de plata y tres de bronce.

México nunca había ganado una medalla olímpica en la alberca, pero antes de las Olimpiadas de 1968 había posibilidades reales de lograrlo por primera vez. Las esperanzas estaban puestas en Guillermo Echevarría, un nadador que había roto el récord mundial en los 1,500 metros libres en el Abierto de Santa Clara, una importante competencia de natación en el norte de California. Debido a todo el alboroto en torno a Echevarría, se convirtió en mi héroe.

Desafortunadamente, ni siquiera llegó a la final de los 400 metros libres, su otra competencia. Luego llegó el momento esperado, los 1,500 metros libres. Con toda la nación al pendiente y el presidente de México en las gradas, Echevarría entró al recinto y se subió a su bloque de salida. Sonó el disparo, salió rápido y tomó la delantera, pero no pudo mantenerla; con cada vuelta aumentaba su rezago. Terminó en sexto lugar, casi un minuto después del medallista de oro, el estadounidense Mike Burton. Las competencias olímpicas de Echevarría fueron un desastre y parecía que, como de costumbre, México fracasaría en la alberca. No obstante, cuando las pruebas de natación estaban por concluir, surgió inesperadamente un nadador con posibilidades de hacer historia. Su nombre era Felipe Muñoz.

Eso fue lo que me hizo no ir con mi padre a sus visitas a domicilio aquella tarde de cielo rosado. Salí a la calle, pero esta vez no seguí la melodía del organillero hasta el zócalo ni me dejé tentar por los aromas que provocaban que mi estómago gruñera y mi boca salivara. En cambio, corrí tres cuadras para llegar a casa de mis abuelos paternos.

En 1968 los televisores no eran comunes en México. Sin embargo, mi abuelo era comprador para Sears y su RCA en blanco y negro de veinticuatro pulgadas era lo mejor que en aquel entonces se podía conseguir en el país. El aparato estaba montado en un mueble de madera pulida y, cuando uno lo encendía, como hice aquella noche después de cruzar la puerta corriendo, brotaba un rayo de luz que se expandía hasta formar una imagen completa, como un ojo que se abre después de un sueño profundo.

Reveló la alberca en todo su esplendor. Banderas olímpicas colgaban de las vigas y la multitud vibraba con emoción y expectativa. Ocho atletas se estiraban en los bloques antes de la final de los 200 metros pecho. Mis abuelos tenían, cada uno, su silla favorita en la sala frente al televisor. Parecían estar tan encantados como yo, pero ni de cerca tan nerviosos. No podía dejar de moverme en el sillón. Agitado, me paraba y me sentaba; mi energía era incontenible.

Incluso cuando no se transmitían las Olimpiadas, la casa de mis abuelos era un refugio para mis hermanos y para mí. Ahí jugábamos a las canicas y con un ejército de doscientos soldados de juguete. Siempre fui un niño hiperactivo y algunas veces jugábamos con ambos al mismo tiempo. Fue idea de mi abuela usar las canicas como municiones en contra del ejército enemigo.

Su librero era el sueño de un viajero sedentario, repleto de literatura en español y en inglés. Mi abuelo había conseguido su trabajo en Sears gracias a que había cursado el bachillerato en Estados Unidos, donde aprendió inglés. Eso lo convirtió en una especie de anomalía en la Ciudad de México de mediados de siglo y un producto valioso para cualquier compañía estadounidense que quisiera adentrarse en el mercado mexicano. Nunca lo olvidé, probablemente porque el anuario de su escuela estadounidense estaba en ese librero y lo presumía una y otra vez.

La cámara enfocaba al joven Felipe. Me puse de pie y comencé a brincar. "Dios mío, Toño —dijo mi abuela—, ¡tranquilo!". Pero ella sabía que no podía contener mi emoción. Una corriente eléctrica recorrió mi cuerpo cuando los atletas se agacharon, se sujetaron de las asas de la plataforma de salida y se enroscaron, listos para lanzarse al agua.

Muñoz estaba en el carril número cuatro. Había obtenido el mejor tiempo en la ronda de clasificación el día anterior, pero no era el favorito. El estadounidense Brian Job y el ruso Vladímir Kosinski eran los nadadores más conocidos y exitosos. Nadie esperaba que el mexicano de 17 años con cara de bebé repitiera la hazaña y se robara el espectáculo en la final.

No sabemos si Muñoz aprendió alguna lección de los errores de Echevarría en la final de los 1,500 metros, pero, tras el disparo de salida, no se posicionó al frente. Cuando los atletas dieron el segundo giro en la marca de los 100 metros, iba en quinto lugar y Kosinski le llevaba por lo menos dos cuerpos. Fue entonces cuando el joven de 17 años pisó el acelerador.

Se movía en el agua con elegancia y vigor. Conforme Muñoz se acercaba al ruso y al estadounidense, la energía del público aumentaba. Era como vapor en una olla cubierta. Al momento de dar la vuelta en la marca de los 150 metros, iba en tercer lugar. La multitud se puso de pie y comenzó a gritar su apodo al unísono: "¡Tibio, Tibio, Tibio!".

Yo saltaba de arriba abajo y cantaba junto con el público. Mis abuelos estaban tan inclinados hacia adelante que corrían el riesgo de caerse. Vimos cómo Muñoz alcanzó a Job, para luego pasarlo de largo. En la última vuelta, se puso codo a codo con Kosinski. El ruso se negaba a ceder, pero con el impulso de la última brazada, Muñoz logró vencerlo. El público en las gradas abarrotadas estalló en júbilo. ¡México había conseguido el oro olímpico!

Sus compañeros de equipo corrieron hacia la alberca, cargaron a Muñoz sobre sus hombros y lo festejaron como todo un héroe. Di brincos en el sillón y corrí alrededor de la habitación como si estuviera celebrando con ellos. No obstante, cuando se subió al podio y le colgaron la medalla de oro alrededor del cuello, cuando izaron la bandera y se escuchó el himno nacional, me quedé quieto, con lágrimas en los ojos. Algo se encendió en mi interior y supe, por primera vez, lo que quería hacer con mi vida: quería ser nadador olímpico, quería experimentar en carne propia la competencia, la camaradería y la gloria.

El padre de mi madre, Diego, tenía una alberca en su casa en Cuernavaca. También era veterinario y oficial del ejército mexicano. Había adquirido su rango y riqueza de manera poco convencional, gracias a un expresidente.

Manuel Ávila Camacho, el último general en gobernar la república mexicana, tenía un rancho en Cuernavaca y se le conocía por ser un gran jinete y jugador de polo. Mi abuelo, de familia pobre y con doce hermanos, se alistó en el ejército para buscar una vida mejor. Ahí estudió medicina veterinaria y se convirtió en teniente. Residía en Cuernavaca cuando la yegua favorita del entonces presidente Ávila Camacho enfermó de celiaquía, un padecimiento a menudo mortal para los caballos. Mandaron a mi abuelo al rancho del mandatario, donde pasó toda la noche cuidando al animal. Le aterrorizaba pensar lo que sucedería si llegaba a morir, pero, para la mañana siguiente, la yegua estaba fuera de peligro. Aliviado, empacó su cabás humildemente, salió del rancho y regresó a casa. Durmió todo el día y toda la noche.

Cuando Ávila Camacho se enteró, envió un telegrama al secretario de la Defensa. Le informaba que debía ascender a mi abuelo directamente a teniente coronel, sin pasar por varios rangos de la jerarquía, incluyendo capitán y mayor. Mi abuelo se fue a dormir como un oficial de nivel medio y, al despertar, su realidad era completamente diferente. Eso sí que es levantarse con el pie derecho.

En la década de 1940, Cuernavaca era una especie de Acapulco sin mar: una ciudad pintoresca que atraía numerosos residentes extranjeros, en su mayoría estadounidenses. La buena obra de mi abuelo no tardó en difundirse. Construyó un consultorio veterinario privado tan exitoso que, en los años cincuenta, comenzó a comprar propiedades. Entre ellas estaba un rancho enorme, donde criaba cerdos y cultivaba tomates para vender.

Cuando éramos niños, nuestros padres nos llevaban a la casa de mi abuelo todos los fines de semana. Después de ver a Muñoz ganar la medalla de oro, solía nadar dos veces al día en la alberca de la casa, pese a ser más corta y mucho más profunda que una alberca olímpica. Tampoco tenía calefacción, pero ni siquiera el frío podía disuadirme. Si bien mi imaginación únicamente me permitía recrear un facsímil inexacto de una competencia de natación, yo tenía sed de lo real.

En aquella época, un nadador juvenil tenía dos opciones: inscribirse a un club privado o acudir a alguno de los complejos deportivos públicos, que eran una combinación de guarderías, albercas y gimnasios. Las instalaciones públicas eran bastante buenas, pero estaban demasiado lejos de Coyoacán. Mi madre finalmente optó por inscribirnos en la YMCA de Coyoacán, que estaba a quince minutos de nuestra casa en trolebús. Era un gasto adicional para la familia, pero ella se daba cuenta de que la natación era más que un interés pasajero para mí, así que accedió a pagar las cuotas a cambio de que mejorara mis calificaciones y me mantuviera fuera de problemas en la escuela. En ese entonces, estaba rezagado en el colegio y no podía mantenerme concentrado el tiempo suficiente para estudiar o retener información. Aun así, acepté el trato. No sabía que eso cambiaría mi vida.

Tenía 10 años cuando comenzamos a nadar en la YMCA y, a decir verdad, nuestro equipo de natación juvenil se consideraba —y era— de tercera. Sin embargo, competir contra muchos otros equipos capitalinos del mismo nivel me permitió acumular victorias fácilmente. A mi hermano Raúl también le fue bien en su categoría —era igual o incluso más talentoso que yo— y mi otro hermano, Diego, se unió al equipo de waterpolo.

Sin duda, la natación era lo mejor de mi vida, porque la escuela era un dolor de cabeza. Mi madre estaba convencida de que una buena educación era el mejor regalo que podía darnos. Conocía, por experiencia propia, todas las desventajas de no hablar otros idiomas y creía que una buena educación multilingüe sólo podía obtenerse en una de las mejores escuelas privadas de la ciudad.

Estudiamos en el Colegio Alemán. Las clases durante mis primeros tres años fueron en alemán y español, pero, a partir del cuarto, se integró un plan de estudios en inglés. En un santiamén, mis hermanos y yo estábamos en camino a ser trilingües. Esto suena fantástico ahora, pero la presión que implica puede causar dificultades a un niño gordo e hiperactivo que no se siente muy bien consigo mismo.

Ser más rollizo que la mayoría de los niños me convertía en un blanco fácil. Además, de primer a tercer grado, no podía permanecer concentrado ni estar quieto por más de quince minutos, aunque lo intentara. Constantemente lejos de mi asiento, saltaba por todo el salón en busca de atención sin aprender casi nada.

Tenía problemas con los números y se me dificultaban la gramática y la ortografía —incluso en mi lengua materna—, lo que se reflejaba en mis calificaciones. Cuando otros niños me molestaban por mi peso, me peleaba en el patio. La escuela se quejaba con mi madre y ella me regañaba. Gracias a Dios, el déficit de atención y la hiperactividad aún no estaban "de moda", así que nadie intentó medicarme. La teoría de mis maestros era que mejoraría con el tiempo. Tendría que hacerlo o, de lo contrario, no me permitirían asistir a la mejor escuela de la ciudad después del sexto grado.

Pero, sin importar cuán duros fueran los días en la escuela, mis problemas se desvanecían en cuanto me sumergía en el agua. La natación se convirtió en una fuente de autoconfianza y una válvula de escape para el estrés acumulado. Durante mi primer año en la YMCA, rompí mi récord personal varias veces. Como me agotaba físicamente, el ejercicio diario pronto apaciguó mi mente y aumentó mi capacidad de atención. Con mayor enfoque y determinación, me acostumbré al éxito tanto dentro como fuera del agua.

La red del Colegio Alemán en la Ciudad de México estaba formada por varias escuelas primarias y una sola escuela secundaria. La presión incrementaba durante el sexto grado porque sólo la mitad de los niños que asistían a mi escuela primaria podrían continuar su educación en el sistema alemán el año siguiente. Aunque estudiaba más que nunca, no estaba entre los favoritos para ingresar a la escuela secundaria del Colegio Alemán. Mi principal motivación era su magnífica alberca de 25 metros. La escuela tenía un programa deportivo estupendo y quería formar parte de él.

Durante el sexto grado, cuando tenía tan sólo 12 años, había tenido una primera probada.

Cada año había una competencia, el Schwimmfest, entre los mejores nadadores del Colegio Alemán. Competir me causaba mucha ilusión y, en cuanto entré al área de la alberca, me maravillaron las placas que adornaban una de las paredes: el muro de los récords. Juré romperlos todos, pero antes tenía que ganar la competencia de mi categoría contra otros estudiantes de sexto grado. Nadie dio pelea. Arrasé con todos.

El lunes siguiente, los maestros leyeron mi nombre en voz alta frente a mis compañeros e izaron la bandera. Mientras cantábamos el himno nacional, sentía como si mis sueños olímpicos —al menos en su versión infantil— se hubiesen vuelto realidad. Sin embargo, mi felicidad no duraría mucho. Nunca volvería a competir en esa bella alberca.

En el frente académico, lo logré. Mis maestros me impulsaron lo suficiente para conseguir mi pase a la secundaria del Colegio Alemán. No obstante, el día que llevé a casa mi carta de aceptación, mi madre nos dijo que nos cambiarían de escuela. El Colegio Suizo se consideraba un poco mejor en términos académicos, tenía grupos más reducidos y estaba más cerca de Coyoacán. El cambio significaba que tendría que dejar atrás el muro de los récords y a todos mis amigos.

El Colegio Suizo era todo lo que imaginaba que sería: tremendamente aburrido y lleno de estudiantes y maestros ceñudos que se desvivían por ser correctos y hacer todo a la perfección. No había espacio para divertirse; no había pasión. Me sentía fuera de lugar y desmotivado; además, seguía estancado en el equipo de tercera de la YMCA. Si quería calificar algún día a los Juegos Olímpicos, sabía que tenía que llevar mi entrenamiento al siguiente nivel.

Una tarde encontré el ascenso que buscaba gracias a un compañero de clase. Su madre era amiga del administrador de la Alberca Olímpica, quien también era el padre de Guillermo Echevarría, el atleta olímpico y plusmarquista mundial. Después de los Juegos Olímpicos, la alberca se volvió de uso público y sus administradores desarrollaron un programa juvenil que incluía natación, nado sincronizado, clavados y waterpolo. Los entrenadores eran mejores que los de la YMCA y las instalaciones eran de primera clase, así que me armé de valor y fui a la Alberca Olímpica para preguntar al señor Echevarría si podía unirme al equipo.

Mi apariencia no cumplía las expectativas. No tenía el cuerpo de un nadador típico, sino que cargaba unos kilos de más. Mientras el señor Echevarría me escudriñaba de arriba abajo, me percaté de que se fijaba en mi vientre abultado. Claramente dudaba de mi capacidad, pero estaba dispuesto a darme una oportunidad.

Fue directo conmigo: "Para nadar con nosotros, tendrás que entrenar dos veces al día. Por la mañana y por la tarde". Luego me explicó que necesitaría diez pesos para un examen físico y otros cincuenta para unirme al equipo. Además, tendría que pagar treinta pesos mensuales para entrenar ahí. No tenía ese dinero. Con tres hijos en escuela privada y otro en camino, era poco probable que la idea de tener un gasto extra entusiasmara a mis padres.

Sin siquiera mencionárselos, al día siguiente me levanté a las cinco de la mañana y tomé un trolebús rumbo a la Alberca Olímpica para llegar al entrenamiento de las seis.

En la mayoría de los equipos de natación, los atletas se dividen en grupos. Los más lentos nadan en el carril uno y los más rápidos en el ocho, o viceversa. Cuando llegué, los entrenadores no me preguntaron mis tiempos en los 100 metros libres ni en ninguna otra prueba. Me mandaron al carril ocho junto con los mejores atletas del equipo. Era mi prueba de fuego.

La mayoría de los nadadores eran mejores que yo. Algunos de ellos, incluso, formaban parte del equipo nacional y no me recibieron precisamente con los brazos abiertos. En cuanto inició el entrenamiento, arrancaron rápidamente; yo, mientras tanto, intentaba mantener el ritmo y me quedaba sin aliento. Me rezagué casi inmediatamente. Después de haber dado el primer giro, los nadadores que iban de regreso me dieron codazos en los hombros y la mandíbula. Tuve que dar media vuelta para intentar aprovechar su estela. Por cada 100 metros que nadaban ellos, yo sólo alcanzaba a nadar 80. Después del entrenamiento, todos se burlaron de mí. Era obvio que mis supuestos compañeros de equipo y mis entrenadores esperaban que me diese por vencido.

Me sentía inferior en todo sentido, pero no me rendí. Cuando pienso en esos años, siempre recuerdo lo que fue tener que superar ese sentimiento de inferioridad; no fue nada fácil. Después de mis largos entrenamientos en la alberca, mi madre siempre me preguntaba cómo me sentía, si estaba progresando y si lo disfrutaba —había discutido con ella mi cambio a la Alberca Olímpica después de la primera sesión—. Sin embargo, no quería que ella, ni ningún otro miembro de mi familia, supiera la verdad: que cada día era una humillación, que una y otra vez sería motivo de burlas y me sentiría derrotado.

59

Durante semanas sucedió lo mismo. Llegaba a la alberca con ganas de aprender, listo para trabajar, perfeccionar mi brazada y nadar mejor que nunca, pero enseguida me restregaban en la cara que no estaba a la altura del resto. Me recordaban que ellos eran más fuertes, delgados, socarrones y seguros que yo. Mientras más me esforzaba, más se burlaban de mis fracasos.

Una noche, antes de ir a la cama, me quedé en el baño y me miré en el espejo. Era momento de elegir: ¿sucumbiría ante la negatividad que amenazaba con doblegarme y renunciaría, o estaba dispuesto a cambiar de canal, encauzar mi pasión y sobreponerme al hostigamiento y la burla? Me prometí a mí mismo que haría lo que fuese necesario para mejorar y que, algún día, lideraría el carril ocho.

Hacía el viaje de ida y vuelta a la Alberca Olímpica dos veces al día. Salía de casa antes del amanecer y regresaba después de la puesta del sol. Nadaba alrededor de 10 kilómetros diarios y todo el proceso me tenía exhausto. Casi todas las mañanas me quedaba dormido sobre mi pupitre y algunas tardes ni siquiera iba a clase. Eso sí, para el final de mi primera temporada en la Alberca Olímpica, había alcanzado a los punteros del carril ocho y estaba listo para representar a nuestro equipo en los 400 metros libres en el campeonato de la Ciudad de México.

Para ganar, no sólo tenía que vencer a todos mis compañeros de equipo, sino también a los nadadores del equipo del Instituto Mexicano del Seguro Social (IMSS). El director del equipo del IMSS —el de mayor prestigio en el país— era Nelson Vargas, quien se enorgullecía de reclutar a los mejores nadadores. Mejor dicho, los compraba con una pequeña beca. En vez de tener que pagar por el entrenamiento o el acceso a una alberca, sus nadadores recibían dinero y tenían a los mejores entrenadores de México.

Desde luego que sabía todo esto, todo el mundo lo sabía. Por eso, ganar el campeonato de la ciudad significaba tanto para mí. Tenía que demostrar quién era y lo que era capaz de hacer. Necesitaba esa beca porque, como mi padre acababa de perder su trabajo, el salario de mi madre tenía que rendir para todos y apenas era suficiente para pagar las colegiaturas. Por tanto, pedir a mi madre el dinero que necesitaba para perseguir mi sueño olímpico estaba fuera de discusión. O ganaba y conseguía la beca o me olvidaba de nadar por un tiempo.

Me subí al bloque de salida del carril seis para la final. Había obtenido el tercer mejor tiempo en la ronda de clasificación, pero un tercer lugar no resolvería mis problemas en esta ocasión; tenía que ganar. Cuando sonó el disparo de salida, me zambullí y empecé a nadar. Desde el momento en que toqué el agua, mi corazón comenzó a latir con fuerza y mis pulmones se hincharon. Mi pasión burbujeaba, quería mostrar a todo mundo lo rápido que era y bracear a máxima velocidad. No obstante, ver a Felipe Muñoz años atrás me había enseñado una lección: debía mesurarme al inicio y mantenerme con el grueso del grupo. Aunque veía sombras y salpicaduras por todas partes, seguí la pista al líder de la carrera, atento al giro de los 200 metros.

En ese momento lo di todo. No percibía ni escuchaba nada, mi vista estaba en modo de túnel y lo único que sentía era el dolor y el flujo del agua. Cuando di el último giro antes de los 50 metros finales, aventajaba a mi rival más cercano por un cuerpo; los nadé con pasión y osadía. Me olvidé de la técnica cuando los demás competidores aceleraron con el objetivo de rebasarme. La alberca les quedó corta. Logré mantener la delantera y gané la carrera por unas cuantas décimas de segundo.

Había cumplido mi sueño: era campeón de la ciudad. Momentos después, me subí al podio para recibir mi medalla y, cuando me incliné, recordé a Felipe Muñoz. Todavía estaba muy lejos de su hazaña, pero al menos había dado otro paso, por muy modesto que fuera.

Como era de esperarse, antes de abandonar la alberca, Nelson Vargas me llamó desde las gradas mientras mis compañeros de equipo permanecían boquiabiertos, todavía conmocionados por mi victoria. Nos vieron darnos la mano y sabían lo que significaba: me uniría al equipo de Nelson.

Había hecho buenos amigos en la Alberca Olímpica y, a fin de cuentas, había sido feliz ahí, pero era hora de seguir adelante. No sólo por la beca, que, si bien era útil, nada más alcanzaba para cubrir el costo del transporte a la alberca de la unidad Morelos del IMSS, donde practicábamos dos veces al día. La verdadera razón por la que quería unirme al equipo de Nelson era su negocio de artículos deportivos, que operaba desde su oficina en la alberca. Vendía gorras, *goggles* y trajes de baño marca Speedo, y yo quería una tajada del pastel.

La alberca estaba en un barrio peligroso al noreste de la ciudad —y Coyoacán estaba en el lado opuesto—. Al principio, mi madre se despertaba conmigo a las cuatro de la mañana, me llevaba al entrenamiento y esperaba allí hasta las siete para llevarme a la escuela. Después de clases, hacíamos la travesía de nuevo. No sorprende que ese ritual haya tenido una vida corta.

Nuestra madre era el único sostén de la familia y conducir tanto le impedía ganar dinero extra. Mi padre ya ni siquiera hacía visitas a domicilio como antes. Había que pagar colegiaturas para cuatro niños, servicios y gastos de transporte. Mi madre no podía cargar todo ese peso sola, pero lo intentó: comenzó a preparar comida casera para mascotas que vendía de puerta en puerta, mas no era suficiente; yo tenía que contribuir.

Un día, después del entrenamiento, me acerqué a Nelson y le dije que podía ayudarle a vender sus productos de natación en la parte sur de la ciudad. Como su red de distribución no llegaba a las albercas de Coyoacán y sus alrededores, le gustó la idea y aceptó. Me ofreció convertir mi beca en un salario módico, pero lo rechacé. Le dije que la única forma en que funcionaría este arreglo era que me permitiese comprar sus artículos al costo y venderlos por mi cuenta para obtener una pequeña ganancia. Nelson no estaba convencido, pero accedió a darme diez juegos de trajes de baño, *goggles* y gorras de natación para ver qué podía hacer.

En ese entonces era difícil comprar productos extranjeros en México porque teníamos una economía cerrada. La selección de productos en las tiendas era limitada y en el país no había fabricantes de artículos de natación de la calidad más alta. En otras palabras, los consumidores no podían adquirir mejores productos que los nuestros.

El fin de semana siguiente visité cada alberca en Coyoacán y la zona sur de la Ciudad de México. En todas

63

había pequeños quioscos, en donde se vendían los pocos artículos de natación que se podían conseguir. Rara vez había trajes de baño, así que los encargados no sólo me compraron los productos que llevaba, sino que ordenaron más. Cuando informé a Nelson, parecía estar impresionado. Me volvió a ofrecer un salario, pero yo ya había hecho las cuentas. Le dije que quería ser su distribuidor principal en toda la ciudad y que podríamos dividir las ganancias a la mitad. También mencioné que necesitaríamos más provisiones; se rio. "Mi contacto en Speedo puede echarnos la mano", dijo.

Para 1974, cuando empecé a nadar en el equipo de Nelson, Speedo llevaba poco de haberse hecho famosa en el mundo de la natación internacional. Aunque existía desde 1914, cuando un inmigrante escocés la fundó en Australia, no se volvió una marca conocida de artículos de natación hasta las Olimpiadas de 1968 en la Ciudad de México. En esos Juegos, veintisiete de los veintinueve medallistas de oro que triunfaron en la alberca llevaban trajes de baño Speedo. Ese mismo año, Nelson conoció a Bill Lee, un empresario estadounidense amante de la natación que acababa de obtener los derechos para vender los productos Speedo en Estados Unidos y Canadá. Algunos años después, a principios de la década de 1970, Speedo patentaría su característica tela de elastano brillante y comenzaría a fabricar trajes de baño con ese material.

El resto es historia. Sus atletas rompieron docenas de récords en los Juegos Olímpicos de Múnich en 1972 y, después de eso, prácticamente todos los nadadores de primer nivel querían indumentaria Speedo. A pesar de ello, dado que la mexicana era una economía cerrada, Bill Lee no pudo penetrar ese mercado hasta que Nelson pensó en una solución ingeniosa.

Nuestro equipo era el mejor de México y solíamos viajar a Estados Unidos en autobús para participar en competencias de natación en Texas. Después de recoger los cargamentos pequeños que Bill Lee nos enviaba a distintas albercas tejanas, Nelson y yo pedíamos a cada nadador que empacara un puñado de artículos en su equipaje. A nuestro regreso a México, mi trabajo era recolectar los productos y venderlos.

Entrenar, estudiar y manejar el inventario y las ventas era demasiado para mí solo, así que incorporé al negocio a mis hermanos Diego y Raúl. Cada vez que teníamos una competencia —como mencioné, Raúl también era nadador y Diego jugaba waterpolo— aprovechábamos para poner nuestra tienda ambulante de artículos deportivos. Colocábamos los trajes de baño, las gorras y los *goggles* encima de una toalla para todo aquel que quisiera echar un vistazo y comprar. Iba a todas partes con mis productos. Los nadadores y sus padres me decían "el de las maletas", porque siempre cargaba con dos de ellas. Lo mejor de nuestro modelo de negocios era que no teníamos competencia porque nadie más en el país vendía artículos Speedo.

El mayor desafío era el transporte. Afortunadamente, en esa época se podía manejar desde los 15 años en México, así que, cuando los cumplí, mi madre pidió un préstamo a mi abuelo Raúl para regalarme un vocho rojo. Recorría casi 100 kilómetros diarios entre el entrenamiento, la escuela y el negocio que me permitía ganar dinero para mi familia. Ese coche se convirtió en oficina, almacén y camión de reparto, todo en uno.

El problema era que el equipo del IMSS entrenaba en un barrio bravo y varios de mis compañeros provenían de familias desfavorecidas. Veían que el negocio de artículos deportivos me dejaba dinero y notaban que era uno de los favoritos de Nelson; algunos estaban molestos conmigo por eso. Cuando llegué al entrenamiento en mi coche nuevo por primera vez, varios de mis compañeros insinuaron que lo destartalarían o robarían mientras nadábamos. Un día, uno de los muchachos del equipo se me acercó furioso. Aseguraba que lo había golpeado en la cabeza al dar un giro: "Después del entrenamiento, en el vestidor —dijo— ¡me las vas a pagar!".

Estaba en un dilema. Por un lado, aunque no era un mal luchador —era cinta café en judo—, no quería romper la promesa que había hecho a mi madre de no meterme en problemas. Por el otro, sabía que, si evitaba a mi compañero de equipo, el acoso no tendría fin. Se burlarían de mí y me intimidarían sin piedad, además de que destrozarían, o incluso robarían, mi coche. Tenía que tomar una decisión: acudir a la cita y pelear o renunciar al equipo y perder el negocio del que mi familia empezaba a depender.

Mientras sopesaba mis opciones, otro compañero de equipo se me acercó; se llamaba Denicio. Era un chico rudo que vivía en la colonia donde entrenábamos. Todos le tenían miedo, incluso el bravucón que me había desafiado. Sin embargo, en lugar de amenazarme, me pidió un favor. Dijo que, si aceptaba ser su compañero de cuarto en el próximo viaje a Estados Unidos, él se encargaría de mis problemas y se aseguraría de que nadie tocara mi coche. Cuando el entrenamiento estaba por terminar, se me acercó de nuevo, esta vez en el lado profundo de la alberca.

—No entres al vestidor —susurró.

—Tengo que hacerlo o nunca me respetarán aquí — contesté.

—Mira —dijo mientras apoyaba una mano en mi hombro firmemente—, si entras ahí, no voy a poder protegerte y te van a dar una golpiza brutal. Sólo vete. Ni te bañes, ¿eh? Después de hoy, no tendrás más problemas. Te lo prometo.

Asentí y, cuando Nelson pitó, hice lo que Denicio me había pedido. Agarré mis cosas, que estaban a un lado de la alberca, y me escabullí. Cuando regresé al entrenamiento a la mañana siguiente, nadie me molestó. Mi agresor tenía un ojo morado.

¿Por qué me había defendido Denicio? Porque sabía hablar inglés y, por tanto, en nuestros viajes a Estados Unidos podía ayudarle a comprar cosas que su familia necesitaba. En las ciudades fronterizas que visitábamos era fácil encontrar productos casi inasequibles incluso en la Ciudad de México, debido a la economía cerrada: electrodomésticos, ropa de marca o dulces de mejor calidad. Cada vez que Denicio iba a una competencia de natación en la frontera, su madre le daba una lista de encargos. No obstante, nunca había tenido el valor ni las habilidades lingüísticas para hacer las compras, y eso le causaba problemas en casa. Para mí era fácil ayudarle y nos hicimos muy buenos amigos.

Tenía dos grandes pasiones: la natación y los negocios. En cuanto a la natación, me centré en mejorar mi tiempo en los 400 y 1,500 metros libres, las pruebas que me podían llevar a formar parte del equipo nacional. Mientras tanto, el negocio iba tan bien que empecé a aportar capital para comprar nuestro suministro. Esa responsabilidad dejó de recaer únicamente en Nelson. En cada viaje a Estados Unidos traíamos todos los artículos que necesitábamos. El volumen de nuestros pedidos aumentó tanto que Bill Lee lo notó. Hacía mis pedidos con él por teléfono, pero aún no nos conocíamos y no sabía que yo era tan joven.

En octubre de 1975, se llevaron a cabo los Juegos Panamericanos en la Ciudad de México. A pesar de mi corta edad, entrené duro con la esperanza de formar parte del equipo nacional. Al fin y al cabo, si Felipe Muñoz había podido ganar el oro olímpico con tan sólo 17 años, a mis 15 sentía que podía formar parte de la selección nacional mexicana —cuyo nivel no era el más alto— y participar en una competencia internacional por primera vez. En los meses previos a las pruebas de clasificación, puse manos a la obra: nadaría seis kilómetros por la mañana y haría un entrenamiento completo de 10 kilómetros por la tarde.

La escuela era la última de mis preocupaciones. Aun cuando me había ido bien en las materias más importantes, estaba a punto de reprobar tres clases. Era un desastre en Música —no podría leer partituras ni aunque mi vida dependiese de ello— y Alemán; incluso estaba a punto de reprobar Educación Física. Estaba entrenando para intentar formar parte del equipo nacional de natación, pero no podía pasar la clase de deportes.

La ronda de clasificación para los Juegos Panamericanos se llevó a cabo en la alberca del Comité Olímpico. Me había preparado para competir en tres pruebas: los 200 metros libres, los 400 metros libres y los 1,500 metros libres. Sólo los dos mejores tiempos tenían garantizado un lugar en el equipo; los terceros lugares quedarían como suplentes.

No era un buen contendiente en los 200 metros y obtuve el quinto lugar. En cambio, en los 400 y 1,500 metros, me sentía seguro y fuerte. Nadie en México entrenaba tanto o tan duro como yo y, aunque mis rivales eran entre dos y cuatro años mayores que yo, sentía que podía ganar.

En la final de ambas pruebas, lideré la carrera hasta la última vuelta. En los 400 metros, saqué una buena ventaja en el tercer 100, pero, a diferencia de lo que había ocurrido en el campeonato de la Ciudad de México, no pude mantenerla. Perdí el segundo lugar por una centésima de segundo. Eso me hacía suplente: no podría formar parte del equipo a menos que se retirara uno de los dos nadadores con mejores tiempos. En los 1,500 metros libres sucedió lo mismo. De nuevo, lideré durante buena parte de la prueba, hasta que me rebasaron en los últimos 50 metros. Obtuve dos terceros lugares, dos suplencias; bien pude haber llegado en último lugar.

Sin embargo, mientras me duchaba y me vestía, sentía más esperanza que abatimiento. Haber estado tan cerca a mis 15 años me hizo sentir que tenía una oportunidad real de formar parte del equipo olímpico al año siguiente. Además, nuestro negocio de artículos de natación iba viento en popa. Estábamos ganando mucho dinero y Bill Lee estaba encantado de que los trajes de baño Speedo estuvieran disponibles en México. Antes de salir del vestidor ese día, recordé nuestra última llamada:

—Estoy muy impresionado con lo que están haciendo en México, Antonio. Han tenido un crecimiento impresionante. Sé que mucho de eso se debe a tu esfuerzo.

—Gracias, señor Lee. —Hablé con el tono más grave que pude emitir, pues aún no sabía mi edad.

—Es la verdad. Espero conocerte en persona pronto. Por cierto, te quería preguntar si me podrías conseguir un conductor para mi visita a México durante los Juegos.

No pude evitar sonreír. Había tantas razones para permanecer optimista.

—Por supuesto, señor Lee. Conozco a un muy buen conductor.

Los Juegos Panamericanos se celebraron a principios de octubre. Conocí a Bill Lee en el área de reclamo de equipaje, donde me sorprendió encontrarlo en apuros con diez cajas de equipo Speedo. Hasta ese momento, pensaba que el señor Lee entendía por qué recogíamos nuestros pedidos en Estados Unidos. Yo no estaba preparado para pasar tanta mercancía por la aduana. Lo más probable era que las autoridades retuvieran todo o que impusieran altos gravámenes a la mercancía, y él querría saber por qué.

Apilamos las cajas y dije a Bill que esperara mientras yo iba a hablar con los funcionarios de aduanas. No sabía qué decirles. Tenía sólo 16 años y nunca había hecho algo así. Justo cuando estaba a punto de extender la mano para presentarme ante los funcionarios, la suerte me sonrió: el gran Felipe Muñoz, embajador oficial de los Juegos Panamericanos de 1975, entró por una puerta corrediza de vidrio. "¡William Lee! —gritó—. ¡Bienvenido a México!". Se saludaron y, con una sonrisa nerviosa, llamé a Muñoz discretamente. En el bolsillo de su pantalón traía estampas que decían "libre de impuestos" para que los invitados distinguidos pudieran pasar su equipaje por la aduana sin mayores complicaciones. Le pedí diez de ellas y me miró extrañado, pero, cuando señalé las cajas de Bill, asintió. Me puso las estampas en la palma de la mano y, sin que los funcionarios de aduanas se dieran cuenta, las pegué en cada una de las cajas que Bill traía de Estados Unidos; pasamos sin problema. Bill observó mientras colocaba las cosas en la cajuela de la camioneta que lo esperaba.

—Así que eres mi nuevo amigo, Antonio —dijo—. Vaya truco que te sacaste de la manga, muchacho.

—Sí, señor Lee. —Se rio, me dio una palmada en la espalda, se subió a la camioneta junto con Andy Burke, leyenda estadounidense de waterpolo, y partieron rumbo a su hotel.

Para su estancia durante las dos semanas de los Juegos, Bill y Andy habían reservado habitaciones en el hotel Camino Real. El edificio, del gran arquitecto Ricardo Legorreta, es una joya de la arquitectura moderna de mediados del siglo XX en la colonia Polanco. En su primera noche en la ciudad, los Lee y los Burke hicieron una reservación en el restaurante favorito de Bill, San Ángel Inn. Pidieron que su chofer los esperara en la recepción a las ocho de la noche en punto, pero dieron las ocho y Bill no estaba por ningún lado. Finalmente, apareció media hora después junto con su esposa, Shirley, y los señores Burke. Bill se sorprendió al verme. En lugar de darme la mano, me escaneó de arriba abajo. Era obvio que no le había gustado mi vestimenta. Es cierto que no estaba uniformado como un chofer convencional: llevaba *jeans* y una camisa blanca.

71

"Bastante casual el atuendo", dijo. Miré mis *jeans* y mis tenis Converse. En México, usar Levi's y un par de Converse implicaba tener un cierto estatus, porque no los vendían en el país. Bill no lo entendía; para él, parecía un niño punk. Después de un momento de vacilación, me indicó que lo siguiera rumbo a la puerta principal.

—De acuerdo, vámonos —ordenó—. ¿Sabes dónde está el restaurante San Ángel Inn? —Me apresuré tras él.

—Por supuesto, señor Lee.

—Bien —contestó, y se dirigió hacia una limusina.

—Eh... por aquí, señor Lee —le dije mientras lo guiaba a mi vocho, estacionado detrás del Lincoln. Se paró en seco y miró el coche fijamente. Luego volteó a ver a su grupo, tratando de descifrar cómo se acomodarían. Sonreí y abrí la puerta del copiloto.

Andy, que medía 1.90 metros y pesaba unos 100 kilos, inclinó la cabeza y encontró la manera de sentarse en los diminutos asientos traseros. Las esposas siguieron su ejemplo y Bill se sentó adelante. Cerré su puerta, rodeé el coche por atrás y me instalé en el asiento del conductor. Encendí el auto y volteé a ver a Bill, que miraba a lo lejos, molesto. Ya éramos dos: yo los había esperado durante media hora.

—Lo siento, señor Lee, pero tengo que decirle algo. Llegué aquí a las ocho en punto y tuve que esperar durante treinta minutos. —Me miró sorprendido.

—¿Perdón?

—Lo estuve esperando durante treinta minutos.

—Bueno, eres mexicano y, en mi experiencia, los mexicanos siempre llegan tarde.

—Pues yo no. Ya debería saberlo —respondí—. Por favor, no me vuelva a hacer esto. —El señor Lee me miró por un momento y luego sonrió.

—Lo siento, Antonio. No volverá a suceder.

Arranqué y nos dirigimos hacia la salida para autos, que desembocaba en un bullicioso bulevar de cuatro carriles.

—Oye, en el aeropuerto, con todo lo que sucedió, no me di cuenta de lo joven que eres. Has manejado todo este negocio y tienes… ¿qué, 17 años?

—Dieciséis —dije, y asentí con seguridad.

Entre la sorpresa y la admiración, se echó a reír. Me escabullí por un hueco en el tráfico, pisé el acelerador y me dirigí hacia el restaurante.

—¡Me encanta México! —exclamó.

Durante las siguientes dos semanas, lo seguí a todas partes. Su objetivo durante esa competencia era asegurarse de que todos los medallistas hubiesen usado equipo Speedo en el agua. Para ello, debía entablar amistad con entrenadores y atletas de todo el continente americano. Obviamente, ya conocía a todos los nadadores del equipo estadounidense, pero lo que más me impresionó fue que, aun cuando no hablara español, le importara conocer a los atletas de América Latina y el Caribe.

Por lo que veía, Speedo lo era todo para Bill Lee, y con razón. Había empezado con la concesión de una marca australiana poco conocida y la había convertido en una potencia estadounidense de mercadotecnia. Su primer paso había sido vender a quioscos y comerciantes en albercas de barrio en California, tal como lo hacíamos Nelson y yo en México. Para los Juegos Panamericanos de 1975, ya era toda una personalidad y todos lo conocían como "Mr. Speedo".

73

De camino al aeropuerto después de la ceremonia de clausura, me hizo varias preguntas. Le conté cómo había estado a punto de participar en los Juegos Panamericanos y le confesé mi sueño olímpico.

—¿Estás contento con el entrenamiento aquí? —preguntó.

—Nelson Vargas es el mejor entrenador en México.

—Lo sé, pero… estaba pensando…

Su voz se apagó poco a poco. Unos momentos después lo tenía más claro.

—Eres un joven talentoso, Antonio, y me gustaría verte lograr tus sueños.

Era aún tan joven que no podía entender lo que me trataba de decir. Todavía no sabía nada acerca de la cultura de natación de California; no conocía sus clubes de natación, como los famosos Santa Clara y De Anza, y no tenía idea del entrenamiento de alto nivel que ahí había. De lo único que estaba seguro cuando Bill Lee se bajó de mi vocho, tomó su maleta y me dio la mano era que había hecho un buen amigo.

Durante los seis meses siguientes, me centré en entrenar duro con una meta en mente: los Juegos Olímpicos de Montreal, que se celebrarían en el verano de 1976. Para entonces, el negocio que había construido con Nelson y mis hermanos nos permitía pagar las colegiaturas y era más que suficiente para compensar los problemas financieros de mi padre, pero era agotador. No tenía tiempo más que para entrenar y trabajar, y en la escuela a menudo me sorprendían tomando una siesta.

Debido al éxito del negocio, hablaba por teléfono con Bill Lee varias veces al mes, pero entre los temas que discutíamos también estaba mi entrenamiento. Un día, me sugirió que contactara a un amigo suyo en Dallas, Skip Kenney, un famoso entrenador estadounidense de natación. Llamé varias veces, pero Skip nunca me regresó las llamadas y tuve que conformarme con el programa de entrenamiento que tenía.

A medida que se acercaban las Olimpiadas, aún ocupaba el tercer lugar nacional en los 1,500 metros libres y sentía que tenía buenas probabilidades de formar parte del equipo olímpico. Sin embargo, de nuevo fracasé en las eliminatorias: quedé a diez segundos completos de lograrlo. Empeoré, pero eso no afectó mi pasión por el deporte; al fin y al cabo, aún tenía 17 años.

Terminé por ir a los Juegos Olímpicos de Montreal como invitado de Nelson. Ahí nos reunimos con Bill Lee, quien nos dio boletos para todos los eventos de natación y nos mostró el nuevo almacén de Speedo en Montreal. A pesar de que había prometido a Bill que no revendería los boletos que me había dado, no pude resistir la tentación de ganar algo de dinero. Nunca se enteró, por supuesto.

Una vez más, todos los campeones olímpicos usaron trajes de baño Speedo. Me costó trabajo ver a los nadadores porque tenía un deseo muy fuerte de competir. El señor Lee se percató de mi angustia y una noche me hizo una oferta que cambiaría el curso de mi vida.

Estábamos sentados en la sala VIP de la Alberca Olímpica antes de que comenzara la sesión vespertina. Él pertenecía a la élite del mundo de la natación, así que se sentía bien ser parte de su círculo interno. Nunca le había pedido nada fuera de productos de natación —por los cuales pagaba— y sentí que había llegado el momento de pedir un favor.

—Señor Lee, siento que estoy estancado —aventuré.

—¿Cómo que estancado?

—He dejado de mejorar. No me estoy volviendo más rápido y siento que necesito un mejor entrenamiento, del tipo que no se puede conseguir en México. Intenté llamar a Skip Kenney, pero no regresó mis llamadas. ¿Podría contactar a algún club de natación en Estados Unidos y pedirle que me acepte el próximo verano?

Se volvió hacia mí y me vio a los ojos, pero no respondió de inmediato. Tenía una forma de mirarme que se sentía muy paternal. Finalmente asintió, antes de voltear hacia la ventana, desde la cual se podía apreciar la inmaculada alberca.

—Por supuesto que puedo hacer eso, pero ¿por qué esperar hasta el próximo año?

—Tengo escuela —respondí—. Tengo que esperar.

—Lo entiendo, pero... —Suspiró y me volteó a ver una vez más.

—He hablado con Shirley al respecto y nos gustaría que vinieras a vivir con nosotros. Podrías terminar el bachillerato en Los Altos y nadar con el Club de Natación De Anza.

Mi corazón dio un salto. No estaba seguro de haber escuchado bien. ¿Estaba soñando? ¿Lo decía en serio?

—¿Cuánto tendría que pagar? —le pregunté vacilante. Sonrió.

—No, Antonio. Sería... sería como si fueras nuestro hijo.

En esos pocos segundos vi todo mi futuro delante de mí. Perfeccionaría mi inglés, haría los pedidos para el negocio de manera más eficiente y delegaría las ventas a mis hermanos.

Además, entrenaría como loco. No tenía idea de que Bill Lee no me consideraba un nadador con potencial olímpico. Nunca sospeché que tuviera otros planes en mente para mí. Lo único que me constaba era mi agotamiento. El cansancio no se debía al entrenamiento ni al negocio, sino al desgaste emocional de cargar un peso tan grande para ayudar a mi familia a tan temprana edad. En plena adolescencia, me había convertido en un adulto de mediana edad y California sonaba a libertad.

—Sí, señor Lee —dije—. ¡Claro que sí!

Lo único que

importa, lo único

que existe en esta

vida, es el momento

presente y el esfuerzo

que hace uno cuando

está bajo presión.

3

El estrecho de Gibraltar

Cansado por las treinta y tres horas de viaje y con los ojos irritados, arrastré los pies hasta mi habitación de hotel en Tarifa, España, a las dos de la mañana del 2 de julio de 2015. Encontré una nota pegada a la puerta. Era de Nora Toledano y la noticia no era buena. La leí dos veces, sacudí la cabeza con resignación y entré al cuarto. Abrí las cortinas y miré hacia unas luces que parpadeaban en una costa lejana, del otro lado del estrecho de Gibraltar. A veces tu única opción en la vida es aceptar tu destino.

Fui el último de mi equipo en llegar. Normalmente eso no hubiera importado, porque casi siempre hay que esperar antes de hacer un nado de larga distancia. Por lo general, los nadadores reservan una "ventana" meteorológica de entre siete y diez días con el capitán de su barco de apoyo y llegan una semana antes para aclimatarse, meterse al agua y sentir las condiciones. Una vez que se abre la ventana, la espera a menudo continúa durante un periodo breve —una o varias noches— hasta que las condiciones se acerquen a las ideales. Los dioses del canal deben abrir los brazos para que el intrépido nadador ponga a prueba su determinación, pero, al final, es el capitán quien da luz verde. Cuando de clima y tiempos se trata, la decisión siempre es del capitán.

Esta vez las cosas fueron diferentes. Según la nota, se acercaba rápidamente una tormenta que traería vientos fuertes durante semanas y dejaría todos los días de la ventana que había reservado —y varios más— sin buen clima. Nora decía en la nota que la única oportunidad que tendría para hacer el cruce era al día siguiente, por lo que debía reunirme con mi equipo en el muelle para salir a las diez de la mañana.

Vaya cambio de planes. Poco práctico, la verdad, pero no se puede luchar contra el clima. Como nadador de fondo, lo único que puedes hacer es aceptar las circunstancias, adaptarte y seguir dando lo mejor de ti. Al menos los dioses del canal y nuestro estimado capitán, Rafael Gutiérrez, me dieron una oportunidad. Dependería de mí aprovecharla.

En esta ocasión, sin embargo, no nadaría solo. Cuatro nadadores mexicanos estábamos en Tarifa esa semana y todos planeábamos cruzar el estrecho, de forma independiente, durante las próximas dos semanas. Dado el pronóstico del clima, nos ofrecieron dos opciones: nadar juntos o no nadar.

Eso quería decir que Nora, mi entrenadora y jefa de equipo, también estaría en el agua, junto con nuestra amiga Mariel Hawley y su hijo de 16 años, Eduardo Rodríguez.

Le decíamos Lalo. Al igual que Nora y yo, Mariel ya había cruzado el canal de la Mancha y rodeado la isla de Manhattan; Lalo era un novato de la natación en aguas abiertas. Él y Mariel planeaban dedicar el cruce a su difunto padre y esposo, Eduardo, quien había fallecido apenas tres meses atrás.

Mariel siempre había sido una atleta. Era nieta de un héroe de guerra inglés y, de niña, solían contarle historias de cómo su abuelo, un soldado, había salido asustado de la costa inglesa rumbo a Francia para luchar en la Primera Guerra Mundial. Cuando su barco zarpó, volteó a ver los acantilados blancos de Dover y se prometió a sí mismo que los volvería a ver. Tres años después, regresó victorioso a Inglaterra. A Mariel le encantaba esa anécdota y, aunque fue jugadora de tenis juvenil, la natación siempre había sido su deporte favorito. Sin embargo, no fue hasta 2007 —cuando participó, a sus 38 años, en un equipo de relevos que estableció un récord al cruzar el canal de la Mancha cuatro veces— que vio por primera vez los acantilados de Dover.

Conocí a Mariel en 2009. Hicimos el nado de Manhattan el mismo día y poco después viajó a Dover para cruzar el canal de la Mancha de forma individual, con Nora como entrenadora. Planeaba que su padre la acompañara en el viaje, pero murió de un derrame cerebral unos meses antes. Terminó por nadar el canal de la Mancha en honor de su padre y su abuelo en catorce horas y treinta y tres minutos. Luego, en 2012, cruzó el canal de Catalina y así completó la Triple Corona de Natación en Aguas Abiertas.

Mariel nunca había oído hablar de los Siete Mares cuando reservó un barco para cruzar el estrecho de Gibraltar en 2014.

Nadar el estrecho había sido idea de su marido. Eduardo era un viajero ávido y le encantaba la idea de llevar a los niños de vacaciones a España, pero su diagnóstico de cáncer cambió sus vidas drásticamente.

Lalo se negaba a ir a la escuela. Quería pasar todo el tiempo con su padre enfermo y sus calificaciones bajaron. Durante uno de los periodos buenos, cuando Eduardo parecía estar respondiendo al tratamiento, Mariel sugirió a Lalo que nadara el estrecho de Gibraltar con ella el verano siguiente. Para entonces, él también se había convertido en un gran nadador y le encantó la idea. A Eduardo padre, quien se sentía lo suficientemente bien como para viajar, también le entusiasmó. La condición era que Lalo regresara a la escuela y sacara buenas calificaciones.

Desafortunadamente, tres meses antes del nado, no mucho tiempo después de su última cirugía de cerebro, Eduardo falleció. En ese momento, cruzar un canal era lo último que Mariel tenía en mente y creía que era mejor vender su reservación. Lalo la detuvo. Quería seguir adelante con el nado y honrar a su padre, así como Mariel lo había hecho en Inglaterra con el suyo. Ésta no sería una travesía más para ellos; sería una peregrinación con dedicatoria.

Cuando, en 2014, tomé la decisión de intentar los cinco nados que me faltaban para completar los Siete Mares, a la primera que llamé fue a Nora. Es cierto que mi motivación era un tanto vanidosa: mis pares todavía no me consideraban un gran nadador de aguas abiertas. Había completado la

Triple Corona de Natación en Aguas Abiertas y había sido el primero en hacer los tres nados en una sola temporada (a mis 50 años). Sin embargo, durante cinco años consecutivos, los votantes del Salón de la Fama Internacional de Natación de Fondo no me tomaron en cuenta. El concepto de los Siete Mares era relativamente nuevo en 2015 y esperaba que completarlo demostrara mi valía a quienes todavía dudaban de mí. Nora aceptó entrenarme y diseñó un programa para volverme a acondicionar como nadador después de seis años de dedicarme a correr maratones y escalar montañas.

Cada semana, entrenaba cinco días en la alberca y visitaba Las Estacas para hacer un nado largo. Las sesiones en la alberca eran agotadoras, quizá más adecuadas para nadadores más jóvenes: daba cincuenta vueltas de 100 metros a toda velocidad, en intervalos de cien segundos. Además, como había pasado tantos años sin nadar mucho, el engranaje de mi cuerpo no estaba aceitado. Aunque acumulé 20 kilómetros en el agua durante la primera semana y mejoré mis resultados a partir de entonces, el ángulo de mi brazada no era el adecuado y mi hombro izquierdo no soportó el esfuerzo; me empezó a doler horriblemente. Solía ponerle hielo después de mis entrenamientos en la alberca y fui a terapia de electroestimulación para reducir la inflamación en la articulación del hombro. Nada funcionó, así que simplemente seguí nadando e hice mi mejor esfuerzo para ignorar el dolor y las persistentes dudas que tenía de mí mismo.

Oculté mi inseguridad y dije a todo mundo que iría por los Siete Mares. Pensé que anunciarlo me ayudaría a superar todos los obstáculos. Por supuesto, nunca mencionaba que tenía una lesión que no parecía mejorar. Es más, conforme se acercaba el nado de Gibraltar, mi brazo empeoró. Ni siquiera Nora tenía idea de que, en las semanas previas a mi llegada a Tarifa, había dejado de nadar tanto. Opté por descansar, con la esperanza de que mi cuerpo se reparara solo antes de someterlo a otra prueba difícil.

Mi sobrino, Pablo, es un fotógrafo talentoso y nos acompañó para tomar fotos e integrarse a la tripulación. Nos vimos para desayunar a las ocho de la mañana del día del cruce, pero no comí mucho. Aunque es tentador acumular calorías antes de un nado de resistencia, nunca como en exceso la mañana del evento. Tomé café, pan tostado y fruta. Suficiente.

A las diez, Pablo y yo nos encontramos con los demás. Lalo estaba callado y se veía un poco nervioso. Mariel también estaba preocupada. Su hijo nunca había nadado más de ocho kilómetros seguidos y en este cruce probablemente nadaría el doble. Pero no era la distancia lo que le preocupaba; era su aflicción. Mariel temía que, si Lalo no lo lograba, su sensación de pérdida sólo se agravaría.

Nora estaba ansiosa. Había llegado a España con la misión de romper el récord de velocidad en el estrecho, así que su plan original era nadar sola y formar parte de la tripulación en mi nado y en el de Mariel y Lalo. Ahora tenía que ser entrenadora y atleta al mismo tiempo. Podía percibir su inquietud, incluso antes de que abordáramos nuestro barco de apoyo.

También estaba el problema de mi hombro y el hecho de que nunca me había gustado nadar en grupos grandes. El punto es que, desde el principio, había un ambiente extraño. Nada se sentía bien y, sin embargo, ahí estaba el mar: bañaba los muelles, brillaba bajo el sol de la mañana y nos desafiaba a nadar a África.

El estrecho de Gibraltar es un canal delgado que se extiende desde la punta de Tarifa en España hasta Punta Cires en Marruecos. Conecta dos continentes, milenios de historia y el océano Atlántico con el mar Mediterráneo. También es una de las rutas marítimas más transitadas del mundo. Más de trescientos buques mercantes recorren diariamente la misma ruta que siguen los nadadores. Eso equivale a más de una docena de embarcaciones por hora. Cada canal tiene sus propios peligros, y estos barcos, además del viento —que sopla con fuerza y genera corrientes intensas e impredecibles—, hacen que Gibraltar sea un cruce difícil pese a ser el nado más corto de los Siete Mares.

En línea recta, "sólo" 14.4 kilómetros separan a España de Marruecos. Esto ya requiere un gran esfuerzo, pero, dadas las corrientes y las olas, la mayoría de los nadadores que cruzan el estrecho en realidad recorren entre 16 y 20 kilómetros. Aunque es bastante profundo —hasta 900 metros en algunas partes—, el agua es templada, con una temperatura de alrededor de 21 °C. La hipotermia rara vez, o nunca, es un problema en Gibraltar.

Nora y yo calculamos que podría hacer el cruce en menos de cuatro horas; por eso fue el primero que programé. El plan era aumentar mi resistencia para hacer frente a los nados más largos y fríos una vez que mi cuerpo y mi mente se hubieran vuelto a acostumbrar al mar. Tenía que volverme a convertir en un nadador acérrimo de aguas abiertas, hecho para resistir.

Mariel, Lalo, Nora y yo nos pusimos trajes de baño, gorras y *goggles* Speedo —lo que bien se aprende nunca se

85

olvida— y cubrimos nuestra piel con zinc para bloquear el sol. Luego nos subimos a una lancha Zodiac. Nos escoltaría un barco de pesca más grande, de 15 metros de largo, para garantizar que las embarcaciones enormes que atraviesan el estrecho día y noche pudieran ver a nuestro pequeño convoy de nadadores. En nuestro equipo de apoyo estaba mi sobrino Pablo, el medio hermano de Nora, Oswaldo, y Andrea, la hija de 14 años de Mariel. Ninguno de ellos tenía idea de lo que estaba haciendo. Afortunadamente, otra nadadora mexicana talentosa, Paty Kohlman, que también tenía mucha experiencia como entrenadora y jefa de equipo, seguía en Gibraltar. Había ayudado a uno de sus nadadores a cruzar el estrecho unos días antes. Cuando Nora se enteró de nuestros problemas meteorológicos, llamó a Paty y le pidió que fuera nuestra jefa de equipo.

Paty fue nuestra salvación. Sin previo aviso y con muy poco tiempo, dejó todo, fue al supermercado a comprar nuestros suministros —comida y agua— y diseñó junto con Nora un plan para llevarnos al otro lado del estrecho; o eso esperábamos.

Zarpamos poco después de las diez de la mañana y navegamos en nuestra lancha Zodiac a lo largo de la costa soleada de Tarifa. Admiramos el malecón atemporal y los restos de un fuerte medieval que se alza sobre la ciudad vieja y notamos la clara influencia marroquí en la arquitectura local. Incluso más hermosas eran las aguas color turquesa que besaban las playas prístinas de arena blanca en los límites rurales de la ciudad.

Quince minutos después, nos detuvimos frente al conjunto de rocas y peñas que forman la punta de Tarifa. Uno por uno, los cuatro saltamos al agua. Nos agrupamos para una foto y una oración en el borde rocoso y luego partimos, decididos a nadar a África.

Era un día cálido. Un viento moderado formaba ondas en la superficie del agua mientras nadábamos entre los barcos en un grupo compacto. Antes de salir, Nora y yo acordamos que ella no debía intentar romper ningún récord. "Nademos al ritmo de Lalo —le dije— y asegurémonos de que logre terminar". Estuvo de acuerdo, pero Nora es competitiva y, cuando tiene un objetivo, no le es fácil dejarlo ir.

Para mi sorpresa, fue Lalo quien empujó con fuerza al inicio del nado, lo cual quería decir una de dos cosas: o era un nadador más fuerte de lo que pensaba y debía dejar de preocuparme por él y concentrarme en mi propio nado; o estaba experimentando una engañosa descarga de adrenalina y pronto se estrellaría contra una pared. En cualquier caso, lo único que podía hacer era esperar y tratar de mantener el ritmo. Es más fácil decirlo que hacerlo. Con cada brazada, sentía una punzada en el hombro.

Mientras tanto, Nora monitoreaba cada uno de mis movimientos. Cuando nadaba cerca de ella, me advertía que me alejara de su estela. Nadar en la estela de otra persona es más fácil que desplazarse a través de aguas inalteradas, pero es ilegal en la natación en aguas abiertas. Si el observador de la Asociación Cruce a Nado del Estrecho de Gibraltar me veía violar las reglas, podía invalidar el nado completo y descalificarme no sólo a mí, sino también a los demás. Si eso sucedía, tendríamos que regresar y hacerlo todo de nuevo. Me alejé entonces del grupo y la lancha, pero Nora me gritó de nuevo. Ahora quería que me acercara para que no me

87

arrasara un enorme barco petrolero en un descuido. Puse los ojos en blanco, pero obedecí.

Seguimos los mismos rituales que recordaba de los nados del canal de la Mancha, Manhattan y Catalina. Bebíamos algo cada treinta minutos y comíamos a la hora. Sin embargo, éramos cuatro personas en el agua y sólo había dos tripulantes disponibles, Paty y Andrea, quienes daban prioridad a sus respectivos nadadores. Mientras tanto, Pablo y Oswaldo tomaban fotos desde otro barco. Por esa razón, nuestras pausas tardaban más de lo habitual: por cada hora en el agua, sólo nadábamos cincuenta y tres minutos. Todos sabíamos que, en un canal con corrientes impredecibles, eso podía convertirse en un problema.

Paty nos mantuvo con una sonrisa pese a la ansiedad. A ella y a mí nos encantaba burlarnos uno del otro. "De verdad lo estás haciendo mal —me dijo mientras me pasaba la botella de agua—. Realmente no creo que lo logres". Sabía que estaba bromeando y me gustaba responder de inmediato con otra burla, lo que levantaba el ánimo de todo el grupo. Recientemente, Paty me confesó que había usado esa táctica porque asumía que yo estaba sufriendo por falta de sueño y quería que dejara de pensar en ello, pero no sabía que mi hombro estaba en mal estado. Una parte de mí se preguntaba si efectivamente llegaría a Marruecos.

Las cosas empeoraron cuando Lalo se quebró en la segunda hora y comenzó a rezagarse. Nos vimos obligados a detenernos una y otra vez para que pudiera alcanzarnos. Era frustrante, pero no podía más que imaginarme por lo que debía estar pasando. Con el corazón hecho pedazos, seguramente pensaba en el padre que acababa de perder. ¿Qué otra cosa podía tener en mente durante el largo cruce a Marruecos? Mariel también lloró durante la mayor parte del camino. Pensaba en Eduardo, pero también estaba preocupada por Lalo. Recordó cómo su éxito en el canal de la Mancha le había ayudado a sobrellevar el dolor después de la muerte de su padre y quería desesperadamente ese mismo consuelo para Lalo.

Lo sentía por ambos, especialmente por Lalo. Sin embargo, detenernos tan seguido nos desviaba del camino y evitaba que mantuviéramos un ritmo constante, lo cual es fundamental en los cruces largos. Nora estableció un ritmo más lento, pero regular, e insistió en que todos la siguiéramos. Aun así, en nuestro siguiente descanso fue evidente que Lalo seguía sufriendo. Con la piel irritada y quemada por el sol, con los hombros tensos y rígidos, bebió agua de su botella con lágrimas en los ojos.

—No sé si voy a poder terminar —me susurró.

—Mira —le dije—. Llévatela leve. Ya estamos a la mitad del camino y tenemos todo el tiempo del mundo para terminar. Si nos toma cuatro, cinco o seis horas, da igual. Sólo queremos terminar. —Asintió y se secó los ojos.

Mientras se reposaba, llamé a Nora. No tenía permitido tocarla, ni siquiera darle una palmadita en el hombro, así que le indiqué que se alejara del barco de apoyo.

—Tú y Mariel adelántense —le dije—. Yo me quedo con Lalo.

Aceptó renuentemente. Se sintió bien tener un poco más de espacio y nadar en un pedazo de agua propio. Esperaba que este ajuste, por más pequeño que fuera, al menos recalibrara y refrescara la mente de Lalo. Sin cargar con la preocupación de su madre y las instrucciones de su entrenadora, tal vez podría enfrentar el nado de mejor manera. No era más capaz que yo de detener su dolor, y Marruecos no flotaría mágicamente hacia nosotros. La única esperanza que tenía era aceptar su sufrimiento y usarlo para encontrar algo dentro de sí mismo. Se tenía que convertir en el nadador de aguas abiertas que le prometió a su padre que sería.

Se diera cuenta o no, había llegado a un momento crucial en su vida. Estaba bajo mucha presión y su dolor físico y emocional se acercaba al punto máximo. ¿Se daría por vencido o aguantaría? Dada mi lesión, yo estaba en una posición similar, pero tenía toda una vida de logros que podía aprovechar para sacar fuerza y valor. Él era un principiante y este nado —exitoso o no— podía definir los siguientes años de su vida. Mariel estaba consciente de ello y por eso estaba tan preocupada.

Tras la muerte de su padre, éste fue otro recordatorio para Lalo de que, en la vida, las cosas casi nunca suceden como uno quiere. Al establecer un gran objetivo, el camino para lograrlo rara vez —o nunca— es fácil o cómodo. Cuando llegan los momentos difíciles y uno siente como si el mundo se derrumbara a su alrededor —al perder a un ser amado, ser despedido, divorciarse, lidiar con problemas financieros, mudarse de casa o sufrir cualquier tipo de incertidumbre, dolor o fracaso—, es tentador pensar en lo que podría haber sido o desear un camino más fácil.

Todos lo hacemos, pero uno no puede cambiar el pasado. Y el futuro —ése que uno espera y sueña— tampoco existe. Es una ilusión. Lo único que importa, lo único que existe en esta vida, es el momento presente y el esfuerzo que hace uno cuando está bajo presión. Pero estar en el presente exige aceptar las cosas como son. Requiere flexibilidad y disposición para adaptarse a las circunstancias, sin importar cuán desagradables o caóticas sean.

Eso es lo que estaba haciendo con Lalo. Con el hombro izquierdo tan adolorido, sabía que bajar la velocidad nos ayudaría a los dos. Se sintió bien cambiar nuestros planes e intentar adaptarnos a las condiciones a las que ambos nos estábamos enfrentando. La acción por sí misma no alivió mucho nuestro sufrimiento ni nos aseguró un cruce exitoso, pero dio a nuestras mentes un poco de control sobre lo que estábamos experimentando, aligeró nuestra carga emocional y nos dio fuerza para perseverar.

Mientras nadábamos lado a lado, dejé que mi mente rememorara algo que mi padre me había enseñado cuando era un año más joven que Lalo, cuando estaba a punto de iniciar mi propia peregrinación, el viaje que cambió mi vida. Estábamos sentados bajo el sol cuando mi padre volteó y dijo:

—¿Sabes por qué murieron los dinosaurios? —Me volví hacia él y parpadeé dos veces, inseguro.

—Eran los animales más grandes y fuertes de la Tierra, pero desaparecieron porque, pese a ser tan poderosos, no pudieron adaptarse a las condiciones cambiantes del planeta. No pudieron cambiar cuando las circunstancias lo exigían. —Hizo una pausa para permitirme asimilar su lección.

—La vida es más fácil cuando te adaptas, Toño. Nunca lo olvides.

Fuera de la constante lucha interna de Lalo y el empeoramiento de mi hombro izquierdo, en el estrecho de Gibraltar sólo hubo un suceso que casi termina en desastre. Aconteció durante la tercera hora. Para ese momento ya habíamos visto toda clase de barcos enormes pasar a nuestro lado. Había barcazas carboneras, buques militares y también varios barcos mercantes, pero fue un transbordador de automóviles el que casi nos mata.

Durante varios minutos aterradores, parecía dirigirse directamente hacia nosotros. Afortunadamente, nuestro barco escolta logró maniobrar y actuar como escudo. También modificamos ligeramente nuestro rumbo para que el transbordador avanzara y nos dejara en su estela. Durante los veinte minutos que duró el incidente, Lalo y yo alcanzamos a Nora y Mariel, comimos y bebimos. Cuando comenzamos a nadar nuevamente con vigor, la costa marroquí, que se acercaba con cada brazada, nos hizo sentir renovados e inspirados, especialmente a Lalo. Fue el que terminó con más fuerza.

Cuando estábamos a 100 metros de la costa norte de África, Nora y yo nos quedamos atrás para que madre e hijo nadaran hacia la playa rocosa y pudieran compartir su momento de amor, pena y logro. Se abrazaron y lloraron. Después de unos momentos, Nora y yo tocamos tierra para completar oficialmente nuestro cruce del estrecho de Gibraltar en cuatro horas y veintitrés minutos. Nos abrazamos y, luego, con los pies fuera del agua, todos nos tomamos de los brazos. Nos veíamos triunfantes cuando el capitán hizo sonar su bocina para marcar nuestra victoria. Las fotos de Pablo capturaron muy bien el momento. De cerca, se puede ver que los cuatro sonreíamos de oreja a oreja. Pero mi sonrisa era una mentira; mi hombro lesionado me estaba matando.

No nos quedamos mucho tiempo en Marruecos, ya que nuestra visa no lo permitía. Nos subimos al barco de pesca y emprendimos el recorrido de una hora de vuelta a España, donde nos dimos un banquete de tapas, paella y vino español en un restaurante en los muelles. Normalmente me encanta celebrar los cruces con festines prolongados después de nadar. Sin embargo, esa comida me dejó un sabor agridulce, porque sabía que no estaba simplemente adolorido; estaba lesionado, tal vez seriamente.

Durante meses había intentado ignorar la verdad, pero, dadas las distancias de los cruces por venir, sabía que negarla por más tiempo era inútil. Una vez más, tendría que adaptar mi entrenamiento para incluir la rehabilitación y posiblemente alterar mi calendario de nados, pero ¿sería eso suficiente?

Tenía 56 años y mis mejores momentos como atleta estaban en el pasado. A veces los atletas de mayor edad se quiebran y no hay nada que puedan hacer al respecto. El dios del tiempo, como dicen, permanece invicto. Cuando abordé un avión en Tarifa para encontrarme con Lucía en Madrid al día siguiente, debía haberme sentido satisfecho. Estaba un paso más cerca de lograr un objetivo audaz, pero nunca me había parecido tan lejano. Mi sueño de completar los Siete Mares estaba en duda.

93

La alberca me permitía

olvidarme de mí

mismo, concentrarme

completamente en

la tarea en cuestión

y sentir una breve

sensación de paz.

4

Adaptarse

Helen me recogió en un coche convertible a las ocho de la noche, como habíamos quedado, y en cuestión de minutos nos incorporamos a una carretera que serpenteaba por las colinas de Los Altos Hills. Se estacionó en el último espacio disponible de una calle oscura, a 30 metros de la casa más grande de la cuadra arbolada. Alcanzábamos a ver cómo los invitados confluían en la entrada de la casa. Me volteó a ver y sonrió.

—¿Qué tipo de fiesta es ésta? —pregunté.

—Una fiesta de barril. Ya te lo había dicho.

—Ya sé, pero... ¿qué es una fiesta de barril? —Sonreí. Se rio y puso los ojos en blanco ante mi ingenuidad. Sacó la llave del contacto y se bajó del coche.

En muchos sentidos, ya había superado mi adolescencia. Tenía y dirigía un negocio, había viajado muchas veces al extranjero y hablaba tres idiomas. Pero, en otros sentidos, había estado sobreprotegido y ahora me sentía fuera de lugar. Era un muchacho de 17 años que nunca antes había estado en una fiesta con otros adolescentes sin supervisión.

"Ven, te voy a mostrar —me dijo—. Esta noche, tú me puedes enseñar español y yo te enseñaré lo que es Estados Unidos. O, bueno, la versión de Los Altos o lo que sea".

Dudé, todavía inseguro. Ella se quedó ahí parada, bajo la luz tenue de los faroles. Su cabello ondulado y castaño claro capturaba el brillo, así, sin más. Al sentir mi indecisión, se dio la vuelta y comenzó a caminar hacia el relajo. Estaba sobreprotegido y tal vez era ignorante, sí, pero no era estúpido. Me bajé del coche y corrí tras ella.

Entramos al jardín por una puerta trasera que estaba abierta de par en par. Helen señaló a un grupo de chicos reunidos alrededor de un bote de basura repleto de hielo.

"¡Ése es el barril!", tuvo que gritar, porque, aunque estábamos lo suficientemente cerca como para que pudiera sentir su aliento en la mejilla, los Rolling Stones retumbaban en una bocina cercana. Había tanta gente que reía, gritaba y cantaba que apenas podía escucharla. Miré la aglomeración que señalaba con el dedo y vi que la gente llenaba grandes vasos de papel hasta el borde con cerveza espumosa.

—¿Te gusta la cerveza? —preguntó.

—Nunca la he probado. —Me miró con extrañeza. Frunció el ceño y sonrió.

—Antonio —dijo— eres como un bebé recién nacido. —Luego me besó en la mejilla.

Era mi primera semana en Estados Unidos y casi no conocía a Helen. Nos habíamos conocido en la alberca.

Ambos éramos miembros del equipo de natación de la Preparatoria Los Altos y le atrajo que yo fuera penosamente tímido en mi nuevo entorno. Me dijo que me mostraría el lugar y que estuviera listo a las ocho.

—¿Listo para qué? —pregunté.

—Tu futuro —dijo.

A medida que nos acercábamos al barril con los vasos en la mano, se desató el caos en la fiesta. Luces rojas y azules atravesaron el follaje de los árboles. Un puñado de policías locales entró al jardín por la puerta trasera; mi pulso se aceleró. En México, la policía se comportaba con relativa impunidad, pero los policías estadounidenses me asustaban más porque no tenía los mismos derechos. Era un estudiante extranjero y, si me arrestaban por beber alcohol como menor de edad, probablemente perdería la oportunidad de oro que me daba mi visa de estudiante. Helen notó el terror en mis ojos.

—Conozco una salida —dijo—. Ven. —Tomó mi mano y me condujo a través de un robledal que, tras una pendiente corta, llegaba a un arroyo que conducía a una calle cercana a su auto. Nos subimos. Prendió el motor y, sin encender las luces, dio media vuelta y aceleró. Una vez fuera de la vista de la policía, encendió los faros y volvió a sonreír.

—Qué buena fiesta, ¿no? —puso los ojos en blanco—. No te preocupes, sé de otra, más íntima.

Quince minutos después, nos detuvimos frente a una casa aún más grande en las colinas, esta vez sin la confluencia de docenas de estudiantes. Cuando abrió la puerta principal sin llave, vi caras conocidas: dos de nuestros compañeros del equipo de natación de la Preparatoria Los Altos y uno de los mejores clavadistas de la escuela, junto con sus novias.

97

Era casa del clavadista, cuyo padre era almirante en la Marina estadounidense. Los seis tomaban cerveza en la cocina. Helen los saludó con la mano a la distancia y ellos respondieron. Luego, me condujo por un pasillo —en las paredes había fotografías con presidentes y medallas enmarcadas— y salimos por la puerta trasera a una terraza con *jacuzzi* y una vista magnífica del océano Pacífico.

—Hay que meternos —susurró mientras señalaba el *jacuzzi*.

—No tengo traje de baño —le dije.

—Podemos… ¿nadar desnudos? —Lanzó la idea como una pregunta casual, como si no fuera gran cosa. El deseo y el miedo chocaron en mi cerebro y corrieron por mis venas, mientras miraba por encima del hombro a los muchachos reunidos en la cocina iluminada. Moría por desvestirme con esa hermosa chica, pero su espíritu libre me aterrorizaba y me sentía intimidado en un entorno que no conocía. California era la energía cinética que vibraba a mi alrededor. Era la luna dorada en mi piel, el suave calor de un sol brillante de mañana, pero aún no estaba en mi sangre.

—Tal vez nos podríamos sentar aquí y disfrutar la vista —dije. Suspiró y se sentó.

—Claro que podemos —respondió. Pero, unos minutos después, cuando nuestra conversación se apagó, se levantó, entró a la casa para socializar y me dejó solo en la terraza.

Helen nunca se convirtió en mi novia. No tenía tiempo para salir con alguien. Había llegado a Los Altos con un plan para los dos años siguientes. Estudiaría, nadaría y, si todo salía bien, para el final del segundo año habría clasificado a los Juegos Centroamericanos y competiría como parte del equipo nacional mexicano. Eso me obligaba a poner todo mi esfuerzo en nadar y estudiar.

Llegué a la casa de Bill y Shirley Lee cuando era un adolescente de mediana edad. Los fines de semana me sentaba a leer la sección de negocios con Bill en la mesa del desayuno, y en la escuela me trataban como una rareza. Los estudiantes de intercambio no eran comunes en esos días preglobalizados y la brecha que había entre los otros muchachos y yo era difícil de superar. Los profesores parecían estar más interesados en mí que mis compañeros y casi todos los días comía el almuerzo solo. Rara vez salía por la noche y, cuando lo hacía, era con Debbie y David, los hermanos Lee. Yo era el conductor designado porque me negaba a beber. El entrenamiento nunca terminaba.

Aunque era un tanto solitario, recibí un curso intensivo en cultura estadounidense. No lo podía creer cuando nos entregaron los libros de texto el primer día de clases y no tuvimos que pagar por ellos. En México, los libros de texto sólo eran gratuitos en primaria; a partir de secundaria había que comprarlos. Nunca había ido a un juego de futbol americano y tampoco había visto porristas, así que mi primer juego de viernes por la noche me volvió loco. Me encantó la camaradería y el espíritu escolar. Las chamarras de los *lettermen*—estudiantes que destacaban en alguno de los equipos deportivos de la escuela— también eran un fenómeno nuevo para mí; sabía que conseguiría una. De hecho, desde el inicio fui el segundo mejor nadador de la escuela y el especialista

99

de las pruebas de 200 y 500 metros libres. Mi único amigo, Monty Brown, era nuestro Michael Phelps. No sólo era el mejor nadador de la escuela; era uno de los mejores en toda el Área de la Bahía de San Francisco, que no era poca cosa.

No creo que haya un ambiente de natación juvenil más competitivo en el mundo que el del Área de la Bahía de San Francisco. Las competencias entre clubes de natación están muy por encima de las que se llevan a cabo entre preparatorias en términos de grandes rivalidades y competitividad en general. Los padres de familia y los nadadores decoran sus coches días antes de las competencias. Las gradas siempre están llenas, las multitudes son ruidosas y el talento que se ve en la alberca no decepciona. Lo descubrí desde mi primer entrenamiento con el club de natación De Anza.

El salto de la YMCA a la Alberca Olímpica en México había sido insignificante en comparación con la enorme brecha de rendimiento que había entre el equipo del IMSS y el club De Anza. El entrenador, Bill Rose, era reconocido mundialmente; por fin, tendría un entrenador de natación de primer nivel. Estaba rodeado de verdadero talento. El mejor nadador del equipo era un joven de 18 años llamado Mike Saphir, quien se había quedado a una décima de segundo de asistir a los Juegos Olímpicos de 1976. Monty era el segundo mejor y luego estábamos todos los demás.

En la reluciente alberca olímpica al aire libre del Centro de Estudios Superiores De Anza, no había carriles lentos. Todos estaban llenos de grandes nadadores y nadadoras. Mike lideraba el carril uno, Monty el dos y yo el tres, pero los carriles eran mixtos. Varias chicas nadaban en los carriles de Mike y Monty y eran mejores que yo. De un grupo de unos cien nadadores, casi todos encaminados a competir a nivel universitario, yo estaba en la mitad superior.

Durante ese primer entrenamiento, me sentía dividido entre dos emociones: temor y asombro. De inmediato supe que mudarme a California había sido la decisión correcta, pero, al mismo tiempo, me di cuenta de que requeriría un nivel de esfuerzo y compromiso aún más alto del que podría haber imaginado. La calidad de los nadadores en tan sólo los primeros cuatro carriles en De Anza era tan alta que todos ellos hubieran podido clasificar fácilmente al equipo nacional de México. Aunque esto me intimidaba, también era fuente de inspiración: codearme con ellos —si lograba hacerlo— sería prueba de que yo también podía llegar a ese nivel.

Si bien era el único mexicano en el club de natación, no fueron mis orígenes los que hicieron que me sintiera separado del equipo; fue mi experiencia de vida. Siempre había puesto a Estados Unidos en un pedestal, principalmente debido a mi relación con Bill. Pero, una vez más, me empecé a percatar de que tenía más en común con los adultos encargados del equipo que con mis compañeros, cuya perspectiva acerca de México era bastante limitada. Varios estaban en *shock* cuando descubrieron que en México también había donas y hamburguesas; no eran leídos. Para ellos, era una criatura exótica de otro planeta, pero, para ser honestos, algo aburrida. Para mí, ellos eran los aburridos, o tal vez sólo extrañaba México. Afortunadamente, Monty era tímido y ñoño como yo, así que al menos tenía un aliado.

Mi horario en Estados Unidos no era muy diferente al que tenía en México. Casi siempre me despertaba a las cuatro y media de la mañana para nadar 10,000 metros antes de que comenzara la escuela. Luego iba a clases y nadaba de nuevo por la tarde. Durante mi primer verano en California, iba al club De Anza siete días a la semana. Pasaba al menos seis horas en la alberca y nadaba 20,000 metros cada día. Antes de siquiera saludarnos, el entrenador ya nos tenía ocupados con cien *sprints* de 100 metros. Es decir, tan sólo para calentar nadábamos 10 kilómetros. Solíamos terminar cada *sprint* en poco más de un minuto y normalmente teníamos entre cinco y diez segundos de descanso antes de volver a empezar. El ritmo era brutal, pero no tardé en alcanzar la mejor condición cardiovascular que he tenido. A pesar de que nunca gané medallas en las competencias, mis tiempos estaban mejorando. Eran lo suficientemente buenos como para entrar a la selección mexicana.

A primera vista, todo marchaba como lo había planeado. Había hecho grandes avances en la alberca, Bill y Shirley me trataban como a un hijo, la escuela era fácil y Bill se enorgullecía mucho de mis calificaciones. Sin embargo, no disfruté de mi primer año en California porque me sentía muy solo. En retrospectiva, hubo tres problemas que afectaron mi bienestar.

En primer lugar, entrenaba demasiado. Para un adolescente, nadar 20 kilómetros al día es un exceso. En aquel entonces, la ciencia del deporte no era sólida y los entrenadores pensaban que la única manera de alcanzar el rendimiento máximo era aumentar el kilometraje y el ritmo. Ahora ese tipo de ideas se considera de la prehistoria. El punto es que estaba agotado y nunca tomaba un respiro para dejar que mi cuerpo y mi mente se recuperaran. En segundo lugar, algunos de los entrenadores de De Anza no podían evitar hacer observaciones acerca de mi peso. Nunca fui un niño flaco; siempre había sido un poco voluminoso y los comentarios de mis entrenadores —y las risas que generaban en mis compañeros de equipo— me cohibieron aún más.

Cuando ese nivel de agotamiento e inseguridad se combina con responsabilidades escolares y con estar inmerso en una cultura completamente nueva, no es difícil entender por qué me sentía como un pez fofo fuera del agua cada vez que, efectivamente, estaba fuera del agua.

No ayudó que a Bill Lee le encantara comer en los mejores lugares. En aquellos días, San Francisco era la segunda ciudad en Estados Unidos —después de Nueva York— con la mayor cantidad de restaurantes ridículamente buenos. Casi siempre me invitaba y me enseñó qué buscar en el menú y cómo ordenar. Shirley también era una gran cocinera, así que siempre había un festín, incluso cuando nos quedábamos a cenar en casa. Pero, con mi autoestima dañada y el reproche constante de mis entrenadores por mi peso, perdí la perspectiva.

Una noche, después de un largo entrenamiento, comí tanto que sentía que mi vientre estaba a punto de estallar. Corrí al baño, me quité la camisa y me miré en el espejo. Mi panza se veía más hinchada que nunca. Me dio asco. Me di asco. Me sentía tan mal, física y mentalmente, que me metí el dedo en la garganta y me hice vomitar; el alivio fue instantáneo. La descarga de endorfina que provocó el vómito hizo que me sintiera mucho mejor, pero también había algo de culpa. Sabía que lo que había hecho no era saludable, así que me dije a mí mismo que ésta era la única vez que lo haría, que no dejaría que volviera a suceder.

Pero volvió a suceder, y luego otra vez. Empecé a vomitar al menos una vez al día, a veces dos, y continué durante la mayor parte de mi último año de preparatoria, mientras que mi gasto de energía en la alberca se mantenía muy alto. La bulimia era un parásito del que no podía deshacerme. La primera vez que vomité, lo hice por incomodidad física, pero, en cuestión de días, ya no podía discernir si esa incomodidad era real o imaginada. Por eso, cada vez que mi panza estaba llena, me dirigía al baño para vaciarla por completo. Adelgacé, sí, pero también estaba en las garras de un peligroso trastorno alimentario que puede matar. Como la mayoría de quienes lo hemos padecido, mantuve oculto el oscuro secreto.

Me había alejado de mi negocio de productos de natación. Todavía organizaba envíos para mis hermanos —Raúl dirigía el negocio en México—, pero, en general, me mantuve al margen. Lo único que tenía era la alberca, mis estudios, mi secreto y mi soledad. La mayor parte del tiempo estaba en crisis. A veces tenía ganas de terminarlo todo. El suicidio pasó por mi mente en más de una ocasión. Sin embargo, incluso en esos días terribles, la alberca me permitía olvidarme de mí mismo, concentrarme completamente en la tarea en cuestión y sentir una breve sensación de paz.

En febrero de 1978, durante mi segunda temporada de natación en California, mi objetivo era romper los cuatro minutos y veinte segundos en los 400 metros libres y los dieciséis minutos y cuarenta y cinco segundos en los 1,500 metros libres. Ésas eran las marcas que tenía que vencer para clasificar al equipo nacional mexicano dos meses después, en abril. Pese a mi bulimia, mis tiempos habían mejorado constantemente y, en el Campeonato de la Sección de la Costa Central, finalmente rompí la barrera de los cinco minutos en las 500 yardas, lo que me acercaba a mi meta de la primera prueba. No gané una medalla, pero ver mi tiempo al emerger del agua me hizo sentir como si hubiera ganado el campeonato de la Ciudad de México de nuevo.

Unas semanas más tarde, en el Santa Clara Invitational, me quedé a siete segundos de mi meta en los 1,500 metros, pero siete segundos no es mucho en una prueba de treinta vueltas. Estaba justo donde debía estar y eso me dio confianza para competir, al mes siguiente, por un lugar en la selección mexicana que asistiría a los Juegos Centroamericanos.

Mi padre y mi abuelo viajaron conmigo a Veracruz, donde se llevarían a cabo las pruebas de clasificación. Era uno de los favoritos para entrar al equipo; todos sabían en dónde vivía y entrenaba. Yo era el joven que había superado el estancamiento de la escena de la natación en México, había encontrado entrenamiento de verdad y, a los casi 19 años de edad, estaba listo para reclamar su lugar legítimo en el equipo nacional. Excepto que eso no es lo que sucedió. No tuve nada de energía ese día; no estaba nervioso, sólo vacío: la bulimia me había drenado. No logré meter segunda y nunca pude encontrar el ritmo que necesitaba para seguir el paso a los líderes. Luché, flaqueé y finalmente fracasé. Fue humillante.

Dadas mi enfermedad y la precariedad de mi salud mental, se podría pensar que semejante derrota me hundiría aún más en la depresión. En lugar de eso, mi fracaso disipó la nube oscura que me había perseguido durante tantos meses. Cuando regresé a la Ciudad de México, fui al médico para un análisis de sangre. Los resultados indicaron que mis niveles de zinc eran bajos, lo cual es común en anoréxicos y bulímicos. Ésa fue una fuerte llamada de atención. Unos días después, llamé a Bill Lee y le di la noticia de que, a pesar de su generosidad y conexiones, había fallado.

Escuchó, pero no pareció inquietarse mucho. Siempre había estado al tanto de mis marcas, pero, cada vez que hablábamos de natación, me daba la impresión de que veía mi destino de manera más completa de lo que yo era capaz a esa edad. Nunca me había visto únicamente como un atleta y resultó que la natación no era el motivo principal por el cual me había invitado a California.

—Bueno, ya sabes lo que dicen, Antonio —dijo—. Cuando una puerta se cierra, otra se abre.

—¿Qué quiere decir, señor Lee? —Todavía le decía señor Lee. Pasaron muchos años antes de que me sintiera cómodo llamándolo Bill.

—Hoy te llegó un paquete por correo —prácticamente se podía escuchar su sonrisa por el teléfono—. Es de la Universidad de Stanford.

Bill Lee era exalumno de Stanford y había sido donante de la universidad durante toda su vida adulta. Sin embargo, no le había dicho que me había postulado a su *alma mater*, así que sabía que estaba sorprendido. Había enviado mi solicitud a Stanford de la misma manera en que la mayoría de nosotros hace peticiones a Dios: era un sueño guajiro. Pese a que mis calificaciones en Los Altos eran excelentes, en el SAT —un examen estandarizado que las universidades estadounidenses utilizan en sus procesos de admisión— obtuve 950 de 1,600 puntos. Era un resultado pésimo, pero mi puntaje perfecto en el Examen de Inglés como Lengua

Extranjera (TOEFL, por sus siglas en inglés) y las excelentes recomendaciones de mis maestros lo compensaron.

Cuando regresé a California, Bill me invitó a su estudio para discutir mis opciones. Me habían aceptado en varias escuelas, pero Columbia era la única que me garantizaba un lugar en el equipo de natación.

"Sé que te encanta nadar, Antonio, pero Columbia no es una potencia en natación y esos entrenadores no te convertirán en un nadador olímpico de alto nivel. Además, te congelarás en el invierno. ¿Por qué no te quedas cerca de nosotros?", dijo, y acercó un poco su silla para darme la segunda sorpresa más grande de mi aún corta vida. "Ya llamé al entrenador Jim Gaughran. Tiene un lugar para ti en el equipo de natación de Stanford".

Aun si eligiera a los mejores atletas con o contra los que he nadado en mi vida y los pusiera en un solo equipo, el equipo de natación de Stanford estaría en un nivel completamente diferente. Ahí nadé con algunos de los mejores. Entre los más destacados del equipo masculino estaba Mike Bruner, medallista de oro en los 200 metros mariposa en los Juegos Olímpicos de Montreal 1976. Apareció en los titulares de la prensa cuando se rasuró la cabeza con una navaja de afeitar antes de nadar en la final. Actualmente ese tipo de cosas no es poco común, pero en 1976 fue una acción radical. Paul Hartloff era otro compañero de equipo. De figura imponente y alargada, estableció un récord olímpico en Montreal en los 1,500 metros libres.

Yo no era lo suficientemente rápido como para nadar en el carril de hombres, así que terminé en el carril de las mujeres, lo cual tampoco era cosa fácil. Jo Harshbarger Clark era la mejor de ellas; fue plusmarquista mundial en los 1,500 metros libres. Valerie Lee tuvo el récord estadounidense en los 200 metros mariposa. Luego estaba Kim Peyton, campeona olímpica en el relevo femenino de 4 x 100 metros en 1976. Jo era pequeña, elegante y rápida; Kim medía más de 1.80 metros y era la atleta prototípica; y Valerie era increíblemente fuerte. A pesar de ello, lograba seguirles el paso cada mañana y tarde durante nuestros entrenamientos de distancia, cuando nadábamos intervalos de 800 metros a máxima velocidad.

No tenía una beca deportiva, así que no tenía mucho dinero. Con toda mi atención puesta en mis estudios, nuestro negocio de artículos de natación estaba en pausa. Algunos días tenía tanta hambre que me veía obligado a aparecer en casa de los Lee justo a tiempo para cenar. A veces también me reunía con Bill en alguno de sus restaurantes favoritos de la ciudad. Ya no era bulímico y era reconfortante saber que tenía una familia en la cual apoyarme.

Me enamoré de Stanford de inmediato. El campus, adornado con árboles y edificios de piedra centenarios, estaba lleno de rincones y recovecos. También había un montón de bonitas chicas universitarias con mentes abiertas y brillantes. En mi primera semana en Stanford, hice un amigo para toda la vida.

Brad Howe y yo nos conocimos el segundo día de clases. Con el pelo largo y rizado, un chaleco mongol de piel de oveja y zuecos —saqué a relucir mi *hippie* interior durante mi primer año—, entré a un aula pequeña una mañana temprano. La puntualidad siempre ha sido importante para mí, pero, para mi sorpresa, no había sido el primero en llegar. Con tantos asientos vacíos, pensé que sería extraño, y tal vez hasta grosero, sentarme en algún rincón lejano, así que, en ese salón vacío, me senté justo detrás de él. Se rio.

Después de clase, empezamos a hablar y fuimos al comedor de Lagunita a desayunar. En Stanford, lo primero que un estudiante de primer año pregunta a otro es su resultado en el SAT. La mayoría de los estudiantes habían obtenido puntajes casi perfectos y, cada vez que escuchaba una cifra cercana a los 1,400 o 1,500 puntos, me dolía el orgullo por tener uno de los peores resultados en toda la universidad. Pregunté a Brad cuál había sido su puntaje, mientras tomábamos platos y nos formábamos en una fila que se extendía a lo largo de un mostrador acanalado. Se alcanzaban a ver bandejas humeantes de acero inoxidable que contenían tiras de tocino congeladas y recocidas, una sustancia que parecía huevos revueltos, salchichas frías, papas *hash brown* blandas y mucho más. Nos servimos de todo en nuestros platos.

—Novecientos cuarenta —dijo.

—¡No inventes!

—Te lo juro. ¿Tú?

—Novecientos cincuenta.

—Gran puntaje —dijo riendo.

—Pensé que yo era el tonto —le dije.

—Lo siento. Ese puesto ya está ocupado —dijo con la mano derecha sobre el corazón—. Supongo que ya sabemos por qué terminamos en Cálculo I a las ocho de la mañana.

Reímos mientras nos abríamos paso a través de la fila de salida hacia una mesa cercana.

—¿Quieres que te diga algo realmente chistoso? —preguntó—. Tengo una beca.

—¿Eres atleta? ¿En qué deporte? —Negó con la cabeza.

—Beca académica.

—¿Con ese puntaje del SAT? —pregunté—. ¿Qué clase de universidad corrupta es ésta?

—Cuando entré, también pensé que había sido un error. Luego me di cuenta de lo que pasó.

—¿Y?

—Tuve suerte.

Brad me cayó bien de inmediato, pero la suerte no era el móvil de su historia. Como yo, había entrado a Stanford gracias a sus calificaciones. Desde chico se había aferrado a ser un buen estudiante como estrategia para mantenerse cuerdo. Había nacido en una de las familias más disfuncionales que uno podría imaginar y los estudios le habían permitido aislarse y desconectarse del caos. Con el tiempo, también le ofrecerían una salida. Sin embargo, no me contó nada de eso desde el principio. Esa primera mañana, se dedicó sobre todo a escucharme.

Pensó que venía de Medio Oriente y se sorprendió cuando le dije que era de México. Le conté que me apasionaba la natación y él mencionó que era surfista, pero el agua no nos unió porque yo todavía no era nadador de aguas abiertas. En lugar de eso, discutimos acerca de economía y política latinoamericanas y de mi recién descubierta pasión por el marxismo. Brad había pasado un semestre en Brasil durante su último año de preparatoria y me confesó su amor por América Latina. Intentó hablar algo de español, pero me vi obligado a decirle que su español era terrible.

Como marxista declarado y estudiante de nuevo ingreso en una universidad altamente competitiva, tuve que mantenerme alejado de mi negocio de productos de natación. Mis hermanos tampoco estaban muy involucrados. Entonces, me uní al proletariado y empecé a trabajar como lavaplatos en la cafetería. Pronto descubrí que ese tipo de trabajo no era para mí y que el dinero no era suficiente para pagar mis libros, comidas y todo lo demás. Necesitaba desesperadamente mayor flujo de dinero.

En aquel entonces, todos los estudiantes de Stanford con especialización en economía teníamos que tomar el curso introductorio de Economía I, que impartía Michael Boskin. La clase era en un enorme auditorio repleto, con quinientos estudiantes. A principios del ciclo escolar, conocí a otra estudiante de primer año llamada Andrea. Nos hicimos amigos y, después de faltar a clase un día, me pidió mis apuntes para poderlos estudiar y ponerse al corriente. Cuando se los di, no lo podría creer. "Guau. Tus apuntes son muy buenos —dijo—. Podríamos venderlos. Los estudiantes pagarían bastante por ellos".

Así, de la nada, nació otro negocio. Esa noche, Andrea pasó mis apuntes en limpio con su máquina de escribir portátil Olivetti y los editó. Cuando había exámenes parciales o finales, hacía copias en una máquina mimeográfica y las vendíamos en White Plaza. Un día, mi compañero de cuarto, James Isaac, nos vio juntos. James había asistido a Choate Rosemary Hall, una preparatoria de élite en la Costa Este, y sabía quién era Andrea. Cuando llegué a casa, se aseguró de explicármelo.

—Sabes quién es Andrea, ¿verdad? —preguntó—. Su apellido, quiero decir.

—Sí, Mellon.

—Exactamente.

—¿Qué estás tratando de decir? —le pregunté totalmente despistado. James se rio.

—Eh... ¿Andrew Mellon, el famoso banquero?

James continuó preguntándose en voz alta por qué Andrea Mellon sentiría la necesidad de buscar dinero cuando obviamente era una chica rica, pero yo la entendía. Incluso en mi periodo marxista, eso es algo que me encantó de Stanford. Los hijos de algunas de las personas más poderosas eran gente muy movida, al igual que yo. Lavaba platos junto con el hijo de un senador y junto con otro muchacho cuyo padre era el segundo ejecutivo más importante en American Express. Si a Andrea le gustaba el ajetreo y quería ganar un poco de dinero por su cuenta, ¿cuál era el problema? Me parecía genial. A partir de entonces, vendí mis apuntes de todas las clases de Economía que tomé.

En general, mi vida era muy buena, excepto en lo que se refería a mi principal objetivo: nadar. A finales de octubre, me sacaron una vuelta completa en una competencia de la Conferencia de los 10 del Pacífico (Pac-10, ahora Pac-12). El adversario era la Universidad de California en Los Ángeles, otra potencia, y la prueba era la más larga para contendientes individuales, las 1,650 yardas libres. Sucedió hacia el final de la carrera. Era la primera vez que me sacaban una vuelta en una competencia de natación desde que había empezado a nadar en la YMCA. Fue desgarrador y humillante a la vez. Desgarrador, porque era la prueba más contundente hasta ese momento de que nunca me convertiría en un atleta olímpico, y humillante, porque todos mis compañeros del equipo de Stanford lo habían presenciado. Sin embargo, a pesar de todo, no me sacaron del equipo porque nuestro entrenador, Jim Gaughran, era buen amigo de Bill. Lo conocía desde hacía algún tiempo y yo siempre le había agradado.

El lunes siguiente regresé al entrenamiento. Nadé mis intervalos de 800 metros, como de costumbre, pero lo hice sin mucho empeño. Mi ritmo era lento, como si estuviera dando brazadas a medias. Normalmente lideraba el carril tres, el de las mujeres exitosas. Les gustaba nadar detrás de mí porque les abría paso en el agua, pero ese día mi ritmo les molestó.

Jo golpeaba continuamente mis pies, mientras que Kim y Valerie me gritaban que fuera más rápido. Me ofrecí a nadar detrás de las tres, pero no quisieron. Parecía que, desde su punto de vista, mi papel en el equipo era ayudar a los mejores atletas, lo cual tiene sentido ahora que lo pienso. Desempeñar un papel de apoyo en un equipo de ese calibre es un privilegio, pero en ese momento no lo vi así. Antes de completar la mitad del entrenamiento vespertino, salí de la alberca y me dirigí hacia nuestro entrenador.

"Jim —le dije—, estoy harto. Muchas gracias por la oportunidad". Jim Gaughran era un gran entrenador. Había ganado un título nacional con Stanford y sabía que yo no pertenecía a esa alberca, pero era todo un caballero y nunca me hubiera sacado del equipo. Entonces le hice el trabajo. Sólo estreché su mano y me alejé, me alejé de los sueños que había cultivado desde niño y de un deporte que amaba más que cualquier otra cosa en el mundo. A partir de ese día, juré que la natación ya no me definiría. No me zambulliría en otra alberca de entrenamiento durante casi veinte años.

Brad y yo establecimos una rutina durante ese primer año en la universidad. Los dos éramos tremendamente competitivos y solíamos estudiar juntos hasta altas horas de la noche. El único descanso que nos permitíamos era un paseo nocturno a una de las cafeterías del campus por una rebanada del mejor pastel de zanahoria que se ha hecho en la historia de la humanidad y una hora de *backgammon*.

Un día, sugirió que hiciéramos un viaje por carretera al sur de California para visitar a su familia durante las vacaciones de primavera. Paramos en Santa Bárbara por una noche y luego pasamos una segunda noche en casa de su padrastro en Hollywood Hills, donde nos apoltronamos en la terraza y contemplamos un mar de luces brillantes que se extendían por la cuenca de Los Ángeles.

—¿Dónde está tu madre? ¿Está aquí? —pregunté.

—No, no vive aquí. Ya no —dijo Brad.

—Entonces se ha casado y divorciado dos veces.

—Pues…

—¿Más de dos veces?

—Sí.

—¿Cuántas?

—¿Seis, tal vez? Podrían ser siete. Ya perdí la cuenta.

—No me jodas, Brad. ¿Siete veces?

—De hecho… son ocho, ahora que lo pienso. —Miré a mi nuevo amigo con detenimiento, dividido entre el humor que obviamente genera una revelación tan ridícula como ésa y las profundas y dolorosas consecuencias reales que todo ello tenía sobre él. Me imaginé en dónde estaría si no hubiese tenido una madre tan fuerte. Sabía que no estaría en la Universidad de Stanford ni en Hollywood Hills. No me reí. En cambio, puse mi brazo alrededor de su hombro y no dije nada.

Al día siguiente nos dirigimos hacia el sur, a Laguna Beach, donde Brad había estudiado la secundaria, y nos reunimos con sus amigos surfistas. Entre ellos estaban Greg French, quien vivía con sus padres en una casa magnífica con vista a la playa, y Marvin Freeman, un joven bohemio a la moda con una colección de lentes de sol extravagantes. Más adelante, Greg se convertiría en artista y Marvin lanzaría la línea de armazones de vidrio de la marca Oliver Peoples. El sol brillaba en Laguna Beach, las chicas eran hermosas y disfruté descifrar la historia de Brad.

Brad me dijo que solía mudarse cada año o dos. Aunque había vivido en varias casas espectaculares, ya ninguna pertenecía a su madre porque estaba en quiebra. Por último, después de cuatro días, fuimos a ver a su padre a su casa en Hemet, un pequeño poblado rural en las montañas desérticas del condado de Riverside. Hemet era otra de las muchas ciudades en las que Brad se había criado.

El padre de Brad trabajaba desde casa, la cual parecía estar en reparación permanente. En cuanto llegamos, nos dijo que, si queríamos quedarnos algunas noches, tendríamos que trabajar para ello. Señaló un montón de latas de pintura y nos puso a pintar la casa. Por las tardes, mientras el sol se ponía detrás de las montañas cubiertas de maleza y el aire refrescaba lo suficiente para mantenernos cuerdos, salíamos a dar una vuelta por las amplias carreteras rurales en la motocicleta del señor Howe. La velocidad hacía que mis mejillas vibraran y mosquitos gordos se estrellaran en mis lentes oscuros mientras aceleraba a más de 150 kilómetros por hora. Era euforia pura.

El verano siguiente, después de terminar el primer año y mudarnos de nuestros dormitorios, invité a Brad a México. Después de lo que había visto, sabía que había un vacío en su alma y su corazón y que sólo había una manera de llenarlo: necesitaba una familia. A su llegada, mi madre se aseguró de tomar nota de las cosas que Brad disfrutaba comer y beber para conseguirlas. Mi padre le recomendó lecturas. Brad se enamoró de nuestro pastor alemán —feroz al principio, pero generalmente amistoso— y a mis hermanos les cayó de maravilla.

Presenté a Brad con el organillero del vecindario y le mostré la vida del zócalo de Coyoacán. Salíamos de la casa alrededor de las diez sin saber a dónde nos llevaría el día. Simplemente caminábamos y explorábamos. Mi hermano más chico, Arturo, tenía cinco años y constantemente se nos pegaba. Cuando salíamos de la casa sin cerrar la reja, nos seguía sin que nos diéramos cuenta: empezábamos a caminar y, al voltear tras haber recorrido unos 100 metros, ahí estaba. Eso significaba que tendríamos que cuidarlo por el resto del día. Era tan tenaz como precoz y, con tres hermanos mayores, y ahora Brad, era evidente que Arturo crecería rápido.

Tras haber vivido en tantos lugares diferentes, tenido ejemplos a seguir siempre cambiantes y enfrentado todo tipo de circunstancias de vida, Brad se sentía como un fuereño en todos los lugares a donde iba. Ésa es una de las razones por las que pensó que había sido un error cuando Stanford lo aceptó.

Sin embargo, vivir con nosotros ese verano en Coyoacán le permitió encontrar un sentido de pertenencia. Después de tan sólo una semana, mis padres se le acercaron por separado y le dijeron que lo consideraban un hijo más.

En 1980, durante el verano en que Brad y yo estábamos en la Ciudad de México, Chile estaba envuelto en un manto de fascismo sin escrúpulos. Un golpe de Estado, liderado por la CIA, había derrocado al incipiente gobierno socialista en 1973 y Augusto Pinochet había tomado el poder con toda la intención de silenciar a sus críticos de una forma u otra. Intelectuales, periodistas, artistas y músicos se exiliaron en masa y muchos llegaron a México. Me conectaron con esas redes clandestinas y descubrí que cada noche se organizaban fiestas en los bares de peñas que había en sótanos por todo Coyoacán. A Brad le encantaba salir de fiesta en esos lugares llenos de música sudamericana, poesía y revolución. Músicos tocaban la guitarra, el charango, la flauta de pan y la batería. Los asistentes lcían a Pablo Neruda y daban testimonio de la represión derechista que hizo que amigos y familiares fueran golpeados, asesinados o tomados como presos políticos. Había risas y tristeza y una sensación de profunda solidaridad.

Sin embargo, pese a mis tendencias izquierdistas, la verdad es que para cuando regresamos a Palo Alto antes de comenzar nuestro segundo año, estaba cansado de tener los bolsillos vacíos y harto de lavar platos. Pasar el verano con mis hermanos en México me hizo darme cuenta de que, si no me hacía cargo, nuestra empresa de productos de natación se marchitaría y moriría. Necesitaba volver a involucrarme en el negocio de manera significativa, así que llamé a Nelson, fui a ver a Bill Lee y me aseguré de que mis hermanos Diego y Raúl estuvieran listos para el relanzamiento. Esta vez, les dije, creceríamos más que nunca.

Empecé por hacer pedidos de productos de temporadas pasadas —lo que no se había vendido— de las fábricas de Speedo en Estados Unidos y Canadá y compré todo por un precio inferior al de mayoreo. La siguiente etapa estaba a cargo de Diego, Raúl y Eugenio Castañeda, amigo de Diego del Colegio Alemán a quien, con el tiempo, querríamos como a un hermano. Los tres conducían de la Ciudad de México a Guadalajara y hacían paradas en Querétaro, León y Guanajuato para identificar las tiendas de artículos deportivos. Hacían citas con los propietarios y les enseñaban nuestros productos. Pronto empezaron a tomar pedidos de gorras de natación, *goggles* y trajes de baño. Ya no vendíamos únicamente en quioscos y competencias de natación en la Ciudad de México. Estábamos en expansión y queríamos surtir a todo el país.

Para manejar el incremento en la demanda, solicitamos permisos de importación. Para entonces, México había comenzado a abrirse poco a poco, pero el proceso de permisos era complicado y tardaba meses, a veces años. Así de ineficiente era México a principios de la década de 1980. Sin embargo, perseveramos, recibimos nuestros permisos después de un tiempo y seguimos creciendo en el ámbito local; pero queríamos más.

Aunque apenas tenía 22 años, había hecho bastantes contactos por medio de Bill Lee. Como siempre había cumplido todas las promesas que le había hecho y hablaba bien inglés, logré convencer a todos los productores estadounidenses de equipo de natación —gorras, trajes de baño, *goggles*, líneas de carriles, tablas, toallas absorbentes, boyas e incluso bloques de salida— de que nos permitieran representarlos en toda América Latina. Las concesiones eran un negocio relativamente nuevo en aquel entonces. Ahora, ese tipo de privilegio costaría grandes sumas de dinero. Nosotros obtuvimos los derechos de forma gratuita, sobre todo gracias a que Bill Lee escribió cartas de presentación y, cuando los vendedores de las compañías le llamaban para que les diera su opinión, les decía: "Confía en Antonio. Va a cumplir".

Así cerramos el trato para ser los proveedores del Campeonato Mundial de Natación que se llevó a cabo en Ecuador en 1981. Llegué al nuevo estadio de natación en Guayaquil cuando todavía estaba en construcción —seguían cavando hoyos para las albercas— y me acerqué a los organizadores. Me presenté y les di una lista de todos los artículos que necesitarían para la competencia. El jefe, que tenía unos cuarenta años, me desestimó bastante rápido.

—¿Por qué haría el pedido con un niño? —dijo—. Voy a ir directamente con los fabricantes.

—Está bien —le contesté—. Haga eso, es buena idea.

Me fui sin presionarlo porque sabía que no podría comprar nada que no controláramos. Cuando mi teléfono sonó dos semanas después, fui muy amable, tomé su pedido y le dije el precio y la fecha de entrega. Para el final de la llamada, los organizadores del evento y yo ya nos reíamos abiertamente de cómo unos cuantos muchachos abusados de la Ciudad de México habían podido lograr algo así.

Cuando comencé mi tercer año ya manejaba un nuevo BMW rojo. Brad le echó un vistazo, asintió y dijo:

—Supongo que ya no eres marxista.

—Los capitalistas manejan mejores coches —dije.

Después de Guayaquil, comenzamos a suministrar a albercas y competencias en toda América Latina. Incluso nos encargamos de los Juegos Panamericanos en Venezuela. En aquellos días no eran comunes los cajeros automáticos ni se podían hacer transferencias bancarias en un abrir y cerrar de ojos. Recibíamos tanto dinero de tantas cuentas diferentes que a veces terminaba con mucho papel, pero con poco efectivo.

En 1982, recuerdo haber visitado a Brad en Río de Janeiro, donde estaba disfrutando de un semestre de intercambio. Mientras que él optó por hacer un viaje largo por Sudamérica, Centroamérica y México, yo tomé un avión a Venezuela para recoger un cheque antes de regresar a casa. El problema era que no tenía visa venezolana, así que, cuando mi avión aterrizó, los organizadores de los Juegos Panamericanos enviaron el cheque por mensajería para que me lo entregaran en la oficina de aduanas del aeropuerto de Caracas. Terminaron por deportarme a la isla de Margarita, pero, como no tenía efectivo y no había ningún banco en donde pudiera cobrar mi cheque, dormí en el aeropuerto hasta que tomé mi vuelo a Miami a la mañana siguiente.

El negocio iba tan bien que Raúl comenzó a tomar clases de aviación y, cuando la Fórmula 1 realizó su primera carrera en Long Beach, todos estábamos ahí. Todos menos el pequeño Arturo, por supuesto. Raúl, Diego, Eugenio y yo reservamos una *suite* en el Beverly Hilton y, un día antes de la carrera, alquilamos una avioneta en el aeropuerto de Van Nuys y le pedimos a Raúl que nos llevara a sobrevolar la pista de la Fórmula 1 y la costa de Malibú.

El día de la carrera teníamos asientos ideales. Nos sentamos entre celebridades e industriales y la pasamos de maravilla. En retrospectiva, veo cómo las cosas hubieran podido salir terriblemente mal, pero ninguno de nosotros bebía mucho en ese entonces. Ni siquiera había probado la cerveza todavía. El vino y el licor tampoco formaban parte de mi mundo y nadie en nuestro grupo consumía drogas. Éramos cuatro niños capitalistas y remilgados presumiendo sus billetes.

Era estudiante de último año en Stanford cuando probé la cerveza por primera vez. Fue en 1982, justo después de conocer a un joven profesor mexicano de economía llamado Jaime Serra. La devaluación del peso de 1982 acababa de dar un golpe duro a México y había devastado la economía del país. La inflación se disparó, había escasez en las tiendas de todo el país y muchas familias perdieron sus ahorros. Serra estaba en Stanford para dar un curso acerca de las causas y la manera en que todo había sucedido. Pese a que el análisis tecnocrático que hacía de la situación económica era fundamental y novedoso, el nombre oficial de su clase era bastante soso: "Desarrollos económicos recientes en México".

Lo único que sabía de él antes de que nos conociéramos el primer día de clases era que venía de México. No sabía que había estudiado en Yale ni que se le había considerado un gran profesor en El Colegio de México. Cuando lo vi afuera del edificio antes de la clase, se veía un poco desaliñado y perdido, así que me acerqué a él.

—¿Necesita ayuda? —pregunté. Asintió y me entregó el temario de su clase.

—Necesito fotocopias de esto.

En México, había personal que hacía todo por él. En Stanford estaba solo, sin siquiera un asistente de posgrado, y no lo estaba manejando muy bien. Después de clase, me presenté formalmente. Comencé a hacer trabajos ocasionales para él y, en un par de semanas, ya me había convertido en su asistente, su arreglador, su equipo indispensable de una sola persona.

Tres semanas después del inicio del semestre, me enteré de que Jaime corría. El *jogging* se estaba volviendo popular en Estados Unidos y me invitó a ir con él. Yo había empezado a correr desde mi salida del equipo de natación. Era bastante bueno, pero, por respeto, lo dejé ir por delante. Era un día caluroso y, después de correr 10 kilómetros por el campus de Stanford, me invitó a su departamento y me dio una cerveza helada. Él sabía que yo no bebía y le parecía ridículo. Lo vi tomar un trago sustancioso y luego miré la botella en mi puño. La espuma burbujeaba y se deslizaba por el cuello de la botella hasta las puntas de mis dedos.

"Bebe", dijo. Tomé un sorbo, me lamí los labios y sonreí. Luego tomé otro. Jaime Serra asintió, complacido consigo mismo. Nació una gran amistad.

"No importa

si lo logras o

no: siempre

serás mi

héroe. Así

que ¡disfruta

tu nado!".

5

El estrecho
de Tsugaru

Intenté no mortificarme por el dolor durante el vuelo a Tokio, pero me costaba trabajo porque sabía que este viaje, este cruce, era decisivo para cumplir mi sueño de completar los Siete Mares. Me quedaban apenas unos cuantos días de entrenamiento antes del nado y era evidente que, una vez que entrase al agua para intentar el cruce de la isla de Honshu a la de Hokkaido, en el norte de Japón, enfrentaría uno de tres escenarios posibles: encontraría la manera de ajustar mi brazada para eliminar el dolor que sentía en el hombro izquierdo (dudoso); sufriría, pero soportaría el dolor durante el cruce completo (si es que eso era posible); o el dolor sería insoportable, desistiría y me vería obligado a reevaluar la probabilidad de completar alguna vez los Siete Mares (mi sospecha más grave).

Sí, el estrecho de Tsugaru sería una prueba crucial. Por un lado, mi estado físico no había mejorado desde que emergí en Marruecos después de cruzar el estrecho de Gibraltar. Por otro lado, el agua en el norte de Japón es más fría que en el Mediterráneo, el clima es más impredecible y la distancia por recorrer es mucho mayor. Para los estándares de la natación de fondo, Gibraltar no era un desafío físico importante; Tsugaru sí.

También había problemas logísticos. La ley japonesa no me permitía —ni a ningún conductor mexicano— rentar un coche sin tener una licencia europea o estadounidense. Tenía que encontrar una alternativa, no sólo para mí, sino para todo mi equipo, que incluía a Nora y Pablo, mi sobrino. También estaba el elemento cultural. Nos dirigíamos hacia el cabo Tappi en la isla de Honshu, la más grande de Japón y en la cual se sitúan Tokio, Kioto y Osaka. En comparación con estas urbes, nuestro destino era mucho menos electrizante. Tappi es un pequeño pueblo pesquero en el tempestuoso cabo norteño de Honshu, y no estábamos seguros de si encontraríamos comida adecuada o tiendas cercanas para abastecernos de provisiones para el cruce.

Afortunadamente, uno de mis socios me puso en contacto con el jefe de la oficina de turismo de México en Japón, Guillermo Eguiarte. Cuando le llamé para hacerle saber mis preocupaciones acerca del transporte, me aseguró que no habría problemas. Eso era todo lo que necesitaba escuchar. Me imaginé que haría los arreglos necesarios para que un chofer nos recogiera en el Aeropuerto Internacional de Narita. Seguramente iría acompañado de un traductor, porque las probabilidades de encontrar hispanoparlantes en

Japón eran tan bajas como mis probabilidades de aprender a hablar japonés en el vuelo: casi nulas. Sin embargo, cuando llegamos y nos reunimos en el área de reclamo de equipaje, no nos recibió un chofer japonés en traje oscuro con un cartel en español o inglés; nos recibió el propio Guillermo. Ya conocía mi historia y tenía ganas de presenciar mi intento de cruce, pero también quería contribuir de alguna manera y decidió convertirse en nuestro conductor y traductor.

Guillermo y su esposa, Lolita, nos recogieron en el aeropuerto de Narita y nos llevaron al pequeño aeropuerto local de Haneda, al otro lado de la ciudad. Tomamos un vuelo corto a Aomori, donde Guillermo rentó un coche para todos. Nos adentramos en el campo japonés por caminos cada vez más estrechos y, noventa minutos después, llegamos al cabo Tappi, el punto más al norte de la isla de Honshu. Sólo había un hotel grande en la ciudad, el Tappizaki Onsen, que se ubicaba a unos cuantos pasos de los acantilados.

Salimos del coche con dirección a la recepción ya bien entrada la noche. Mientras cruzábamos el estacionamiento, vimos a un empleado del hotel salir por una puerta trasera para sacar la basura. Nos oyó hablar en español y nos volteó a ver. Era un joven de unos 30 años con uniforme blanco de cocina. Tiró las bolsas en el basurero, se limpió las manos en el delantal y se acercó a nosotros cuando estábamos a punto de entrar al hotel.

Nos detuvimos frente a él. Hizo una reverencia y nos dio la bienvenida a Tappi, no en japonés ni en inglés, sino en español. Ninguno de nosotros podía creerlo, ni siquiera Guillermo. Se llamaba Tetsuo. Nos dijo que había vivido en México durante un año y que ahí había estudiado español, idioma que aún amaba. Sin poder ocultar su emoción, nos explicó que nunca había escuchado a nadie hablar español en Tappi. No se quedó mucho tiempo, pero su calidez y sus habilidades lingüísticas fueron un buen presagio de la hospitalidad que se avecinaba.

Después de veintiocho horas de viaje desde la Ciudad de México, lo que realmente necesitábamos en ese momento era descansar. Las habitaciones del hotel tenían puertas corredizas de papel de arroz que separaban la sala de estar y el dormitorio. Uno podía elegir entre un colchón normal o un tatami, una delgada colchoneta de paja tejida colocada sobre una plataforma elevada y cubierta de almohadas. Miré por la ventana y vi el resplandor de la luna reflejarse en el mar lejano. Decidí que intentaría conciliar el sueño al estilo tradicional japonés. Dormí como bebé.

A la mañana siguiente, nos reunimos a las siete en la planta baja para desayunar, como habíamos acordado. El comedor estaba lleno de turistas japoneses, con excepción de dos mesas: la nuestra y la de un grupo de tres en el rincón más alejado. Sabía quiénes eran porque pertenecían a la comunidad de nadadores de aguas abiertas: el estadounidense Dan Curtis, su amigo irlandés y el entrenador de ambos, el italiano Valerio Valli.

Aunque la costa norte de la isla de Honshu es hermosa —con acantilados frondosos y escarpados y bahías recónditas donde los lugareños pescan y recolectan algas—, el clima no siempre es apacible. Puede estar nublado, ventoso y frío. Además, lejos de ser un destino turístico, el pueblo es un puerto deportivo que alberga negocios de pesca comercial en aguas profundas y arrastreros de calamar. De hecho, la mayoría de los viajeros extranjeros que se hospedan en Tappi son nadadores de fondo ansiosos por ponerse a prueba en el estrecho de Tsugaru.

Pero recorrer el mundo para nadar en sus océanos no necesariamente convierte a alguien en buen viajero. Debería, porque buena parte de lo que hace que alguien sea un gran nadador de aguas abiertas se reduce a su capacidad de adaptarse a condiciones adversas y mantener la compostura y el control. Tener esta capacidad también es crucial para cualquier buen viajero. Sacar el mayor provecho posible de una aventura en el extranjero requiere mantener la mente y el corazón abiertos, aceptar las costumbres del lugar y disfrutar de la comida local. Así, los anfitriones podrán sentir el aprecio por su cultura y se abrirán más.

Sin embargo, los atletas podemos ser muy controladores. Algunos tendemos a concentrarnos únicamente en lo que necesitamos, sobre todo en lo que se refiere a la alimentación y el tiempo para entrenar. Cuando esas necesidades no se satisfacen, solemos ponernos ansiosos y no logramos adaptarnos a las circunstancias que nos rodean. Esos fracasos inesperados o incomprensibles, por más insignificantes que sean, a menudo conducen a fracasos posteriores de mayor envergadura.

Los nadadores de la otra mesa esperaban un gran desayuno occidental. Habían completado un cruce la noche anterior y querían reabastecerse con una porción generosa de salchichas, huevos y pan tostado. Pero un desayuno japonés no es así, al menos no en Tappi. El desayuno en el hotel era pescado y arroz.

Esto no suele ser un problema para sus clientes habituales, japoneses aficionados a los trenes que diariamente llegan en tren bala y se quedan la noche para reunirse y observar cómo los trenes desaparecen tras entrar a un túnel que pasa por debajo del estrecho de Tsugaru. Ése es el principal atractivo de Tappi. Para el desayuno, el chef del hotel simplemente cocinaba y servía el *sashimi* que no se había consumido durante la cena. Nunca sabíamos qué pescado nos servirían. Sin embargo, en lugar de aceptar la costumbre local —y la superioridad de la cocina japonesa—, los nadadores se quejaron. Los camareros se inclinaron para disculparse y prometieron tener lo que los clientes deseaban al día siguiente.

Presenciar ese pequeño drama me recordó algo que mi entrenador mental, Jaime Delgado, mencionó cuando me acababa de poner la meta de completar los Siete Mares. En ese entonces, me faltaba energía en mi entrenamiento. Ponerme en forma estaba tomando más tiempo de lo que esperaba y era frustrante.

"Te fijas en cada pequeño detalle, pero centrarte en problemas menores todo el tiempo puede ser peligroso —advirtió—. Es como si estuvieras en una habitación y prendieras un cerillo. La pequeña llama no es motivo de preocupación en sí, pero, si se te cae el cerillo, la alfombra puede empezar a incendiarse. Si no te percatas o no actúas, el fuego se propagará a las cortinas, destruirá toda la habitación y, poco después, la casa entera estará en llamas. Tienes que ser capaz de lidiar con esas pequeñas cosas, esos pensamientos negativos, porque, si no lo haces, tu casa —es decir, tu objetivo, todo tu objetivo— se volverá cenizas.

"Lo que estás tratando de lograr es sumamente difícil —dijo—. Debes respetar eso. Y la mejor manera de hacerlo es mantener una mentalidad positiva para los desafíos venideros".

Cuando el otro grupo de nadadores se levantó de la mesa, me incliné hacia Nora y Pablo.

—Nosotros tres, nuestro equipo —dije—, recibiremos la cultura japonesa con los brazos abiertos. Eso implica comer la comida y probar todo al menos una vez.

—Y ser respetuosos y agradecidos —agregó Pablo con una sonrisa.

—Exactamente —añadió Nora—. El mero hecho de estar aquí ya es un gran privilegio.

A partir de ese momento, nuestra actitud colectiva de receptividad y gratitud nos ayudó a encontrar alegría en el día a día, pero también me sirvió para enfrentar el hecho de que tenía un nado muy largo por delante y sólo un hombro sano para ayudarme a llegar a Hokkaido.

Habíamos llegado a Japón el 5 de septiembre de 2015 y de inmediato habíamos establecido una rutina. Después del desayuno, descansábamos durante una o dos horas y luego nadábamos. Aunque llegar al sitio del nado con mucha anticipación puede ser problemático para algunos nadadores, yo quería darme tiempo para ajustarme al horario japonés.

Nora no estaba de acuerdo con que nadara distancias largas antes del cruce. Quería que disminuyera el esfuerzo para que mi cuerpo reparara todo el daño muscular y mi fuerza alcanzara su punto máximo en el momento adecuado. No obstante, tenía que sentir el agua. Necesitaba saber a qué me enfrentaría.

Cerca del hotel encontramos una playa cubierta de rocas volcánicas afiladas. El agua color azul oscuro era cristalina.

Después de dar unos cuantos pasos torpes, fue fácil relajarse y disfrutar del mar.

Esos nados leves de una o dos horas me permitían experimentar y buscar un movimiento de brazo que me permitiese avanzar y minimizar el dolor durante el tiempo que fuese necesario. Estaba en busca de mi brazada ideal. No iba a curarme de la noche a la mañana, así que, para cruzar el estrecho de Tsugaru, tendría que encontrar la posición que me causara menos dolor.

Nora nadaba a mi lado y me observaba minuciosamente. Algunas veces sentía una punzada de dolor de inmediato; otras veces no aparecía hasta unos quince minutos después. Sin importar cuándo se hiciera presente el dolor, tenía que adaptarme y ajustar. No obstante, el único ajuste que podía hacer —acortar mi brazada— me hacía nadar mucho más lento. Esto me preocupaba porque, de por sí, no era un nadador tan rápido y Tsugaru se conoce por la fuerza de sus corrientes. Todo parecía indicar que, para tener éxito, en algún momento tendría que alargar mi brazada y dar todo de mí.

Al principio sólo éramos Nora y yo en el agua, pero pronto un nadador indio llamado Rohan More se nos unió y empezamos a nadar los tres juntos. Nos convertimos en objeto de curiosidad para los locales. Una recolectora de algas que nos veía entrenar desde su playa comenzó a llevar jarras de agua tibia para que nos enjuagáramos después de salir del mar. Su gesto era muy bienvenido porque el agua estaba algo fría, a unos 18 °C. Unos días después, nos invitó a una ceremonia del té en su encantadora casa en los acantilados.

En cuanto a la alimentación, Rohan y su familia también tuvieron problemas con el comedor del hotel. Al igual que los otros, ansiaban lo familiar, pero no tenían coche y en Tappi no había taxis que llevaran a los visitantes al supermercado más cercano, a una hora de distancia. Entonces, un día después de que llegaron, Guillermo condujo a Rohan y su madre, la chef del equipo, a comprar ingredientes para preparar platillos vegetarianos indios. Fui con ellos.

No era ningún secreto que Rohan también quería completar los Siete Mares. Su último cruce exitoso había sido el del canal del Norte. Aunque ése no era el nado más largo del reto, sus bajas temperaturas y aguas infestadas de temibles medusas hacían que me intimidara —a mí y a la mayoría de los nadadores de fondo— más que ningún otro cruce. Rohan tenía 33 años y era un atleta de primera en su mejor forma. Sin embargo, cuando me enseñó fotos del momento en que salió tambaleante del mar en Escocia después de cruzar el canal del Norte, quedé desconcertado. Aunque es moreno, en las fotos el color se había esfumado de su piel: parecía un fantasma tembloroso, o la muerte misma. Me congelé de sólo mirarlo.

No obstante, tenía preocupaciones más apremiantes. Esa noche, antes del atardecer, subí una colina en busca de una vista panorámica que me permitiese observar el estrecho de Tsugaru en todo su esplendor. En japonés, Tsugaru significa "la boca del viento" y el viento esa noche era tan fuerte que me costaba trabajo mantenerme en pie. Las olas en el estrecho eran tan grandes que el tráfico de barcos se detuvo. Mi hombro palpitaba mientras mi mente daba vueltas en una espiral de incertidumbre.

Rohan llegó a Japón después de mí, pero su nado estaba programado antes que el mío, el 13 de septiembre. Aunque completó el cruce —su quinto de los Siete Mares— en diez horas y treinta y siete minutos, su hazaña no me hizo sentir mejor acerca de mis propias posibilidades. En la novena hora de nado, Rohan se había topado con una corriente —donde el océano Pacífico y el mar de Japón se fusionan— que lo había jalado hacia atrás. Para superarla y continuar el avance hacia la costa norte, había tenido que redoblar esfuerzos y nadar con toda su fuerza. Tenía, eso sí, dos hombros en buen estado y era veinte años más joven y mucho más rápido que yo.

Durante los diez días de espera, mi principal herramienta para contrarrestar la ansiedad fue disfrutar del estilo de vida japonés. La comida era fantástica. Guillermo amenizaba nuestros largos almuerzos y cenas con historias acerca de la arquitectura, la fotografía y el arte de Japón, o nos hablaba del *jazz* y la música clásica locales. Es una de las personas más leídas que he conocido: convertía cada comida en un simposio fascinante. También disfrutaba dormir sobre el tatami y tomar baños minerales japoneses —que siempre estaban a la temperatura ideal— a primera hora y otra vez después de mi entrenamiento; por las tardes, escribía mi blog. Esos hábitos me ayudaban a mantener las cosas simples, pero, cada vez que pensaba en el cruce, se reactivaba el dolor en mi hombro y el estrés se adueñaba de mi mente.

El 15 de septiembre, la víspera del Día de la Independencia de México, llegó mi turno. Nos despertamos a las tres de la madrugada y esperamos a que nos recogieran el capitán del barco y su tripulación, pero se les había hecho tarde. Conforme avanzaban las manecillas del reloj, mi pulso se aceleraba y golpeaba con mayor fuerza; sentía la presión. Mi mente y mi estómago se revolvían con inquietud.

A las tres y veinte de la madrugada recibí un mensaje de texto en mi celular. No era del capitán del barco, sino de mi hija Ximena, que había llegado a Japón el día anterior y nos esperaba en Tokio. Parecía como si hubiera leído mi mente en tiempo real: "Sé que no te sientes bien y tienes muchas dudas de si lo vas a terminar. Pero no importa si lo logras o no: siempre serás mi héroe. Así que ¡disfruta tu nado!".

Su mensaje me hizo llorar. Ximena y yo nunca discutíamos mis nados antes de que sucedieran. Siempre estaba enterada de mis planes y trataba de reunirse conmigo en donde fuese que nadara, pero no hablábamos de mi salud ni de los peligros a los que me enfrentaría porque sabía que eso la ponía nerviosa. Ni siquiera le había contado acerca de mi hombro. De todas formas, ella sabía cómo me sentía.

Dicen que, cuando se ama a alguien, a veces se puede percibir el dolor, las dificultades y las alegrías de esa persona a cientos, incluso a miles, de kilómetros de distancia. El mensaje de Ximena lo demostró y, al instante, me quitó la presión de encima. A partir de ese momento, mi objetivo principal fue disfrutar el cruce y, en segunda instancia, encontrar la manera de terminarlo.

Alrededor de las cuatro de la mañana abordamos el *Dai-Shichi Koei Maru* (que en japonés quiere decir "Número Siete Honor"), un barco de pesca de unos 10 metros de largo que habíamos alquilado. Mientras nos dirigíamos hacia el punto de

135

partida desde el puerto deportivo, los miembros de mi equipo me embadurnaron la piel con zinc para protegerme del sol y pegaron cinta kinesiológica en mi hombro. Había buscado todo tipo de soluciones para mis problemas de hombro y mi doctora, Ariadna, sugirió esta cinta, que es la que usan los atletas de élite en el mundo entero para aliviar la hinchazón y el dolor. A Nora le preocupaba que otros nadadores y la asociación del canal lo consideraran una ventaja ilegal y protestaran. Sin embargo, dos días antes de mi cruce, Steven Munatones, el jefe de la Asociación Mundial de Natación en Aguas Abiertas, lo permitió y la Asociación de Natación del Canal de Tsugaru hizo lo mismo. Si tan sólo la cinta hubiera servido de algo…

En los momentos previos a un nado, es fácil dudar de uno mismo y ahogarse en ese sentimiento. Con 19.5 kilómetros de agua fría por delante —casi 30, en realidad, porque el punto de partida está 10 kilómetros al sur de Tappi—, sería ilógico estar libre de toda inseguridad. La fuerza del océano es demasiado grande y los humanos somos insignificantes en comparación con él. Pero es curioso: una vez que finalmente saltas al agua desde la popa, llegas al punto de inicio y comienzas a nadar, la mayor parte de ese estrés previo se desvanece. Lo único que queda es el simple acto de nadar y la belleza del mar.

A las cuatro de la mañana del 15 de septiembre de 2015, con nuestro barco flotando cerca de la punta de la isla de Honshu, me zambullí y nadé hasta mi punto de inicio. Lo primero que noté fue que la temperatura del agua había subido a alrededor de 20 °C, una temperatura suficientemente agradable para un nado largo. No había mucho viento, el cielo estaba despejado y, aunque mi hombro me dolió de inmediato, el dolor fue manejable en las primeras etapas del nado. Además, estaba contento porque el capitán había resuelto otro problema potencial que yo había anticipado.

En la mayoría de los cruces, los nadadores se desplazan de manera paralela a su barco de apoyo. Cuando yo nado, me gusta que el barco y el kayak —si lo hay— vayan de mi lado derecho, es decir, del lado que prefiero para respirar. Aunque en Gibraltar no teníamos remeros, la lancha Zodiac estaba en la posición perfecta, todo el tiempo a mi lado derecho. Ese posicionamiento hace que el barco sea fácil de seguir. No tengo que pensar en mi dirección porque puedo ver el barco cada vez que respiro. Durante los preparativos para Tsugaru, cuando hice el inventario de todas las variables que tendría que controlar para tener éxito, anoté la posición del barco como una preocupación. Me inquietaba que el capitán fuera a colocar el barco a mi izquierda, lo que me dificultaría mucho seguirlo y encontrar mi ritmo.

No obstante, el Capitán Mizushima me tranquilizó inmediatamente. Desplegó una cuerda con una bandera amarrada al extremo, cuyo peso adicional hacía que flotara en posición perfecta, justo delante y debajo de mí. Así podría seguirla fácilmente, como si siguiera la línea de un carril de nado en una alberca infinita. Con el mensaje de Ximena grabado en la memoria y esta zanahoria fácil de perseguir, sentí una oleada de alivio. Pronto entré en un ritmo que se sentía como una meditación en movimiento. Podía sentir el océano fluir y espumar alrededor de mi piel mientras lo atravesaba sin complicaciones. Logré encontrar un movimiento de brazo adecuado y una brazada más corta que mitigaron el dolor. Mientras el viento soplaba con suavidad y el sol naciente propagaba un amanecer rosado sobre las aguas del norte de Japón, yo acumulaba kilómetros.

Eso no quiere decir que haya sido fácil. En cuanto salí de la sombra del cabo, más allá del cobijo de la isla de Honshu, y me adentré en altamar, sentí el aumento en el oleaje. A media mañana, subía y bajaba con el vaivén de olas de casi dos metros de altura. Como no podía extender mi brazo por completo, a veces ni siquiera alcanzaba a sacarlo de la superficie del agua. Pero, una vez más, encontré una forma de adaptarme y seguir en movimiento: giraba la cadera para colocarme más sobre mi lado derecho y, así, lograr romper la superficie con cada brazada. Lo más importante es que no paré de nadar.

Todo mi equipo llevaba playeras y sudaderas que había mandado a hacer especialmente para el nado. Tenían estampados los nombres de los tres cruces que había completado hasta entonces —el canal de la Mancha, el canal de Catalina y el estrecho de Gibraltar— con una casilla marcada junto a cada uno; el último de la lista era el estrecho de Tsugaru, con su casilla aún sin marcar. Cada vez que hacía una parada de alimentación, veía lo que aún tenía pendiente. La realidad me motivaba. Me mantenía humilde y concentrado.

Mi alimentación durante este nado fue igual que siempre. Cada vez que me detenía, Nora se me acercaba con una botella de agua mezclada con un sobre de Accel Gel y un pizarrón blanco con un mensaje. Al principio, sus mensajes eran acerca de mi ritmo o la corriente. Las mareas cambiantes de Tsugaru son siempre un enigma y la razón principal por la que éste se considera uno de los cruces más difíciles del mundo. Por eso, no nos sorprendió que aquel 15 de septiembre las corrientes cambiaran de dirección constantemente y nos viéramos obligados a modificar el rumbo en más de una ocasión.

Lo que me ayudó a salir adelante fue limitar mis pensamientos. Tenía un equipo de personas en el barco cuyo trabajo era trazar mi rumbo. No podía preocuparme por lo que no podía controlar, así que les dejé esa tarea a ellos y la borré de mi mente. Mi único trabajo era nadar, contar mis brazadas y seguir la bandera. Hacer eso me permitió disfrutar del viaje, tal como lo había sugerido Ximena, incluso a pesar de las mareas cambiantes y la intensidad de las olas. Éstas, sin embargo, produjeron otro drama al que había que prestar atención: el implacable ataque de mareo que sufrió nuestro querido Guillermo.

Pobre Guillermo, caray. Sabía mucho acerca de tantas cosas, pero no era un marinero. Cuando dijo que quería unirse a la tripulación para presenciar mi nado, acepté de inmediato. Sin embargo, desde el momento en que puso un pie sobre la cubierta, se sintió incómodo. Muy pronto, su rostro se tornó verdoso, pero estaba atrapado. Ambos nos enfrentábamos a un día entero de sufrimiento. Yo sólo esperaba, rogaba, que, mientras él vomitaba todo lo que tenía adentro, yo no tuviera que nadar a través de los residuos. En ese sentido, los dioses del canal afortunadamente escucharon mis plegarias, pero, en cuanto a lo que verdaderamente deseaba, no fueron tan complacientes.

Durante la mayor parte del día, cuando me acercaba al bote para reabastecerme, podía ver la costa de Hokkaido cada vez más cerca. El progreso era palpable y eso me impulsaba aún más, pero en la décima hora me estampé contra una pared de acero: la corriente era tan fuerte que, pese a mis esfuerzos, no pude avanzar un solo centímetro durante casi dos horas. Era un sentimiento irreal. Podía ver la orilla a sólo tres kilómetros de distancia, pero no podía acercarme.

Durante una pausa, mientras sorbía gel energético y bebía agua, seguramente me veía un tanto desanimado. Nora lo notó y escribió "Tsugaru" en su pizarrón blanco con una casilla vacía al lado, lista para que le pusiera mi marca de verificación de éxito. No dijo nada, sólo me miró a los ojos. Asentí y puse manos a la obra nuevamente.

A los pocos minutos, finalmente pude moverme. Avanzaba de forma casi imperceptible, tal vez unos pocos centímetros por cada diez brazadas, pero, a partir de ese momento, poco a poco todo se volvió más fácil hasta que, por fin, logré abrirme camino. Conforme nadaba más cerca de la costa, la tierra empezó a apaciguar las aguas abiertas. El oleaje y el viento se aplacaron y la superficie de nuevo se volvió lisa como el vidrio. A partir de entonces, sólo era cuestión de tiempo.

Doce horas y treinta y ocho minutos después de saltar al mar antes del amanecer, pude sentir arena y piedras bajo mis pies. Mi equipo me veía y animaba desde la distancia, pero me tomó tiempo ponerme de pie. Como mis piernas se tambaleaban, permanecí inmóvil por un momento antes de dar diez pasos cortos y lentos entre las olas, hacia la playa rocosa. Con los pies secos, me paré debajo de un arco tradicional japonés y levanté los brazos. El capitán hizo sonar su bocina.

Aunque mi hombro izquierdo palpitaba sin cesar y aún no recobraba el equilibrio por completo después de flotar en el mar durante tanto tiempo, tenía una gran sonrisa. Cuando llegué a Japón, no tenía idea de si sería físicamente capaz de recorrer los 30 kilómetros completos. Lo había logrado y, además, justo en la víspera del Día de la Independencia de México.

Llegamos a Tappi alrededor de las seis de la tarde. Antes de unirme a mi equipo para una cena de celebración en el comedor del hotel, subí la misma colina para poder mirar desde ahí el estrecho de Tsugaru una vez más. Como de costumbre, se veía hermoso y magnífico. Sonreí, me senté con las piernas cruzadas y cerré los ojos. Tetsuo me vio desde abajo y subió la cuesta para hacerme compañía. "Parecía que estabas brillando —dijo—. Has logrado algo muy grande. Oremos y demos gracias".

Se sentó a mi lado y cerró los ojos. No sé cuánto tiempo estuvimos ahí meditando. Tal vez veinte minutos, tal vez más. Todo lo que recuerdo es el sentimiento de satisfacción profunda que saturaba mi mente e impregnaba mis huesos.

Al día siguiente, mi equipo y yo volamos a Tokio, donde recogimos a Lucía y Ximena. Un día, Guillermo nos llevó al Templo de Kamakura, una especie de Vaticano para los sintoístas que se encuentra a una hora de la ciudad. Ahí conocimos al señor Yoshida, el Guji (sumo sacerdote) del santuario Tsurugaoka Hachimangu, uno de los tres santuarios sintoístas más importantes de todo Japón. Me dijo que los seguidores de la fe sintoísta tienen mucho respeto por aquellos que cruzan el estrecho de Tsugaru. Hizo un ritual Kagura en mi honor: pidió a los dioses que me dieran buena fortuna y canalizó las fuerzas de la naturaleza para que pudiera cumplir mis objetivos.

Mientras estábamos en su altar, nos inundaba el olor a cedro. Sentí una energía serena, pero revitalizadora. Después de que terminó, el señor Yoshida abrió los ojos, se volvió hacia mí y me dijo que pidiera un deseo. Miré mis manos y pensé en cómo me sentía físicamente y en los desafíos que me esperaban, esos tres cruces aún más difíciles. Cada uno sería un enigma por resolver, un rito de pasaje distinto, y ya sabía cuál era el siguiente.

—Quiero terminar Molokái —le dije.

Mientras el sacerdote sopesaba mi deseo y meditaba su respuesta, mi mente se transportó al canal de Kaiwi, el tramo de agua que separa las islas de Molokái y Oahu en Hawái. Con sus 45 kilómetros, es el cruce más largo de los Siete Mares.

—Bueno —advirtió el sacerdote—, no es una certeza. Tienes que estar bien preparado. Debes saber que tan sólo hacer el intento es un gran privilegio.

Escuché sus palabras, pero no las absorbí porque aún no había sentido la furia tumultuosa de las aguas hawaianas y seguía inmerso en la euforia posterior a mi nado. Lo único que sabía era que el agua de Molokái estaría tibia y que, si había podido con Tsugaru, el canal de Kaiwi sería relativamente fácil.

El verano siguiente pensaría en ese momento una y otra vez. Recordaría el té y la tempura sublime que el señor Yoshida había servido y, aunque nunca he sido un hombre espiritual, mientras nadaba y sufría en las aguas entre Molokái y Oahu, me preguntaría cuánto había sabido el Guji acerca de la pesadilla que me esperaba.

Entre el mar y el océano: reflexiones en tinta sobre las olas del estrecho de Tsugaru

Toda la noche amotina las olas, el viento en cólera,
y los pinos escurren humedad, luz de luna.

Matsuo Basho

Llegamos al cabo Tappi, ubicado en el extremo norte de Honshu, la isla principal de Japón, con los ánimos muy altos para atestiguar uno de los cruces más complejos del mundo. Inmediatamente, los cambios súbitos de clima, paisaje, luces y sombras que acontecen en esta zona de Japón me inspiraron a dejar una bitácora de dibujos que retratara el escenario de esta gran experiencia.

La peculiar ubicación geográfica del cabo Tappi lo convierte en un crisol donde se amalgaman las fuerzas y las corrientes cálidas del Pacífico con las aguas frías del deshielo del mar del Japón. Derivado de este contraste, en la costa del Pacífico encontramos islotes y formaciones rocosas, donde cedros japoneses han desafiado durante siglos las inclemencias del tiempo y se yerguen retadores, encaramados sobre las piedras de estos islotes. Por otra parte, las frías aguas del mar del Japón han tejido pacientemente, con el tiempo, grandes acantilados y abruptos muros de roca.

Durante los días previos al cruce, mientras Toño acariciaba las olas y sentía el *genius loci* del estrecho de Tsugaru para empatizar con las fuerzas ancestrales que siempre lo han regido, realicé una serie de bocetos a tinta de este mágico escenario natural, alternando las aguas del mar del Japón con las del océano Pacífico. A lo largo de estos días de preparación, enfrentamos vientos fuertes, chubascos intempestivos y lloviznas frecuentes, pero, ocasionalmente, también experimentamos momentos soleados. Los aproveché para tratar de captar la grandeza y la majestuosidad cambiante del paisaje que caracteriza al cabo Tappi y el estrecho de Tsugaru.

GUILLERMO EGUIARTE BENDÍMEZ

Breve comentario sobre experiencias y bocetos
realizados en el cabo Tapi, estrecho de Tsugaru

14 de agosto de 2019

143

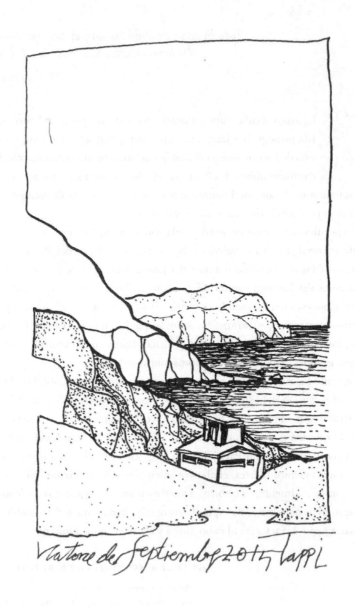

Doce de Septiembre 2015 Tappi Aomori

Trece de Septiembre 2015 Tappi

EL ESTRECHO DE TSUGARU

Era hora de deshacerse de

los últimos vestigios

de la economía cerrada

que, durante generaciones,

había prevalecido en

México. Necesitábamos una

actualización de software.

6

De vuelta a casa

En agosto de 1982, las noticias más recientes acerca de las finanzas mexicanas se dieron a conocer de la misma manera en que la madre naturaleza revela tormentas inesperadas: con devastación pura. Por segunda vez en seis meses, las cuentas bancarias y las acciones recibieron un duro golpe después de que el presidente José López Portillo devaluara el peso treinta por ciento de un plumazo. El efecto combinado de las dos devaluaciones redujo el valor del peso frente al dólar en casi cincuenta por ciento. De repente, los mexicanos eran la mitad de ricos de lo que solían ser.

La medida se tomó, según el gobierno de López Portillo, con la esperanza de proteger al país de una recesión que se avecinaba. La teoría era que el peso se había fortalecido debido al soporte del Gobierno y que un peso fuerte, por una parte, obstaculizaba la inversión extranjera y, por otra, fomentaba importaciones de, por ejemplo, *goggles* y gorras de natación marca Speedo. México tenía un gran déficit comercial en ese momento, por lo que no había suficientes reservas internacionales para pagar la deuda externa. Las devaluaciones se veían como una forma de estimular la inversión extranjera y, por tanto, un mecanismo para solucionar los problemas crediticios de México.

Algunos negocios se beneficiaron en el corto plazo, especialmente los de bienes raíces y turismo. Los que dependían de importaciones desaparecieron casi de la noche a la mañana. Mientras me preparaba para graduarme de Stanford, con especialización en Estudios Germánicos y Economía, nuestro negocio de productos de natación estaba al borde de la quiebra.

Por si esto fuera poco, mi padre terminó en el hospital. Una meningitis le había provocado un edema cerebral: el tronco del encéfalo estaba hinchado debido a la acumulación de un líquido que no se podía drenar. Necesitaba una cirugía de cerebro para salvarse.

Mi hermano Raúl me llamó para darme la noticia. En cuestión de horas abordé un avión rumbo a la Ciudad de México, mientras mi padre estaba bajo el bisturí. Fui directamente del aeropuerto al hospital. En la recepción me indicaron que me dirigiera al tercer piso de la unidad de cuidados intensivos y, cuando se abrieron las puertas del elevador, todo parecía moverse en cámara lenta. Médicos, enfermeras y ayudantes se reunían en sus estaciones para luego dispersarse en todas direcciones. Esquivé pacientes apenas conscientes en camillas y a sus seres queridos, que, conmocionados, se desplazaban por el pasillo con temor e incredulidad.

Al final del corredor, Diego y Raúl estaban sentados en unas sillas pegadas a la pared. Raúl inclinó la cabeza y Diego señaló una puerta. Me asomé y vi a mi madre, que sostenía la mano de mi padre; estaba intubado e inconsciente. Ella lloraba y besaba sus dedos. No me vio ni oyó. Por encima de su hombro alcanzaba a ver una máscara de oxígeno sobre la nariz y la boca de mi padre y los tubos intravenosos que, colgados de una rejilla cercana, inyectaban fluidos en sus venas.

Retrocedí y me senté entre Diego y Raúl. Nadie dijo nada durante un rato. Cerré los ojos y recordé mis años de estudiante de primaria, cuando solía hacer visitas a domicilio con mi padre. En ese entonces, su presencia era imponente e inspiraba respeto. Sabía mucho acerca de muchas cosas, pero, cuando perdió su trabajo y se estancó su carrera, dejó que ese revés lo destruyera. Si no hubiera sido por mi madre, su clínica veterinaria también habría quebrado. Cuando vio que ella mantenía a toda la familia, se volvió cada vez más flojo. Resultó ser más débil de lo que pensaba.

Lo pude haber perdonado por su debilidad. Debí haberlo hecho, pero eso hubiera requerido un nivel de empatía que no era capaz de reunir a mis 23 años. En cambio, cuando me dejé caer sobre esa silla, esperaba que nos hiciera un favor a todos y nos liberara. Quería que se desvaneciera, de una vez por todas, en lugar de convertirse en una carga aún mayor.

Mi madre ya estaba suficientemente ocupada y mis hermanos y yo teníamos nuestros propios problemas. La devaluación del peso no sólo afectó la economía nacional. Los efectos se extendieron por toda América Latina y parecía que, de la noche a la mañana, todos nuestros socios habían

149

quedado patas pa' arriba. Las personas que nos debían dinero no podían pagarnos y teníamos en nuestras manos un montón de facturas de Speedo; Keefer McNeil, el fabricante de las líneas de carriles; y Duraflex, la compañía que hacía los trampolines. También debíamos dinero a Mondo, que fabricaba pisos de goma para el área alrededor de las albercas y asas de hule para los trampolines y las plataformas de clavados. Debíamos un dineral.

Raúl, que aún era tan sólo un estudiante de ingeniería industrial de 20 años en la Universidad Nacional Autónoma de México (UNAM), estaba a cargo de las operaciones diarias en ese momento y tenía un plan para sacarnos del lío en que estábamos.

—Tenemos que declararnos en quiebra —susurró, rompiendo el silencio. Lo miré y sacudí la cabeza.

—No vamos a hacer eso.

—Toño, no tenemos otra opción. No tenemos ingresos. Cero. Se acabó.

—Si el negocio muere, muere, pero no se termina hasta que paguemos nuestras deudas —le dije—. Después veremos si cerramos el negocio o empezamos de nuevo.

—No entiendes cómo está la situación —dijo Raúl.

—Nuestros proveedores también tienen un negocio —respondí—. Son personas, igual que nosotros, con sus propias deudas.

—No vives aquí —afirmó Raúl.

—¡Y cada uno de ellos tenía fe en mí! —Levanté la voz.

— Ve a las tiendas. ¡Mira a tu alrededor! —Raúl también se empezó a agitar. Diego estaba sentado en silencio, tratando de asimilar todo.

—Declararse en bancarrota es fácil, Raúl. Muy fácil. Voy a cumplir mi palabra.

—Ya no hay dinero, Toño. ¿De dónde vas a sacar los fondos para cumplir tu valiosa palabra?

Me puse de pie. No había nada más que decir. Regresé por el pasillo, me subí a un elevador abierto para dirigirme a la planta baja y salí del hospital. Ansioso y frustrado, caminé por la calle y me detuve frente a una pequeña tienda de abarrotes, donde normalmente se podían encontrar productos básicos como leche, mantequilla, algunas frutas y verduras, botanas y bebidas. Pese a no ser supermercados, las estanterías de estas tiendas pequeñas generalmente estaban repletas. No ese día.

Durante el resto de la tarde, recorrí tiendas y supermercados, uno tras otro. Me gustaría tener fotografías, porque las imágenes no serían muy diferentes de lo que hemos visto en Venezuela en los últimos años. Las barreras arancelarias que caracterizaron a la política económica mexicana durante décadas hacían que los únicos productos disponibles fueran los nacionales. Sin embargo, ahora que el peso valía la mitad, era difícil para los dueños de las tiendas mantener la liquidez necesaria para reabastecerse, incluso en el mercado interno. Los bancos impusieron límites a los retiros de efectivo. El Gobierno estableció un tope fijo para cambios de divisas. Raúl tenía razón, parecía que estábamos —nosotros y el resto del país— en graves problemas. No obstante, también sabía que debía haber alguna manera de salir del lío. Sólo necesitábamos un poco de tiempo. Así que eso es lo que decidí conseguir: más tiempo.

Mi padre no murió, pero pasó un mes en el hospital y nunca volvió a tener un trabajo de tiempo completo. Mientras

151

tanto, regresé a California para lidiar con lo que quedaba de nuestro negocio y terminar la universidad. Llamé a todos nuestros proveedores y les di la noticia directamente. No endulcé la verdad porque sabía que no ayudaría. Les dije que les pagaríamos por completo, pero que tomaría tiempo. Todos nos lo dieron porque siempre habíamos pagado nuestras deudas. El problema era que no tenía idea de cómo conseguiríamos el dinero para pagarles.

Pasaron semanas y meses y nuestro negocio aún pendía de un hilo. Sólo me faltaba un trimestre para terminar mi quinto año en Stanford y, a medida que se acercaban los exámenes finales, consideré ofertas para trabajar en Wall Street y hasta pensé brevemente en olvidarme de mis obligaciones y escapar a la escuela de cine en la Universidad de Columbia. Me había postulado a principios de año y me habían aceptado, pero no logré convencerme de dar el salto. Necesitaba trabajar y comenzar a pagar nuestra deuda, así que, después de graduarme, regresé a casa con la esperanza de desempeñar un papel importante en la recuperación de mi familia y mi país.

Por supuesto, no lo haría desde una posición particularmente poderosa. El BMW, los viajes panamericanos y los grandes contratos eran cosa del pasado. Pero resultó que, poco después de regresar a México, Jaime Serra, mi profesor y mentor, decidió combinar la academia con el servicio público y se unió al Gobierno como asesor del secretario de Hacienda y Crédito Público.

Serra era parte de una nueva generación de líderes mexicanos, una facción dentro del PRI: los tecnócratas. Querían reducir la intervención estatal y los aranceles y ansiaban el establecimiento de acuerdos de libre comercio con

Estados Unidos y otros países. Yo estaba de acuerdo con todas estas ideas, pero Serra sólo me pudo conseguir un puesto bajo en la Secretaría de Hacienda. Un mendigo no se puede poner sus moños. El salario no resolvería mis problemas financieros, pero era un comienzo.

Mis primeros días en el Gobierno mexicano revelaron la mala administración y la ineficiencia que había en muchas dependencias. En mi primer día en la Secretaría de Hacienda, me presenté a trabajar a las siete y cuarenta y cinco porque se suponía que el horario de mi oficina era de ocho de la mañana a tres de la tarde y quería llegar temprano. Fiché y esperé a que aparecieran mis compañeros. La mayoría llegó hasta las diez de la mañana, cuando el coordinador de la oficina se presentó y me llevó a un escritorio en medio de un pasillo vacío de 15 metros de largo, sin nadie más a la vista. Así comencé mi carrera en la administración pública, anclado en una isla en medio del lecho de un río seco en un desierto.

Mi jefe, Ángel Gurría, era director general de Crédito Público en la Secretaría de Hacienda. Me había aceptado en su equipo para hacer un favor a Serra, pero no tenía tiempo de hacerse cargo de mí. Sugirió que me reuniera con cinco de sus directores adjuntos y tratara de encontrar alguna manera de ser de utilidad. No obstante, no querían darme la oportunidad de demostrar mi valor. Para neutralizarme, me dejaron sin casi nada que hacer.

Durante semanas, mi único trabajo fue leer los periódicos matutinos y recortar las noticias importantes para los directores adjuntos. No es que estos señores no trabajaran. Manejaban préstamos de bancos multinacionales en Estados Unidos, Europa y Asia; del Banco Mundial y otras

153

organizaciones de desarrollo; y de bancos de exportación e importación. Sin embargo, no querían que estuviera presente en la sala cuando negociaban los acuerdos.

Fue una etapa frustrante porque, sin ninguna tarea de relevancia, no podía demostrar mi valía y mi futuro en la administración pública estaba en el aire. Mientras tanto, la deuda de mi familia seguía ahí y mi salario, aunque era bueno para un puesto inicial en México en 1984, no era suficiente. Me enteré de cuánto ganaban en Wall Street mis compañeros de Stanford y no podía evitar preguntarme si no había cometido un grave error al volver a casa.

En los primeros días, una de las asistentes personales de Gurría me confió un secreto.

—Están apostando cuánto tiempo vas a durar —dijo.

—¿En serio? ¿Y…?

—La mayoría cree que no vas a durar ni seis meses.

Pero se equivocaron y, una vez que los directores adjuntos se dieron cuenta de que no iba a renunciar, empezaron a darme más cosas que hacer. Poco a poco, comencé a encontrar carpetas en la esquina de mi escritorio: préstamos de bancos de exportación e importación que debían renegociarse. Para entonces, tenía experiencia suficiente con mis propios acreedores como para poder hablar acerca de dinero y deudas de manera que generara confianza en lugar de ansiedad. En otras palabras, era un negociador probado y mi éxito en el manejo de préstamos con banqueros japoneses, franceses y estadounidenses contribuyó a que aumentaran mis responsabilidades.

También era una de las pocas personas en la Secretaría de Hacienda que disfrutaba socializar con banqueros y diplomáticos extranjeros. Por ejemplo, uno de los directores adjuntos odiaba salir a comer comida japonesa porque tenía fobia a los gérmenes. No le gustaban los palillos ni compartir platos o, peor aún, ollas de *shabu shabu*. Cada vez que llegaban invitaciones para esas comidas, me mandaban a mí.

En 1986, designaron a Serra subsecretario de Hacienda, lo que lo colocó al mando de la recaudación, y me convertí en su jefe de oficina. Nuestro primer paso fue instrumentar un impuesto al valor agregado, que ayudó a aumentar los ingresos públicos. Una vez que se había restablecido el flujo de dinero en México, Raúl, ya graduado de la universidad, ideó un plan para pagar nuestras deudas y protegernos de devaluaciones futuras. Juntamos todo nuestro dinero y logramos abrir una fábrica en Cuernavaca con la capacidad de producir gorras, *goggles*, líneas de carriles y otros artículos de natación que venderíamos en el mercado nacional. Sin embargo, no dejamos de importar trajes de baño Speedo; al fin y al cabo, para Speedo no hay sustituto.

Con el negocio nuevamente en marcha, pudimos pagar nuestras deudas poco a poco y, cuando restablecimos contacto con Speedo para hacer negocios, nuestro nuevo enlace, Carl Thomas, me habló acerca de un nuevo deporte llamado triatlón.

En aquel entonces era muy buen corredor: había terminado el maratón de Nueva York en menos de tres horas y el de Boston en poco más de tres horas. No obstante, extrañaba nadar y, mientras más escuchaba acerca del triatlón, más lo

155

veía como una manera de regresar al agua. El problema era que tenía un trabajo de tiempo completo con el Gobierno y no tenía tiempo ni dinero para viajar y competir en Estados Unidos. Carl propuso una solución: "¿Por qué no usas tu empresa para promover el triatlón en México?".

En esas fechas, Miguel Casillas, un amigo cercano de Raúl, le preguntó si queríamos asociarnos con él para organizar una serie de triatlones. Me encantó la idea, así que nos reunimos con Miguel y los hermanos Álvarez, Antonio y David. Juntos creamos una nueva compañía llamada MAAD Sports (hoy Asdeporte) y fundamos la Federación Mexicana de Triatlón. Antonio incluso se volvió, y aún es, una figura importante de este deporte en el ámbito internacional. Aunque nuestros triatlones no fueron los primeros que se organizaron en México, las carreras precursoras estaban organizadas por aficionados, se llevaban a cabo de manera aislada y no tenían patrocinios corporativos de marcas importantes.

Nosotros involucramos a Speedo y eso nos permitió atraer a otras marcas internacionales. Ahora tenía tres trabajos: el negocio de productos de natación, los triatlones y mi puesto en el Gobierno. Además, como planeaba competir en las carreras que organizaríamos, tenía que entrenar.

Ésa era la parte divertida. Estaba acostumbrado a despertar a las cuatro de la mañana. Había empezado a hacerlo durante la primaria para ir a nadar y había mantenido esa rutina debido a mis entrenamientos para correr maratones. Ahora necesitaba aprender a sentirme cómodo sobre ruedas. Nunca me había montado a una bicicleta de carreras, pero la transición fue fácil. Cada mañana, antes de que amaneciera y las calles se llenaran, un amigo me ayudaba a marcar el ritmo desde un coche.

En ocasiones, nos dirigíamos al sur de la ciudad, a las afueras, donde los coches estaban prohibidos; otras veces subía una cuesta empinada por la vieja carretera a Cuautla, donde los cactus crecían a un costado del camino, kilómetro tras kilómetro. Los fines de semana nos reuníamos en el autódromo y recorríamos la pista ovalada.

Vivía en un pequeño departamento en el sur de la Ciudad de México con mi entonces esposa, Mónica. Mi bicicleta —que tenía piezas y un cuadro de fibra de carbono de primera— costaba más que todos nuestros muebles juntos.

—Si Mónica descubre cuánto cuesta esa bicicleta —le gustaba bromear a uno de mis amigos—, te mata.

—Ten cuidado con lo que le dices —le contesté—. Probablemente nos mataría a todos.

Una de las primeras cosas que noté cuando comencé a andar en bicicleta fue algo de lo que también me había percatado cuando empecé a correr. La natación me había preparado muy bien para tener éxito en los deportes de resistencia ya como adulto. Cuando un adolescente entrena por intervalos durante horas en una alberca, desarrolla una capacidad pulmonar y una base de VO_2 máx que perdura a pesar del paso del tiempo. Aunque mi carrera de natación competitiva terminó sin que consiguiera un lugar en las Olimpiadas, me convirtió en un atleta de por vida.

La familia de Mónica era propietaria de El Cid, uno de los mejores hoteles de Mazatlán, así que ahí llevamos a cabo una de nuestras primeras carreras. Conseguimos permisos para cerrar las calles, pero la policía no hizo el trabajo por nosotros. Temprano en la mañana, nosotros mismos tuvimos que ir a bloquear las calles. Establecimos las áreas

157

de transición y nos juntamos con los atletas en la estación de registro. A Raúl no le gustaba competir, pero yo no me iba a perder la oportunidad de hacerlo. Entre los competidores también había una estrella, un triatleta adolescente de Texas poco conocido: Lance Armstrong.

Hicimos nuestro mayor esfuerzo para llevar a cabo el evento de la forma más profesional posible, pero éramos un grupo pequeño de voluntarios y no teníamos la tecnología para registrar tiempos parciales. Sólo teníamos un reloj y algunas latas de pintura. Cuando los atletas terminaban de nadar, nuestros voluntarios les marcaban el brazo con pintura verde; los salpicaban de amarillo a la mitad del recorrido en bicicleta; y de rojo en el punto de giro de la carrera a pie. De esa manera, al finalizar, sabíamos que habían completado todas las etapas en su totalidad.

Ahora sé que los triatlones me dieron mis primeras experiencias de natación en aguas abiertas, pero admito que el gusanito de las aguas abiertas no se me metió en la cabeza de inmediato. Nuestras competencias seguían los lineamientos olímpicos, es decir, un nado de 1.5 kilómetros, un recorrido en bicicleta de 40 kilómetros y una carrera de 10 kilómetros. Aunque yo era uno de los nadadores más rápidos y, en general, uno de los mejores atletas de un grupo de entre cien y ciento cincuenta participantes, no era competencia para el muchacho de 16 años de Austin. Nadie lo era.

En cuanto Lance Armstrong cruzó la meta, Raúl estaba ahí para estrechar su mano, pero el ganador no respondió con una sonrisa. Exigió que le diera su dinero en ese momento. Raúl intentó explicarle que habría una ceremonia de premios y que recibiría su cheque pronto, pero Lance no estaba dispuesto a esperar.

En su defensa, los triatlones de la década de 1980 parecían el salvaje Oeste. Las carreras anunciaban grandes premios, pero, a veces, el dinero no se pagaba completo y, en otras ocasiones, los ganadores no recibían nada. Al momento de inscribirse a nuestra competencia, lo único que Lance sabía era que acabábamos de empezar a operar, que saldría victorioso y que no se iría de México sin su dinero. No tenía nada que temer: los hermanos Argüelles siempre pagan sus deudas.

Las cosas iban bien en los ochenta. Me casé, los triatlones reavivaron mi pasión por los deportes y mi situación laboral era muy buena. Sin embargo, aún no lograba descubrir cómo usar mi puesto en el Gobierno para hacer alguna diferencia en México que yo sintiera como propia. Seguía en la búsqueda.

Las respuestas llegaron con la elección de Carlos Salinas como presidente de México en 1988. Al igual que Serra, Salinas era un tecnócrata con interés en la desregulación y la apertura económica del país. Y Jaime Serra, a quien muchos consideraban uno de los mejores economistas de México, fue justamente el elegido para llevar a cabo los planes de Salinas. El presidente lo nombró secretario de Comercio y Fomento Industrial, y yo me convertí en su oficial mayor.

El gobierno de Salinas privatizó industrias que durante mucho tiempo habían estado en manos estatales —el caso más conocido es el de telecomunicaciones— y abolió los controles de precios. Antes de eso, el mercado no era verdaderamente libre en México. El Gobierno controlaba los precios y la disponibilidad de marcas en casi todos los segmentos de la economía. Los precios de los refrescos, las tortillas, la leche e incluso la mermelada tenían topes fijos. La mayoría de las marcas tenía tal vez uno o dos competidores. Serra y yo no podíamos hacer mucho al respecto de inmediato, pero lo teníamos presente. Al principio, sin embargo, Serra tenía que lidiar con asuntos más apremiantes y a mí me asignó una tarea más sencilla.

Aunque Bill Clinton ratificó el Tratado de Libre Comercio de América del Norte (TLCAN), fue la administración de George Bush padre la que inició las negociaciones en 1989. Ésa era la tarea principal de Serra, pero no la mía. Mientras él trabajaba en un proyecto glamuroso, la primera tarea que me dio fue asegurarme de que todos los baños de la Secretaría de Comercio estuvieran impecablemente limpios. Cuando me lo dijo, de inmediato notó mi desconcierto.

"Es la mejor señal de una secretaría en buen estado —explicó Serra—. Si los baños están limpios, todo lo demás debe estar bien administrado también. En cambio, si los baños son un desastre, pues…".

Era una teoría interesante y se me quedó grabada, porque era imposible no darse cuenta de lo horribles que eran los baños públicos en México. Los sanitarios públicos en Estados Unidos no eran celestiales, por supuesto, pero los estándares de limpieza tendían a ser más altos y nunca me había gustado lo que eso decía de mi país.

Acepté la tarea. Lo primero que hice fue contratar personal de limpieza para que permaneciera en todo momento en cada baño. Abastecimos los sanitarios con suficientes toallas de papel y papel higiénico para que no se agotaran nunca y, si alguien se robaba los rollos —lo cual sucedía—, los reemplazábamos en cuestión de minutos.

Durante ese primer mes recibimos más de unas cuantas quejas. Pese a que a muchos les preocupaba que estuviéramos desperdiciando dinero, seguimos adelante con nuestro plan y pronto tuvimos los baños más limpios de todas las dependencias gubernamentales. Después de eso, me encargué de actualizar nuestros sistemas informáticos y me aseguré de que tuviéramos la mejor tecnología disponible.

El proceso me recordó cómo me sentía cuando vendía productos Speedo y otros artículos de natación que antes sólo estaban disponibles en el extranjero. Actualizar los sistemas de nuestras oficinas y promover un mejor mantenimiento me permitió ofrecer algo más a mi país y expandió los horizontes —y las posibilidades— de quienes no habían tenido la oportunidad de salir de México. Ése se convirtió en el modelo que usaría para encauzar mis esfuerzos durante el resto de mi carrera como servidor público.

En 1989, Serra y Salinas organizaron una cumbre económica en Puerto Vallarta. Asistieron veinticinco ministros de comercio de todas partes del mundo para discutir asuntos relacionados con la economía global. Yo estaba a cargo del alojamiento, la comida en las reuniones y la organización de todos los eventos. Mi mayor preocupación era asegurarme de que todos los ministros se alojaran en el mismo tipo de habitación de hotel. Estos señores creían estar a la par de los primeros ministros —aunque no era el caso— y no quería que ninguno de ellos percibiera favoritismos o, peor aún, que México los tratara mal. Afortunadamente, el Camino Real en Puerto Vallarta acababa de abrir una nueva torre de cinco estrellas en la que todas las habitaciones eran exactamente iguales. Alojé a todos los ministros ahí.

La mayoría eran amistosos y cálidos, como suelen ser —o pretenden ser— los políticos. En cambio, el ministro de Finanzas de Japón era, por decirlo de algún modo, un imbécil. Cuando lo conocí en el hotel el día en que llegaron todos los ministros, me trató como si fuera un estorbo. Primero me ignoró y, cuando extendí mi mano hacia la suya para presentarme y darle mi tarjeta, me entregó sus palos de golf. Probablemente pensó que yo era conserje o capitán de botones del hotel, pero, en vez de ofenderme y estallar, me aguanté. Éste era un hombre importante y sabía que Salinas quería conocerlo.

De hecho, tenía que llevarlo a reunirse con el presidente a las cinco de la tarde, pero estaba tan ocupado con todas las demás llegadas que lo olvidé. A las seis, después de regresar a mi habitación de hotel, me di cuenta de que había metido la pata, y feo. En toda mi carrera en la administración pública, nunca había estado tan aterrado. Estaba seguro de que me despedirían. Tenía esa sensación en el vientre que aparece cuando sabes que has cometido un error garrafal y no hay nada que puedas hacer salvo esperar el golpe. Con el estómago revuelto, me cambié y bajé a la recepción para enfrentar mi destino. Pensé que el jefe de la oficina del presidente me recibiría furioso. Estaba enojado, sí, pero no conmigo: "¿Puedes creer lo que hizo ese pinche mamón? —dijo en referencia al ministro de Japón—. ¡Canceló la reunión con el presidente!". No pude evitar sonreír por dentro. Ese cabrón maleducado me había salvado.

162

La cumbre económica sólo estimuló el apetito de Salinas y Serra por acuerdos comerciales firmes, y el primero que se hizo realidad fue el TLCAN. Después de que Bush perdiese la elección presidencial frente a Clinton en 1992, hubo cierta preocupación de que se abandonara el acuerdo que Serra había negociado durante casi tres años. Como candidato del Partido Demócrata, Clinton había recibido el apoyo de sindicatos que se oponían al acuerdo bajo el supuesto de que se perderían empleos ante México en el sector manufacturero, lo cual, efectivamente, sucedería. Pero, a principios de 1993, Clinton reanudó las negociaciones del TLCAN con México.

El día en que el Congreso de Estados Unidos iba a votar un proyecto de ley que otorgaba a Clinton y su administración el derecho a negociar con nuestro equipo los detalles finales del acuerdo, las calles de la Ciudad de México estaban tranquilas. Todos estaban pegados a la televisión, a la espera de un resultado que tendría un efecto sustancial en el mercado. No todos en México estaban a favor del TLCAN. A la izquierda le preocupaba la forma en que la energía, el petróleo, los sistemas alimentarios y el medio ambiente se verían comprometidos como resultado del acuerdo. Sin embargo, cuando se aprobó el proyecto de ley en el Capitolio, una cosa era segura: la economía de México cambiaría para siempre.

Salinas organizó una cena de celebración en la que Serra fue el invitado de honor. No me invitaron, pero no me importó porque debía levantarme a las cuatro de la mañana al día siguiente. Tenía un triatlón Ironman en mi calendario de carreras y no me iba a perder ni un solo día de entrenamiento.

En mi recorrido por la Ciudad de México esa mañana, vi el futuro. La competencia económica y la inversión extranjera

163

redibujarían el mapa del país y reordenarían la faz de esta gran ciudad. En cuestión de meses, coches estadounidenses, europeos y japoneses, junto con computadoras personales, equipos de sonido y otros aparatos electrónicos, empezaron a pasar por la frontera a montones, y ése sólo era el comienzo.

Era hora de deshacerse de los últimos vestigios de la economía cerrada que, durante generaciones, había prevalecido en México. Necesitábamos una actualización de *software*. Aunque aún no nos integrábamos de lleno a la economía global, estábamos en el proceso de convertirnos en un país joven, urbano, creativo y vibrante. Afortunadamente, se avecinaba un futuro tecnocrático y yo estaba listo para formar parte de él.

164

___

Cada nado de larga

distancia tiene al

menos un momento de

crisis, alguna situación

que el nadador debe

manejar, una prueba

que debe superar.

7

El canal
de Catalina

L a isla Catalina, un pedazo de tierra rocosa que flota en el océano Pacífico, está a 32.3 kilómetros de la costa sur de California y ha tenido varias vidas. Fue un campamento estacional de pesca para los pueblos originarios de California hasta que, como la mayoría de las islas del canal, quedó bajo el dominio de comerciantes rusos de pieles que, para obtener ganancias, mataron tantas focas a golpes que estuvieron a punto de extinguirlas. Luego, a principios del siglo XX, un magnate de la goma de mascar, artífice de su propio éxito, compró la mayor parte de la isla. Convirtió una mitad en un complejo turístico con un casino y la otra en un rancho ovino y ganadero. En días despejados, se puede ver la isla Catalina prácticamente desde cualquier playa en Los Ángeles, por lo que, obviamente, también se puede apreciar el canal de Catalina. Éste es el único cruce de los Siete Mares en América del Norte.

Conozco bien el canal de Catalina. Fue ahí donde sufrí el mayor fracaso de mi carrera como nadador de aguas abiertas y es ahí donde he buscado redimirme desde entonces. Cada vez que pienso en los desafíos de resistencia más difíciles que he enfrentado, mi mente viaja en el tiempo y el espacio hasta sus aguas frías, turbulentas e infestadas de tiburones.

Antes de la década de 1920, nadie, además de los habitantes del sur de California, sabía mucho acerca de Catalina; eso cambiaría. En 1919, William Wrigley Jr. —un chico de clase baja que se había hecho millonario con su negocio de goma de mascar y que se convertiría en dueño de los Cachorros de Chicago— estaba en busca de un lugar para escapar de los duros inviernos de la Ciudad de los Vientos. Alguien le mostró fotos de la isla y sus 194 kilómetros cuadrados de paraíso accidentado sin desarrollar. Ese mismo día compró la mayor parte de la isla por alrededor de tres millones de dólares.

Wrigley construyó una finca sobre el puerto para él y su esposa, además de un casino y un hotel de lujo para atraer visitantes durante los fines de semana. Creó un sistema de ferris para facilitar el transporte a su complejo turístico y fomentar la demanda de parcelas residenciales que vendía a personas que, como él, buscaban huir del invierno. En los años siguientes, construyó un parque de aves exóticas y un campo de golf. Incluso mandó a los Cachorros de Chicago a Catalina para que se entrenaran antes del inicio de la temporada de las Grandes Ligas de Beisbol, y construyó una réplica exacta de su estadio, el Wrigley Field, para que se sintieran como locales pese a estar lejos de casa.

No obstante, cuando no era temporada alta, el turismo flaqueaba. En 1926, Wrigley contempló el mar abierto que tenía frente a él y, ansioso por despertar interés en su querida isla, tramó un plan. Al igual que a millones de personas, el intento de Gertrude Ederle por convertirse en la primera mujer en cruzar el canal de la Mancha a principios de ese año había cautivado a Wrigley. Aunque éste todavía era un mundo sin X Games y, desde luego, sin *snowboarding*, *skateboarding* y *motocross*, las actividades extremas y los deportes de aventura ya eran motivo de fascinación para los estadounidenses.

Los maratones de baile estaban de moda, al igual que tirarse dentro de un barril por las cataratas del Niágara, y, cuando Ederle completó su cruce del canal de la Mancha, se convirtió en una celebridad en Estados Unidos. Durante meses, los medios de comunicación le siguieron la pista. Dio clases de natación al presidente Coolidge y le organizaron un desfile de bienvenida en Nueva York, su ciudad natal.

La proeza de Ederle y la atención que suscitó inspiraron a Wrigley, quien decidió organizar un nado en aguas abiertas para presumir Catalina. La diferencia era que éste no sería un nado de resistencia individual. El Maratón Oceánico Wrigley sería una verdadera competencia en la que docenas de atletas cruzarían el canal al mismo tiempo, desde la isla Catalina hasta Punto Vicente en San Pedro, California. O eso es lo que él esperaba.

Ofreció a Ederle veinticinco mil dólares por participar y otros veinticinco mil si ganaba. Aunque ella rechazó la oferta, otros nadadores famosos, entre los cuales había medallistas olímpicos, se inscribieron. Cada vez que uno de ellos se sumaba a la lista de participantes, la prensa se alborotaba y publicaba notas periodísticas, no sin dedicar algunas líneas a la belleza de Catalina.

Era una broma cruel organizar la carrera a mediados del invierno, cuando las temperaturas del océano pueden descender hasta 12 °C, pero eso fue lo que hizo Wrigley. Era una temporada con muy poca actividad turística y el invierno en Catalina era exactamente lo que buscaba promover. Funcionó: sólo por organizar la carrera, Wrigley logró que Catalina se volviera parte del imaginario colectivo estadounidense.

En las semanas previas a la carrera, la prensa estadounidense elaboró reportajes acerca de los atletas. Dio seguimiento a sus entrenamientos y contó sus historias de vida. Sin embargo, pocos reporteros se fijaron en George Young, un joven pobre de 17 años originario de Toronto que decidió abandonar su condición de *amateur* —y, por tanto, la posibilidad de competir en las Olimpiadas— para tener la oportunidad de ganar veinticinco mil dólares y, así, atender a su madre enferma.

El 15 de enero de 1927, ciento dos nadadores se congregaron a la orilla del mar, donde les untaron grasa para protegerlos del frío; o eso creían ellos. Se asignó a cada participante un barco propio, desde el cual su entrenador podría observarlo y pasarle comida y bebida, sin tocarlo. Estas mismas reglas siguen vigentes. También había botes de la Guardia Costera con equipos médicos listos para responder ante cualquier emergencia y barcos de pasajeros que Wrigley había alquilado para que los espectadores pudieran seguir la carrera de costa a costa. Eran una especie de gradas flotantes. El mayor temor de Wrigley y su equipo era que uno de los atletas se ahogase, pero había tantos barcos en el agua ese día que hubiera sido imposible que un nadador se ahogara sin que alguien se percatase.

Sonó el disparo de salida a las once y veinticuatro de la mañana, y Young se puso a la cabeza desde el principio. Había nadado desde pequeño en los lagos helados de agua dulce en Ontario, Canadá, y estaba acostumbrado al frío. ¿Los demás? No realmente. Al atardecer, estaba un kilómetro y medio por delante del competidor más cercano. Para las nueve de la noche, sólo quedaban doce personas en el agua.

Cuando Young estaba a unos cuantos kilómetros de la costa, se topó con una corriente que no lo dejaba avanzar. Nadaba con todas sus fuerzas, pero no lograba moverse ni un centímetro. Conozco bien ese sentimiento; lo he experimentado docenas de veces. Cuando por fin empezó a avanzar lentamente, su traje de baño se atoró en un área con algas. Inmovilizado de nuevo, simplemente se arrancó el traje de baño y dejó que se lo llevara el agua. A las tres y ocho de la madrugada, emergió del agua tambaleante y desnudo. Era el primero en cruzar el canal de Catalina. Cuando los demás competidores se enteraron de que lo había logrado y se había llevado el premio, desistieron. Young fue la única persona que terminó ese día.

Wrigley organizó la carrera durante algunos años más antes de dejarla morir. No obstante, el canal permanece grabado en la memoria colectiva de nadadores de todo el mundo que, de generación en generación, transmiten las historias de George Young y otros atletas que después atravesarían sus aguas hostiles. A finales de los 1990, esas historias llegaron hasta mis oídos. Hasta el 12 de julio de 1999, noventa hombres y mujeres habían cruzado el canal de Catalina. Yo esperaba ser el número noventa y uno.

Ése no era precisamente mi primer intento. Como ya dije, había tratado de cruzar el canal de Catalina por primera vez en 1998, como parte de mi preparación para el canal de la Mancha. Fue un completo desastre. Salimos del puerto de Long Beach después del anochecer y el mar estaba tan picado que, cuando descendí bajo cubierta para que me dieran las últimas indicaciones, terminé terriblemente mareado. Saltar al agua —después de la medianoche— tampoco ayudó. Nadar con ese oleaje sólo empeoró las cosas. Vomitaba constantemente, me deshidraté mucho y estaba al borde de la hipotermia. Después de cuatro horas, sucumbí ante las condiciones y abandoné mi misión. Había sido un fracaso total y, cuando regresamos a tierra, una parte de mí se preguntaba si tenía lo que se necesitaba para convertirse en un gran nadador de aguas abiertas.

Llegó el verano de 1999 y esas mismas dudas no se habían disipado. Antes de intentar cruzar el canal de la Mancha por primera vez en agosto de ese año, decidí volver a Catalina en julio. Nora pensaba que era un error. En su opinión, si fracasaba de nuevo, el canal de la Mancha sería un reto mental mucho más difícil. Además, para mediados de julio, tenía que haber empezado a reducir mis esfuerzos, no estar a punto de emprender un reto de la magnitud de Catalina. Incluso si lo lograba, un nado tan desafiante seguramente me pasaría factura. Nada garantizaba que me recuperaría a tiempo para realizar otro esfuerzo de semejante magnitud desde la costa de Dover.

Eso no era lo único que estaba en juego. Antes de que se concibiera la idea de los Siete Mares, el mayor logro en este deporte era obtener la Triple Corona de Natación en Aguas Abiertas, que consiste en cruzar los canales de la Mancha y de Catalina y rodear la isla de Manhattan en Nueva York. Al igual que los Siete Mares, la Triple Corona se concibió como una forma de dar mayor visibilidad a la natación en aguas abiertas, y la primera en completarla fue Alison Streeter. Yo ya había nadado alrededor Manhattan, así que, si lograba cruzar exitosamente el canal de Catalina y luego el de la Mancha, me podía convertir en apenas la octava persona en terminar el desafío.

Esta vez no hubo viaje nocturno en aguas turbulentas. Tomé el ferri a Catalina el día anterior y pasé la noche —o una parte, al menos— en la isla. Me desperté a las tres de la madrugada, tras seis horas de descanso, para estirarme y prepararme para iniciar a las cuatro.

El viento era suave cuando abordé mi barco de apoyo en el puerto de Avalon y zarpamos. Nora untó zinc en mi cuerpo para protegerme del sol venidero. Al mismo tiempo que repasábamos mi plan de alimentación por última vez, pasamos junto a un velero anclado en la bahía con media docena de personas que seguían de fiesta. Ahí estaba yo, a punto de iniciar un nado de doce horas, mientras ellos bebían y bailaban. Cuando pasamos frente a ellos rumbo al punto de partida, tres mujeres se quitaron la blusa y nos mostraron los senos. Nos reímos y saludamos; luego viramos hacia el norte. Unos minutos más tarde, nos detuvimos a unos metros de la playa de Long Point,

173

el punto más cercano a la costa sur de California. Me zambullí poco después de las cuatro de la madrugada.

Las primeras horas fueron relativamente sencillas. Incluso después de que el amanecer se extendiera por la lejana costa del sur de California, la corriente se sentía neutral y el viento ligero. No diría que el agua estaba a una temperatura templada, pero sus 17 o 18 °C la hacían suficientemente agradable para mí. Las cosas cambiaron por la tarde. El viento elevó el oleaje y, en lugar de atravesar mar rizada, empecé a balancearme en un subibaja acuático que me empujaba al norte de Puerto Vicente. El problema no era que el nado no se fuera a reconocer como un cruce auténtico, sino que tendría que nadar mucho más de 32.3 kilómetros.

Todo fue muy confuso y vertiginoso. Me preocupaba el mareo, mi progreso y mi capacidad de aguantar los dos o tres kilómetros extra que tendría que nadar. Mientras tanto, mi lengua estaba hinchada por el agua salada y todavía tenía, al menos, 16 kilómetros por delante.

Continué la lucha. Pronto me envolvió una corriente favorable y, después de unas pocas horas, pude ver que la orilla estaba cada vez más cerca. Más o menos al mismo tiempo, Nora vio a un tiburón delante de mí, a unos 25 metros. No me alertó porque estaba avanzando mucho y quería que me mantuviera concentrado, pero ella y el resto de mi equipo vigilaban de cerca al animal y discutían si debían sacarme del agua. Cuando el tiburón desapareció, observaban nerviosamente la superficie y especulaban dónde o cómo reaparecería; por fortuna, nunca lo hizo.

Durante todo ese tiempo, yo no me enteré de nada; sólo braceaba con fuerza hacia las olas que rompían en una playa lejana. Alrededor de las cuatro y media de la tarde, sentí mis dedos rozar el suelo arenoso y me puse de pie, tambaleante. El agua me llegaba hasta las rodillas. Normalmente, cuando uno nada desde Catalina, el punto de llegada es una playa como adoquinada en la península de Palos Verdes, pero la corriente nos había empujado hacia el norte hasta la medialuna de arena suave y dorada que forma el extremo sur de Redondo Beach. Llevaba doce horas y veinticinco minutos en el agua cuando caminé lentamente hacia la orilla y, con los pies secos, hice una señal en dirección a mi barco de apoyo. El sonido de la bocina anunció el triunfo.

Antes de que tuviera la oportunidad de nadar de regreso para encontrarme con mi equipo, un surfista me llamó. Él y tres de sus amigos me habían visto terminar mientras enceraban sus tablas antes de su sesión de surf.

—¿De dónde vienes? —preguntó.

—Catalina —le contesté con una sonrisa.

—¡No! —respondieron todos al unísono. Me encogí de hombros y me reí.

—Miren el barco.

Señalé a mi equipo: todos vitoreaban, formados a lo largo de la barandilla. En cuanto los vieron, los surfistas comenzaron a aplaudir también. Dejaron caer sus tablas y se turnaron para estrecharme la mano y darme palmadas en la espalda.

Poco más de un mes después, crucé el canal de la Mancha. En ese entonces, pensaba que había terminado con la natación en aguas abiertas. Tenía 40 años, había completado la Triple Corona y, como aún no existían los Sietes Mares, no había nada más que perseguir en el agua. Volví a concentrarme en los triatlones, hasta que cumplí 50 años.

Para el verano de 2008, ya había completado cinco triatlones Ironman, carreras de todo un día que consisten en un nado de 3.8 kilómetros, un recorrido en bicicleta de 180 kilómetros y una carrera a pie de 42.2 kilómetros. Realizar una sola de estas tres pruebas agotaría a la mayoría de los deportistas de fin de semana. Completar una tras otra, sin descanso, es algo que sólo pueden hacer los atletas de resistencia más comprometidos. Por supuesto, yo no competía para ganar premios o medallas en mi grupo de edad; sólo lo hacía por la diversión y el desafío. De hecho, aunque era uno de los mejores nadadores, casi todos los triatlones Ironman en los que participaba se desarrollaban de manera bastante ridícula.

Siempre terminaba el nado junto a los profesionales, los verdaderos atletas, pero, una vez en la bicicleta, no les tomaba mucho tiempo superarme. Unos cuantos kilómetros más adelante también solían rebasarme las mujeres profesionales. Luego me pasaban los jóvenes *amateur*, primero los hombres y después las mujeres. Por último, me dejaban atrás los hombres de mi edad y, por supuesto, varias mujeres. Todos ellos se veían en excelente forma, como si entrenar para triatlones fuera su trabajo de tiempo completo. En la carrera a pie, siempre había unos cuantos hombres, y al menos una mujer, que me superaban pese a tener incluso más grasa corporal que yo. Lo único que podía calmar ese dolor era rebasar a una persona. Por favor, Dios mío, ¡sólo a una!

El punto es que, en mi cuerpo, mente, corazón y alma, siempre he sido un nadador, y las estadísticas tienden a respaldarlo. En 2008, identifiqué un desafío que nadie había pensado en lograr. Quería convertirme en la primera persona en completar dos veces la Triple Corona de Natación en Aguas Abiertas. Esta vez, haría los tres nados en un mismo año calendario: el año en que cumplí 50.

El más fácil de esos tres nados siempre es la vuelta alrededor de la isla de Manhattan. Pese a haberlo completado en dos ocasiones previas, tenía que presentar una solicitud a la Asociación de Natación de Manhattan que demostrase que era capaz de hacerlo de nuevo. Es decir, en mi solicitud debía incluir un nado de seis horas o más que hubiera realizado en el último año calendario. Como el canal de Catalina no tenía ese requisito, opté por hacer ese nado primero y usarlo como mi boleto de entrada al de Manhattan.

Cuando me sumergí en el agua a la medianoche del 13 de octubre de 2008, comenzó mi intento de nadar a través del canal de Catalina. Si lo lograba, sería la centésima nonagésima séptima vez en la historia del canal que alguien lo cruzaría. Las condiciones fueron malas desde el inicio. El agua oscilaba entre 15 y 15.5 °C, una temperatura atípicamente fría para esa temporada del año y la más baja que había experimentado en un cruce. El viento también estaba frío y el oleaje era tan fuerte que en el barco había tenido que tomar pastillas Bonine para prevenir el mareo. Además, había amarrado un tubo fluorescente a mi traje de baño. Esto era vital porque las olas ascendían a casi dos metros. Era como estar montado en un potro salvaje: subía y bajaba tres metros y medio entre la cresta y el valle. Las condiciones no mejoraron en toda la noche.

Para apoyarme durante el nado estaba Nora, como siempre. También venían Ricardo González, quien actualmente es uno de los entrenadores del equipo mexicano de triatlón, y mi cardiólogo Hermes Ilarraza, quien se acababa de unir a mi equipo. Lo había invitado a participar porque, tras un examen médico reciente, me habían diagnosticado hipertensión, lo que me ponía en mayor riesgo de sufrir un ataque cardiaco o un derrame cerebral. Controlamos el problema con medicamentos, pero el diagnóstico afectó mucho a Nora. Ya había presenciado la muerte de una nadadora —Fausta— y, más recientemente, se había llevado otro susto cuando una de sus pupilas se desmayó después de un largo nado. Para convencerla de que me entrenara en 2008, tuve que llevar a mi cardiólogo y alquilar un desfibrilador para que pudiera resucitarme en caso de que sucediera lo peor.

Durante las primeras horas, nadé entre Ricardo, mi kayakista, y el barco de apoyo. Ése era el protocolo en el canal de Catalina. Ricardo traía las botellas de agua y los geles energéticos Accel; estaba a cargo de mi alimentación. Sin embargo, de poco servían los abastecimientos. El viento y el agua fría impedían que me calentara, sin importar cuán intensamente nadara. Luego, en la tercera hora, una ola volcó a Ricardo.

Las reglas del nado no me permitían ayudarle a subir de nuevo al kayak. Si hacía contacto con él o la embarcación, me descalificarían. Mientras tanto, todos mis geles y botellas de agua se desparramaron a nuestro alrededor y se empezaron a alejar. Al menos, él estaba en traje de neopreno; yo, sólo con un traje de baño, me estaba congelando. Pese a ello, tuve que mantenerme a flote en un mismo lugar hasta que Ricardo se acomodara de nuevo. El episodio tomó demasiado tiempo y sentí cómo el frío comenzó a arraigarse en mi cuerpo y mi mente.

Una de las razones por las cuales el frío me afectó en ese nado es que estaba muy delgado. Todavía tenía el cuerpo de un triatleta. Aún no había acumulado capas de grasa, como las de un mamífero marino. Además, no me había preparado para el frío de ninguna manera, y mi castigo fue tener que vivir las seis peores horas de mi vida como nadador. Me palpitaba la cabeza y me dolían las manos y los pies. Estaba completamente agotado.

Mi sufrimiento alcanzó su punto máximo a las cuatro y media de la mañana. El cielo todavía estaba negro y el agua oscura y helada. Mis manos estaban congeladas. Apenas podía doblarlas y me dolían hasta el alma. Nadé hacia mi barco de apoyo. Nora se inclinó hacia mí. No me gustaba confesarle —ni a nadie más— que sentía dolor, pero, como se había puesto tan engorrosa después de mi diagnóstico de hipertensión, supuse que querría que pecara de precavido. Además, no quería ocultar a mi entrenadora lo que sentía.

—Me siento muy mal —pronuncié con labios azules y temblorosos—. Nunca me había sentido tan mal en el agua.

—Ay, pobrecito —dijo Nora con voz molesta. Nos miramos a los ojos. Podía sentir cómo me atravesaba con la mirada cuando levantó la voz—. ¿Pensaste que esto iba a ser fácil?

Estaba en busca de empatía y, en cambio, recibí amor duro de la misma mujer que me había exigido incluir un cardiólogo en el equipo para confirmar su participación. Esperaba que me apapachara. En vez de eso, me retó y me hizo enojar, pero algo curioso sucedió. Mi enojo me calentó y provocó una descarga de energía. Sólo necesitaba seis horas para clasificarme para Manhattan y, desde su punto de vista, aún tenía que nadar noventa minutos más antes de que me permitiera rendirme y abandonar el nado. Sí, Nora sabía lo que estaba haciendo.

Recuerdo llegar a la sexta hora. Eran pasadas las seis de la mañana y el cielo se empezaba a iluminar, pero todavía tenía tanto frío que me empecé a acalambrar. Esto siempre es señal de peligro. David Clark, presidente de la Asociación de Natación del Canal de Catalina, había relevado a Ricardo en el kayak debido a las duras condiciones. Era un gran remero, muy fácil de seguir, y también me vigilaba de cerca. Cuando me acerqué para rehidratarme al cumplirse la hora, me miró a los ojos para evaluar si había empezado a sucumbir a la hipotermia, que, como mencioné, puede ser mortal. "¿Qué día es hoy?", preguntó. Di un sorbo, tragué y me detuve para pensar. "¿En qué día empezaste a nadar?".

Sabía que era una prueba y que, si no respondía, me podía sacar del agua. Sin embargo, tenía tanto frío y estaba tan cansado que no podía recordar exactamente qué día era. Una parte de mí quería seguir nadando y fingir que no lo había escuchado. En lugar de eso, intenté adivinar.

"Es martes y empecé a la medianoche del martes". No sabía si estaba en lo correcto o no, pero estaba seguro de que mi voz sonaba entrecortada: tiritaba incontrolablemente. Al principio, no dijo nada; siguió evaluándome. Finalmente asintió, y me alejé a brazadas.

En cuestión de minutos, el sol salió y su calor se propagó por la superficie del mar. El sol da energía y esperanza a un nadador de aguas abiertas que ha hecho un esfuerzo enorme durante toda la noche. Gracias a la luz, podía ver que la costa estaba cada vez más cerca. Ese año hubo un incendio forestal en las colinas alrededor de Los Ángeles. Alcanzábamos a ver las llamas y el humo, que se elevaba como una nube en forma de champiñón encima de la ciudad. Aunque el agua seguía fría y aún tenía mucho trabajo por hacer, las olas habían cedido lo suficiente como para permitirme avanzar de forma constante. Mientras entraba en ritmo, me rebasó y luego me rodeó una manada de delfines. Nadaron a mi lado durante al menos media hora y, por primera vez desde que iniciamos, sentí que tenía buenas posibilidades.

Cada nado de larga distancia tiene al menos un momento de crisis, alguna situación que el nadador debe manejar, una prueba que debe superar. Lo que viví aquella noche en 2008 —ese frío— fue mi prueba durante ese cruce y, a pesar de todo, logré llegar al otro lado. La hipotermia no dejó de pisarme los talones; mordisqueó mi cuerpo y mi mente, pero no pudo detenerme.

Trece horas y diez minutos después de salir desde la playa de Long Point en Catalina, nadé hacia la orilla rocosa de la península de Palos Verdes. Las olas estaban fuertes esa mañana, especialmente para un nadador exhausto con piernas de gelatina, pero logré escurrirme fuera del agua y caminar sobre las piedras hasta sacar mis pies. Cuando sonó la bocina, regresé al mar y nadé hasta mi bote de apoyo, que estaba a unos 100 metros de la costa. Fueron los 100 metros más agradables de todo el día.

Mi equipo me ayudó a salir del agua. Mi cuerpo estaba irritado y mis huesos se sacudían mientras hacía lo posible por entrar en calor. Los miembros de mi equipo se apiñaron alrededor de mí, me cubrieron con toallas tibias, me envolvieron en mi bata y me dieron una taza de chocolate caliente. Emprendimos el camino hacia el puerto de Long Beach, a tan sólo quince minutos. Fue entonces cuando David Clark, una leyenda del canal de Catalina con décadas de experiencia como nadador, remero y observador en innumerables intentos de cruce —individuales y en relevos—, se me acercó con una sonrisa de complicidad. "Te tocó el día más difícil de toda la temporada —aseguró Clark—, y uno de los peores que he visto". Me estrechó la mano. "Felicidades".

Ese cruce me clasificó para los nados de Manhattan y el canal de la Mancha, los cuales realicé el verano siguiente para convertirme en la primera persona en completar la Triple Corona en dos ocasiones. En ese momento, pensé que ese año había alcanzado la cima de mi carrera como nadador. Había logrado algo que nadie más había hecho y creí que no tenía nada más que perseguir en las aguas abiertas o los triatlones. Me inicié en el alpinismo, aprendí las técnicas y soñé con escalar el Everest. Pero, para quienes amamos el mar, los nadadores de corazón —los locos que lo necesitamos incluso más de lo que nos imaginamos—, la atracción del agua puede ser fuerte, mucho más fuerte que cualquier corriente o contracorriente.

La única forma

de demostrar que

tenía esa fe era

meterse a las aguas

de la incertidumbre

y aceptar el riesgo

una vez más.

8

A la deriva

uienes estuvieron ahí dijeron que el arma había aparecido de la nada.

Era el 23 de marzo de 1994 cuando el candidato presidencial Luis Donaldo Colosio llegó al barrio tijuanense de Lomas Taurinas, un barranco empinado y erosionado cubierto de chozas de triplay y casitas de hormigón. Las calles estaban pavimentadas a medias y las cercas se habían improvisado con resortes viejos. Flanqueado por guardaespaldas, se subió al platón de una camioneta *pick-up*. Desde ahí se dirigiría a la gente de este lugar pobre, para brindarles esperanza y defender, al mismo tiempo, el *statu quo* y algo completamente nuevo. Vaya desafío.

Colosio era uno de los hombres más poderosos del PRI, el partido que había gobernado el país durante sesenta y cinco años. Sin embargo, en un famoso mitin que se había llevado a cabo unas semanas antes de su visita a Tijuana, habló acerca de acabar con cualquier vestigio de autoritarismo. La adopción de este discurso fue su respuesta a la manera drástica y rápida en que las corrientes políticas habían cambiado en México desde que su candidatura a la presidencia se formalizó en diciembre de 1993.

Colosio había sido una figura fundamental para el éxito del presidente Salinas, quien había ayudado a reconstruir la economía tras las devaluaciones y había hecho el TLCAN una realidad. Cuando el PRI nominó a Colosio a la presidencia, el país gozaba de estabilidad política y económica. Su victoria parecía ser un hecho.

Pero luego ocurrió el levantamiento en Chiapas. El 1 de enero de 1994, los zapatistas, campesinos rebeldes que se consideraban herederos de la Revolución mexicana, tomaron el control de las calles en San Cristóbal de las Casas y otros municipios del estado. Poco después hubo una serie de atentados con bombas en la Ciudad de México. Para el mexicano promedio, parecía que la estabilidad del país se había erosionado de la noche a la mañana. Estos acontecimientos hicieron que la campaña de Colosio, que arrancó el 10 de enero, pasara prácticamente desapercibida.

En periódicos de todo el país se publicaron artículos cuyos autores se preguntaban si el candidato priista siquiera llegaría a las elecciones. Colosio no los leyó porque estaba demasiado ocupado pensando qué hacer. Sabía que, para adquirir visibilidad y después triunfar, tendría que hablar acerca de un cambio en el sistema político. Eso quería decir que tendría que divorciarse ideológicamente de su mentor, el presidente Salinas.

En su famoso, polémico y popular discurso del 6 de marzo, puso sobre la mesa temas que habían planteado los propios zapatistas: habló de derechos indígenas, abusos por parte del Gobierno y un México cada vez más democrático.

Con ese discurso cortó lazos con Salinas extraoficialmente y encontró un mensaje efectivo que llevó consigo a Tijuana. Confiado y motivado por su mejoría en las encuestas, no viajó con muchos colaboradores ni con un equipo de seguridad grande. Amaba a la gente y se desenvolvía muy bien con la energía populista que florecía a su alrededor. Como miembro de su equipo de campaña —era subcoordinador de administración y manejaba los recursos financieros—, me tocó vivirlo varias veces. Eso sí, el 23 de marzo no estaba con él. En esa ocasión no lo vi congregar y cautivar a la multitud, para luego caminar entre la gente con verdadero afecto.

Después de que terminó de hablar, se bajó del platón de la camioneta y empezó a abrirse paso entre todos los brazos que se extendían hacia él, al mismo tiempo que retumbaba una canción de banda. Fue uno de esos momentos políticos electrizantes: sus seguidores lo aclamaban y su sonrisa resplandecía. Nadie vio al asesino extender el brazo por encima del hombro de un guardaespaldas cuando pasó el candidato. Incluso en la grabación es imposible identificar de dónde sale o quién sostiene la pistola. Sólo se ve cómo el cañón se mueve hacia delante y flota justo encima de la oreja de Colosio antes del violento disparo.

El candidato se desplomó sobre la calle a medio pavimentar, con la cabeza sangrante. La multitud se desperdigó mientras los guardaespaldas lo trasladaban a su Suburban, que salió a toda velocidad rumbo al hospital más cercano. No serviría de mucho. Al cinco para las siete de la noche del 23 de marzo, se declaró la muerte de Luis Donaldo Colosio. El posible futuro presidente de México había sido asesinado.

Minutos después del incidente, mientras estaba en mi oficina con algunos compañeros del equipo de campaña, sonó mi videoteléfono. Lo había comprado para poder ver la cara de Ximena cada vez que llamara, y sólo ella y una o dos personas más tenían ese número. Si sonaba, sabía que era mi hija o una emergencia. Uno de los pocos que tenían acceso a ese teléfono era Juan Carlos Téllez, un miembro de mi equipo que había estado en Tijuana con Colosio.

—Acaban de dispararle a Colosio —dijo. La aseveración sonaba tan ridícula que lancé una carcajada. Pensé que había llamado a mi número de emergencia para hacer una broma. En esos días anteriores a las redes sociales, las noticias no se difundían en tiempo real; los espectadores no transmitían videos en vivo y en directo. En la década de 1990, cuando surgía alguna situación inesperada, tomaba al menos un tiempo enterarse de qué había sucedido, cuándo y dónde.

—No jodas, Juan Carlos —le dije—. Si quieres quedarte en Tijuana, sólo dilo.

—No, Antonio —respondió con tono grave—. Acaban de dispararle a Colosio.

Llamé a Ernesto Zedillo de inmediato. Zedillo era el coordinador de la campaña de Colosio, y mi jefe. También había escuchado la noticia y, como yo, había pensado que debía ser una broma.

—No creo que sea broma, Ernesto —le dije. Suspiró profundamente.

—Ven a mi oficina —dijo.

Subí tres pisos por las escaleras a toda velocidad, hasta el doce. Cuando llegué sin aliento a su oficina, Zedillo hablaba por celular con otro miembro del equipo de campaña que había llamado desde Tijuana. En ese momento, comenzó a sonar el teléfono rojo que tenía sobre su escritorio, una línea directa para comunicarse únicamente con el presidente de México.

Si Colosio era una estrella política sobresaliente —y vaya que lo era—, Ernesto Zedillo era todo lo contrario. Estaba igual de comprometido con convertir a México en una fuerza política y económica moderna, pero su estilo era más conservador, quizá un poco rígido, y mucho menos llamativo. Lo que lo hizo un coordinador de campaña estupendo fue su ética de trabajo: nadie trabajaba más que Ernesto Zedillo. Su disciplina pronto cambiaría su futuro de una manera que ni él se hubiera podido imaginar mientras miraba fijamente ese teléfono rojo.

Me hizo un gesto para que respondiera. Durante mi tiempo en las Secretarías de Comercio y Hacienda, había hablado con Salinas muchas veces, pero nunca lo había escuchado así. Su voz temblaba de angustia. Al principio me costó trabajo entenderle, pero luego empecé a asimilar la realidad. Hice un gesto y Zedillo tomó el teléfono de mi mano. Me dejé caer en la silla más cercana. Nuestro candidato presidencial estaba muerto y la elección era en sólo diez semanas.

Se hizo un arresto ese día. Mario Aburto Martínez, el perpetrador, sería encontrado culpable y condenado a más

189

de cuarenta años de prisión. Afirmó que había actuado solo, pero pocos en México quedaron satisfechos con las investigaciones de las autoridades y la condena. El magnicidio de Colosio se convirtió en la versión mexicana del asesinato de John F. Kennedy. Al igual que la película de Zapruder —una grabación del ataque contra el mandatario estadounidense—, los videos de Tijuana se reprodujeron una y otra vez. Sucede hasta la fecha.

Surgieron teorías: de Chiapas a Juárez, posibles culpables aparecieron en los pizarrones de las salas de redacción y en los tablones de anuncios de los teóricos de la conspiración. Ni siquiera el presidente Salinas se libraba de las sospechas. Según los partidarios de estas teorías, el discurso de Colosio del 6 de marzo había sido un rompimiento frontal con el presidente, así como una declaración contra los cárteles de la droga, que empezaban a causar mucho daño en México.

¿Había algo de verdad en eso? Por un lado, en lo que se refiere al problema de los cárteles de la droga en México, nunca he tenido idea y quizás sea algo ingenuo. Por otro, es difícil pensar que el contenido de un discurso haya sido motivo suficiente para que el presidente planease quitar del camino a quien él mismo había elegido como su sucesor. Además, sé cómo se escuchaba Salinas ese día. Me consta que estaba profundamente conmocionado y que la pena lo rebasaba. A la fecha, aun con el asesino material preso y minuciosamente investigado, hay quienes insisten en que no fue un acto de un solo hombre, sino uno maquinado desde el poder.

Esa noche, todo México estaba de luto, pero quienes estábamos en el cuarto de guerra de la campaña sabíamos muy bien que la pena que sentíamos era sólo uno de nuestros problemas. Necesitábamos encontrar un nuevo candidato lo antes posible. Ernesto Zedillo —mejor amigo, coordinador de campaña y redactor de discursos de Colosio— llenó ese vacío.

Zedillo nació en la Ciudad de México en 1951. Su padre era electricista y su madre una incansable mujer que, para sacar adelante a su familia, trabajó desde los 14 años hasta que murió a los 38. Entre otras cosas, fue enfermera —estudió tres años de medicina— y secretaria. Cuando Ernesto tenía tres años, la familia se mudó a la ciudad fronteriza de Mexicali. Tiempo después, el joven Zedillo regresó a la capital para continuar sus estudios en el Instituto Politécnico Nacional, al tiempo que trabajaba primero en el Banjército y después en la entonces Secretaría de la Presidencia. Ahí, su jefe, el destacado economista Leopoldo Solís, lo animó a continuar sus estudios de doctorado en la Universidad de Yale. Al concluirlos lo reclutó el Banco de México, donde permaneció por una década, hasta que el entonces presidente Miguel de la Madrid lo nombró subsecretario en la Secretaría de Programación y Presupuesto. Al inicio de la administración de Salinas en 1988, cuando tenía apenas 36 años, asumió la titularidad de esta dependencia. Luego, en 1992, Salinas lo designó secretario de Educación Pública; renunciaría poco menos de dos años después para coordinar la campaña de Colosio.

La renuncia de Zedillo jugó a su favor porque, de acuerdo con la Constitución mexicana, sólo quienes no hayan ocupado cargos públicos altos en los seis meses previos a la elección son elegibles para postularse. Eso lo colocó entre los favoritos para suceder a Colosio. Una semana después del asesinato, el Consejo Político del PRI lo aprobó como candidato.

Como equipo de campaña, teníamos que cubrir mucho terreno en todo México para dar a conocer a nuestro nuevo candidato a un país que casi no había oído hablar de él. Gracias a que yo había sido oficial mayor en la Secretaría de Comercio, tenía una red de contactos que abarcaba empresas grandes y pequeñas en toda la república. Nuestra estrategia era lograr que los empresarios locales difundieran el evangelio tecnocrático de Zedillo. Mantuve mi puesto de subcoordinador de administración de la campaña. Al igual que con Colosio, estaba a cargo de todos y cada uno de los gastos de ésta, pero también era responsable de distritos electorales en diez estados diferentes. Viajaba, establecía contactos y hacía campaña a favor de Zedillo los siete días de la semana.

Por supuesto, fue el propio Ernesto Zedillo quien cautivó al país. Siempre había sido un gran diseñador de políticas y un excelente redactor de discursos, pero, antes de su candidatura, nunca había mostrado interés en hablar en público ni aptitudes para ello. Sus primeros discursos no provocaron mucho entusiasmo: parecían clases universitarias más que mítines políticos emocionantes. No obstante, mejoró con la práctica y empezó a ilusionar a las multitudes. Muy pronto, sus números en las encuestas empezaron a subir.

Desde luego, las repercusiones del asesinato de Colosio no desaparecieron. Mientras estaba en un viaje de campaña, recibí una llamada de nuestras oficinas y me ordenaron regresar a la Ciudad de México. En el aeropuerto me recibieron dos guardaespaldas armados. Me llevaron a la sede de la campaña, donde me esperaban Esteban Moctezuma, el coordinador de campaña, y el general Roberto Miranda, el jefe de seguridad de Zedillo.

—Esta semana se llevaron a cabo varias redadas, Antonio —dijo Miranda—, y nuestros agentes encontraron una lista de funcionarios que, sospechamos, son blanco de secuestro. Tú eres uno de ellos.

Los miré con incredulidad. Yo era uno de los que estaban tras bambalinas. Tenía contactos y ayudaba a cerrar tratos, sí, pero no era un peso pesado. Nunca había operado las palancas de la maquinaria y, hasta donde sabía, no tenía verdaderos enemigos políticos.

—No —reviré—. Nadie sabe quién soy.

—Tú manejas el dinero y ellos lo saben. Tenemos que protegerte. No podemos perder a nadie más.

A partir de ese momento, me prohibieron moverme solo. Sin importar dónde estuviera o qué quisiera hacer, necesitaba dos guardaespaldas y un coche blindado. Era aterrador.

Para entonces, ya me había divorciado. Mónica y yo nos habíamos separado dos años después del nacimiento de Ximena, en 1991. Me tranquilizaba que Ximena viviera con su madre durante la semana porque sabía que estaba segura, pero aun así era estresante estar rodeado de guardaespaldas las veinticuatro horas del día, especialmente dado mi estilo de vida.

Me había acostumbrado a madrugar y desvelarme. Me levantaba cada mañana antes del amanecer para andar en bicicleta o correr y, después de trabajar todo el día, me quedaba hasta tarde en bares y antros. Estaba desatado: había desarrollado una amistad para toda la vida con el Herradura blanco y conocía a los metres de todos los mejores restaurantes de la Ciudad de México. Ahora, me seguían hombres armados a dondequiera que fuera. Eran un recordatorio de que mi vida estaba constantemente en peligro, lo cual bastaba para enviarme a casa temprano.

Las elecciones presidenciales de 1994 se llevaron a cabo el 21 de agosto y, para entonces, sabíamos que Zedillo tenía el triunfo prácticamente asegurado. Pero, cuando uno trabaja en el mundo de la política, asegurar la victoria en una elección no elimina el estrés. En todo caso, lo magnifica, porque haber trabajado en una campaña exitosa no garantiza a nadie, excepto al candidato, un puesto en la nueva administración.

En la fiesta que se organizó para celebrar la victoria hubo besos y abrazos por todas partes, y Zedillo dio un emotivo discurso: "No hay derrotados —dijo—. Todos, en el futuro, tenemos una tarea y una responsabilidad que cumplir". Cuando me fui de la fiesta, sin embargo, aún no sabía cuál sería mi responsabilidad futura.

Dejar mi puesto en la administración de Salinas para unirme a la campaña de Colosio había sido una decisión arriesgada. En buena medida, había renunciado a mi trabajo con Jaime Serra en la Secretaría de Comercio para escapar de su sombra y demostrar lo que era capaz de hacer. Si hubiésemos perdido la elección, el hedor de la derrota se me hubiera pegado como si de pescado podrido se tratara. Estaba consciente de ello cuando me incorporé a la campaña, pero, para entonces, ya estaba acostumbrado al riesgo.

"No temas al fracaso, Toño; teme a la mediocridad". Eso es lo que me había dicho mi padre cuando tenía tan sólo siete años. Aunque se había convertido en una sombra del hombre que alguna vez había idolatrado, recordé sus palabras cuando tomé la decisión. Estaba cómodo bajo el manto de Serra. Hubiera sido fácil permanecer ahí, pero quería más. Lo mismo me había sucedido en la preparatoria, cuando mi sueño olímpico aún me llenaba de emoción. Perseguí ese sueño y fracasé, pero eso no me convirtió en un fracasado. Al contrario, dejar la comodidad de mi vida en México y ponerme el desafío de crecer había sido la razón principal por la que había podido trabajar con Serra, y sabía que ese mismo efecto dominó cósmico podía jugar de nuevo a mi favor.

Acostumbrarse a trabajar en la campaña fue como iniciar un nado de larga distancia. El éxito no estaba garantizado, pero tenía que confiar en que era lo suficientemente fuerte como para resistir, sin importar cuáles fueran las condiciones. La única forma de demostrar que tenía esa fe era meterse a las aguas de la incertidumbre y aceptar el riesgo una vez más.

En la noche de la elección, parecía que el riesgo había valido la pena. Eso era lo lógico. Habíamos ganado y yo había sido uno de los colaboradores de la campaña. Desde mi punto de vista, ésa era razón suficiente para que me ofrecieran un puesto importante en el Gobierno. Sin embargo, durante meses vi que Zedillo citaba a mis colegas, personas que ni siquiera habían formado parte de su campaña, para entrevistas privadas.

El presidente electo designó a Jaime Serra como su futuro secretario de Hacienda y eligió a muchos otros conocidos míos para que ocuparan puestos altos en la administración entrante. Mientras tanto, yo seguía en las afueras, esperando que sonara el teléfono. Sí, todavía tenía una secretaria y una oficina, pero no teníamos casi nada que hacer excepto escuchar los rumores.

Es interesante pasar de ser uno de los principales soportes de una campaña —todos me necesitaban y querían ponerse en contacto conmigo porque tenía las llaves de la caja fuerte— a vivir una vida casi en el anonimato. El silencio era tan ensordecedor como preocupante. Bromeaba con mis hermanos —eran las únicas personas con quienes podía discutir esto— que era tan irrelevante que ya a nadie se le ocurriría secuestrarme. Y, efectivamente, mi coche blindado pasó a manos de alguien más y mis guardaespaldas fueron reasignados.

Finalmente, cuatro meses después de la victoria de Zedillo, se venció el contrato de renta de nuestras oficinas de campaña. Todos, menos yo, habían limpiado sus escritorios y se habían ido, así que me tocó cerrar la oficina y entregar las llaves sin tener idea de lo que haría a continuación. Era un divorciado con la responsabilidad de ayudar a criar y mantener a una hija de dos años, y no tenía trabajo. Tuve que vender algunos de mis activos para tener liquidez.

Las semanas de frustración se convirtieron en meses de ansiedad y descargué mi angustia en la alberca. Nadar me ayudaba a canalizar mi energía de manera productiva. Correr y andar en bicicleta también me servían. Dada la ausencia de un papel que desempeñar en el Gobierno, me dediqué a entrenar para mi primer Ironman. Sin embargo, ni siquiera eso era suficiente. Estaba acostumbrado a vivir una vida plena, llena de deporte y política. Ahora sólo me sentía vacío.

La semana previa a la toma de posesión de Zedillo, fui a ver a Jaime Serra. Había salido de su sombra sólo para volver a buscar su protección menos de un año después. Su oficina en San Ángel, la sede del poder financiero de todo México, rebosaba de vida. Los teléfonos sonaban en una sinfonía de llamadas y respuestas que flotaba sobre la percusión de los teclados y las tazas de café. Los tacones de madera y las suelas de cuero duro repiqueteaban contra los pisos de madera pulida, y ahí estaba yo, entrando en escena desde el más puro olvido.

Seguí a una secretaria en un traje sastre ajustado hacia la oficina de la esquina, donde encontré a Jaime Serra parado junto a su escritorio. Señaló un sillón de cuero para que esperara mientras terminaba una llamada telefónica. Después de colgar, se sentó en su escritorio y me miró de arriba abajo.

—Se ve que estás en forma, Antonio. Muy en forma —dijo.

Opté por no contarle acerca del Ironman. De por sí, detestaba haber tenido que llamar para pedir esta reunión y esperaba decir lo menos posible. Diría lo suficiente para salir de esa oficina con un trabajo. Nada más.

—Tengo mucho tiempo libre —afirmé. Asintió.

—Ya sé —respondió.

—No es justo —le dije, y me avergoncé por dentro: sonaba como un perdedor frustrado. Se encogió de hombros.

—No sé qué decirte, Antonio. Te fuiste de la Secretaría.

—Me diste tu aprobación para irme a trabajar a la campaña. Lo hice para ayudar al partido y mostrarte todo lo que puedo hacer.

—Sé lo que puedes hacer. Siempre lo he sabido. — Obviamente estaba esperando a que le pidiera ayuda. Era hora de tragarme el orgullo.

—Bueno, quiero ser director general de Nacional Financiera. —Ése era uno de los mejores puestos en el sector financiero mexicano. Serra negó con la cabeza.

—No, no puedes hacer eso. El último director dejó el banco con un agujero de doce mil millones de dólares. Conociéndote, lo harías más grande porque todos tus amigos empresarios irían a pedirte préstamos.

—Entonces, déjame ser tu subsecretario de Egresos. Puedo distribuir dinero al Gobierno federal y a los estados. Conozco gente en todas partes y ese puesto está libre. Déjame tomarlo. —Serra volvió a negar con la cabeza.

—No. Demasiados gobernadores son amigos tuyos. Van a acusarte de favoritismo. No se va a ver bien.

Mientras hablábamos, una parte de mí estaba enfurecida por la falta de memoria institucional pero también me desanimó la falta de apoyo de uno de mis mejores amigos y aliados. Serra notó que me había desinflado. Siguió mis ojos al suelo y puso las cartas sobre la mesa.

—Lo que puedo ofrecerte es el puesto de oficial mayor aquí en Hacienda. Me puedes ser muy útil. Nadie dirige una oficina como tú. —Lo que me ofrecía era exactamente el mismo puesto que había tenido en la Secretaría de Comercio. Era un movimiento horizontal, no un salto vertical. Levanté los ojos hasta encontrarme con los suyos.

—Baños —dije, en referencia a la primera tarea que me había encomendado: asegurarme de que los baños estuvieran limpios. Lágrimas de desilusión corrieron por mis mejillas.

—Me temo que es lo mejor que puedo hacer —admitió.

No acepté su oferta. Al menos no de inmediato. Fui a casa y pensé cómo podía convertir este giro mediocre en algún tipo de ventaja. Sabía que Serra iba en ascenso. Los altos mandos del partido lo consideraban un posible candidato presidencial y, sin ninguna otra oferta, ambos sabíamos que tenía que aceptar la suya. Y lo hice, con una condición: que el área de comunicación —que se encargaba de las relaciones públicas, los medios de comunicación y la relación con el Congreso— también me rindiera cuentas. Aceptó y el lunes siguiente fui a trabajar. Había conseguido un asiento de primera fila para presenciar la peor crisis financiera de México en la última década.

La crisis económica golpeó duro a México justo antes de la Navidad de 1994, pero el problema había empezado desde antes de la toma de posesión de Zedillo el 1 de diciembre. Los inversionistas extranjeros se habían puesto quisquillosos para hacer negocios en México debido, en parte, a un artículo del *Wall Street Journal* que cuestionaba la capacidad del país de pagar sus deudas. Luego, a mediados de diciembre, los inversionistas retiraron su dinero.

La primera gran prueba del gobierno de Zedillo terminó sobre el escritorio de Serra. En un esfuerzo por mantener la estabilidad en la bolsa mexicana, decidió devaluar en quince por ciento el valor del peso frente al dólar. A pesar de que eso no era mucho, la medida envió un mensaje terrible. Los inversionistas respondieron: aunque perdieron dinero, vendieron sus pesos —lo que devaluó aún más la moneda— y sacaron su dinero por montones de los bancos mexicanos.

Técnicamente, estaba a cargo de toda la comunicación que salía de la Secretaría de Hacienda, pero, como todas las personas que estaban en los márgenes del Gobierno, me enteré de la noticia a la mañana siguiente por fax. Cuando llegué a mi oficina, la bolsa mexicana de valores estaba en caída libre y el Banco de México enfrentaba una situación de incumplimiento de pagos. En enero, un paquete de rescate de casi cincuenta mil millones de dólares, que administró el Fondo Monetario Internacional y gestionó el gobierno de Clinton, nos puso en el camino hacia la estabilidad. Pero el camino no fue fácil.

La inflación afectó a la población en general. Los precios aumentaron un tercio y miles de personas dejaron de poder pagar sus créditos hipotecarios. Serra reconoció su error rápidamente y sufrió las consecuencias. Tras dimitir en diciembre de 1994, regresó a la Universidad de Princeton para dar clases y lamer sus heridas. Jamás volvería a trabajar en las altas esferas gubernamentales.

En parte, yo logré sobrevivir a la crisis porque no había estado involucrado en la respuesta que había dado el gobierno, pero mis días en la Secretaría de Hacienda estaban contados. Zedillo pronto designaría al reemplazo de Serra, quien elegiría personalmente a sus propios subsecretarios.

Intenté que el presidente me considerara para ocupar el segundo puesto más importante del Banco Nacional de Comercio Exterior (Bancomext). Necesitaba un trabajo y la importación-exportación había sido mi pan de cada día desde la adolescencia. Era un candidato excelente, pero Zedillo no tenía tiempo de escucharme: tenía una crisis en sus manos. Tuve que quedarme en la Secretaría de Hacienda y padecí el caos en que estaba sumida la economía mexicana. Esperaba que mi próximo puesto se revelara pronto y, mientras tanto, me centré en las tres cosas que me traían alegría en medio del drama: mi hija Ximena, el entrenamiento y mi nueva novia, Lucía.

Nos conocimos antes de la campaña presidencial, en una fiesta de cumpleaños que había organizado un amigo regiomontano que también estaba involucrado en la política. La fiesta era a las ocho en una casa en el barrio de Tlalpan y, como de costumbre, fui puntual. Todos los demás llegaron elegantemente tarde, incluso el anfitrión. Cuando finalmente apareció, nos condujo a mí y a mi amigo Carlos López —a quien conocía desde mis días en el Colegio Alemán— a una mesa en el centro del jardín. El anfitrión se tomó un trago con nosotros, pero, cuando empezaron a llegar los demás invitados, nos dejó para que socializáramos.

Era una fiesta exclusiva, así que, cuando el lugar se llenó de funcionarios mucho más importantes que yo, nos pidieron que nos cambiáramos de mesa. Llegaron más peces gordos y nos volvieron a mover; luego, sucedió una tercera vez. Terminamos sentados en los límites de la fiesta, en un lugar con vista a la rampa que conducía a los invitados a la puerta principal. Al menos eso nos permitía echar un vistazo a todos los que entraban, de la cintura para abajo.

Todos los hombres llevaban trajes y zapatos de vestir, como si acabaran de salir de la oficina. La mayoría de las mujeres traía vestidos de moda y tacones. Yo me había cambiado antes de salir de la oficina y llevaba un cuello de tortuga y una chaqueta de cuero. El punto es que sobresalía, y ella también.

Llevaba una minifalda y todo lo que alcanzaba a ver eran sus piernas largas, las mejores que había visto en mi vida. Miré a Carlos y suspiré. "Tengo que conocer a la dueña de esas piernas", le dije. Asintió y se echó a reír.

Lucía Rangel estuvo cerca de no asistir a la fiesta aquella noche. Vivía en Monterrey, pero, como estaba en la Ciudad de México por cuestiones de trabajo, Agustín Basave, el festejado, la había invitado. Lucía había pedido a su amiga Ana Lupe que la acompañara. Cuando llegaron, no encontraron lugar para estacionar el coche. Dieron varias vueltas a la cuadra sin éxito y estuvieron a punto de irse a casa, pero el destino intervino y, finalmente, encontraron un lugar.

Las dos amigas encontraron una mesa al otro lado del jardín en un rincón cercano a la barra, pero estaban rodeadas de gente que no conocían y, una vez más, consideraron irse. Yo no tenía idea de todo esto, desde luego. Lo único que sabía era que mientras más la observaba, más quería conocerla y, cuando dejó su mesa para ir al baño, me abrí paso entre la multitud para formarme atrás de ella.

—¿Eres del PRI? —pregunté. Me volteó a ver y se rio. Alrededor de nosotros, tintineaban las copas; las risas y las conversaciones se combinaban en un bullicio indistinto que se perdía en una tormenta de canciones de salsa. Todo era instrumentos de viento y tambores de mano. Una cantante se lamentaba por un amor perdido.

—Por supuesto que no —dijo.

—¿Y por qué no?

—Soy psicoanalista. Tengo que ser objetiva.

—¡Qué casualidad! Yo también soy terapeuta.

—¿Qué? —Me vio con escepticismo, pero mi barba

y el puro que estaba fumando me ayudaron a mantener las apariencias.

—Soy junguiano —afirmé con seguridad.

—Yo soy lacaniana —dijo. Toqué su codo, sentí su piel cálida por primera vez y, con un tirón delicado, la acerqué medio paso más. Volteó a ver mi mano. La solté.

—¿Ves a ese señor? —Señalé a un compañero de la Secretaría de Comercio, Eloy Cantú, que iba rumbo a la barra. Él también era de Monterrey y no sabía que ella lo conocía—. Es muy famoso.

—¿Él? ¿Famoso?

—Tiene un trabajo muy importante. El país se caería a pedazos sin él.

La puerta del baño se abrió. Era su turno. Sonrió, sacudió la cabeza y desapareció tras la puerta.

Cuando salió del baño, estaba platicando con Eloy y se nos unió. Al parecer, habían crecido juntos. Eloy me presentó junto con el nombre de mi cargo. Él tenía el mismo puesto que yo en otra secretaría, y ella lo tenía presente.

—Sabía que estabas metido en la política —dijo con una sonrisa—. Supongo que tú también eres famoso.

—Muy famoso —le dije. Eloy se veía confundido.

Los tres platicamos durante unos minutos. Era alegre y amistosa, y me cautivaron su belleza y su dulzura. Pronto, su amiga se unió a nosotros junto con Agustín Basave, quien había invitado a Lucía. Por la forma en que la miraba y le hablaba, era evidente que a Agustín le gustaba, pero ¿era mutuo el sentimiento?

Hubo una pausa en la conversación. Lucía y Ana cruzaron miradas.

—¿Nos vamos? —preguntó Ana. Eloy, Agustín y yo les rogamos que se quedaran.

—Bueno, yo me tengo que ir —dijo Ana—, pero si alguno de ustedes la lleva...

—¡Yo te llevo! —Como cachorritos demasiado entusiasmados, Agustín y yo lo exclamamos al mismo tiempo. Ana y Eloy se rieron. Lucía me volteó a ver y suspiró mientras se volvía hacia Agustín.

—Muchas gracias —dijo, antes de volverse hacia mí una vez más. Nuestros ojos se encontraron—. Acepto, Antonio.

No fue sino hasta las dos de la mañana que finalmente nos instalamos en el asiento trasero del coche de mi amigo Carlos. Mientras recorríamos las calles de Tlalpan rumbo a la casa de Ana, yo sólo suplicaba que hubiera giros bruscos y vueltas innecesarias. No quería que terminara el viaje.

Cuando llegamos unos minutos después, la acompañé a la puerta. Nos detuvimos en los escalones y nos miramos a los ojos. Los dos estábamos divorciados y teníamos hijos y vidas ocupadas en dos ciudades diferentes. Empezar una relación no tenía sentido, lo sabía. Pero también sabía algo más. Para cuando anotó su número de teléfono, me lo dio y cerró la puerta, ya estaba enamorado.

Voló de vuelta a casa al día siguiente y, aunque nunca le pedí su dirección, hice mi tarea. Cuando llegó, la esperaba un enorme y magnífico ramo de flores.

Era inteligente, amable y hermosa, y la veía cada vez que podía durante la campaña. Le presenté a Ximena, que sólo tenía 3 años, y conocí a su hijo de 10 años, David. Estábamos en una relación a larga distancia durante los primeros días de la administración de Zedillo y, si algo hizo que la espera para saber mi nuevo puesto fuera soportable, fue Lucía.

Un viernes por la noche en febrero de 1995, recorría deprisa el aeropuerto de la Ciudad de México para tomar el avión que me llevaría a verla, cuando sonó mi celular Nokia. Vi el número y supe que era el secretario particular del presidente, Liébano Sáenz. Tiré mis maletas al piso y contesté. Era la llamada que había estado esperando desde la renuncia de Serra.

—Antonio, te comunico al presidente. Espera en la línea.

Miré mi reloj. El vuelo salía en diez minutos y la recepción del teléfono era pésima, pero Zedillo finalmente me llamaba. Pasó un minuto, luego dos. El personal de la aerolínea hizo la última llamada para abordar y el presidente aún no respondía. Revisé mi teléfono: la línea seguía conectada. Se escuchó un sonido de interferencia y el secretario particular volvió a tomar la llamada.

—Perdón, Antonio, está en otra llamada. Llámanos cuando aterrices en Monterrey.

No me pude relajar durante los ochenta minutos de vuelo. Cada célula de mi cuerpo estaba a la expectativa. Aterricé, tomé un taxi y, en cuanto Lucía abrió la puerta para recibirme, le dije que necesitaba hacer una llamada. De nuevo, el presidente no estaba disponible. Ahora estaba en una reunión de gabinete.

—No te preocupes, Antonio —me dijo Liébano—. Fausto Alzati, el secretario de Educación, te llamará esta noche para darte una gran noticia.

Así que eso era: trabajaría en Educación. Hice varias llamadas y me enteré de que todos los puestos de subsecretario en la Secretaría de Educación ya estaban cubiertos. El único trabajo disponible que pude encontrar fue el de embajador ante la Unesco en París.

Jacques Lacan, el famoso psicoanalista francés, era el héroe de Lucía. Para ella, París es el centro del universo. También es una de mis ciudades favoritas. Durante el resto de la noche, visualizamos nuestras vidas juntos en París. Imaginamos que caminaríamos bajo la lluvia en las calles de Montmartre, beberíamos vino y escucharíamos *jazz* todas las noches, despertaríamos con un exquisito olor a *croissant* y café y haríamos el trabajo arduo de visitar ruinas hermosas —sitios declarados como patrimonio de la humanidad por la Unesco— alrededor del mundo.

Soñar esa vida juntos nos llenó de amor. Nos abrazamos y nos desplomamos sobre la cama. Cuando nos despertamos amodorrados con el sonido chirriante de mi celular, todo se derrumbó.

—Antonio, en primer lugar, quiero decirte que me da mucho gusto que vayamos a trabajar juntos. Sé que vas a hacer un trabajo fenomenal. —Era Fausto Alzati. Lucía se sentó en la cama; también escuchaba. Estábamos emocionados.

—Gracias, Fausto. No puedo esperar. Si quieres, mañana mismo salgo para París. —Hubo un silencio incómodo.

—¿París? ¿Quién te dijo que ibas a ir a París? —preguntó confundido.

—¿No es así? El puesto de la Unesco está vacío, así que... pensé... esperaba... —Más silencio.

—Ése es un puesto sin importancia, Antonio. Cualquiera puede hacer eso. No, el presidente te ha elegido para dirigir Conalep. Me dijo que eres el indicado para este trabajo. No te queremos en París —dijo—. Te necesitamos en Metepec.

Ahora era mi turno de guardar silencio. Metepec estaba en la peor zona del centro de México, a dos horas de mi casa, lejos de cualquier lugar relevante. Nunca había oído hablar de Conalep y no tenía idea de lo que significaba el acrónimo, pese a que había pasado toda mi carrera profesional en el Gobierno. Alzati podía insistir en la urgencia del trabajo y apelar a mi ego todo lo que quisiera —me dio un discurso promocional al que presté poca atención—, pero, sin importar lo que dijera, sabía que Metepec estaba en un lugar remoto y eso de Conalep sonaba como la muerte de mi carrera.

—Metepec —lo interrumpí—. Me necesitas en… Metepec.

—Sí, señor —dijo—. Por supuesto.

207

Pensé que

había visto y sentido

casi todo lo que

un océano podía

ofrecer, pero nunca

había estado en las

aguas de Hawái.

— *Abastecimiento desde el kayak de Dan Simonelli durante el cruce del canal de Catalina* —
PABLO ARGÜELLES CATTORI

— *Con Rafael Álvarez después del último entrenamiento antes de cruzar el canal de Catalina* —
MARÍA PAULA MARTÍNEZ JÁUREGUI LORDA

— *En medio del estrecho de Gibraltar con Mariel Hawley, Nora Toledano y Eduardo Rodríguez* —
PABLO ARGÜELLES CATTORI

— *Disfrutando la hospitalidad y la ceremonia del té después de un entrenamiento en Tappi, Japón* —
PABLO ARGÜELLES CATTORI

— *Meditando antes del cruce del estrecho de Tsugaru* —
PABLO ARGÜELLES CATTORI

— *Momentos en los que Quinton Nelson me dice qué probabilidades hay de intentar el cruce del canal del Norte* —
PAULO NUNES DOS SANTOS

— *Despidiéndome de Ximena Argüelles antes de iniciar mi cruce del canal del Norte* —
PAULO NUNES DOS SANTOS

— *Con Lucía mirando al* James and Frances Macfarlane, *que me guiaría en mi cruce del canal del Norte* —
PAULO NUNES DOS SANTOS

— *En medio del canal del Norte* —
PABLO ARGÜELLES CATTORI

— *Nora Toledano dándome instrucciones* —
PABLO ARGÜELLES CATTORI

— *Ariadna del Villar, Rafael Álvarez y Nora Toledano* —
PABLO ARGÜELLES CATTORI

— *El faro de Portpatrick, Escocia* —
PABLO ARGÜELLES CATTORI

— *En el barco después del cruce del canal del Norte* —
PABLO ARGÜELLES CATTORI

9

El canal de Kaiwi

l eco de mi triunfo de Tsugaru se desvaneció rápidamente: dos semanas después de haber regresado a casa, mi hombro izquierdo seguía atrofiado; ni siquiera podía levantarlo por encima de la cabeza. En esas condiciones, era imposible que siguiera adelante con mi plan de cruzar, en marzo de 2016, el canal de Kaiwi —45 kilómetros de aguas turbulentas en el océano Pacífico que separan las islas hawaianas de Molokái y Oahu—. Necesitaba encontrar una solución o mi sueño de completar los Siete Mares se haría pedazos.

Mi momento eureka llegó durante una de mis raras incursiones en Facebook, cuando leí acerca de un entrenador argentino experto en rangos de movimiento que había ayudado a curar las lesiones de nadadores ya no tan jóvenes. La publicación estaba en el muro de Ricardo Durón

—entrenador en mi gimnasio, Sport City, en Coyoacán—, así que le envié un mensaje para que me pusiera en contacto con el argentino. Ricardo lo conocía bien y me dio su información, pero también mencionó que no tenía caso viajar a Argentina, ya que él me podía ayudar con esas mismas técnicas.

Ricardo, como yo, había aspirado a ser nadador olímpico en su juventud; su especialidad eran los 200 metros combinado individual. Después de competir a nivel universitario en México, se mudó a los 23 años a San Luis Obispo, California, con la esperanza de que una competencia más dura y un entrenamiento de mejor calidad le permitieran clasificarse a los Juegos Olímpicos de Sídney 2000. Estuvo cerca, pero no lo logró: al igual que yo, se quedó a un lugar de formar parte del equipo nacional mexicano.

No se rindió. Siguió compitiendo y, durante un campeonato de natación en Tijuana, conoció al entonces entrenador de la selección mexicana, Jack Roach. Bajo la tutela de Jack, Ricardo se concentró en las pruebas de pecho y mejoró sus tiempos constantemente. Sin embargo, en las competencias preolímpicas para los Juegos de 2004, nuevamente se quedó a un solo lugar de la clasificación. Podía identificarme con su decepción doble más que la mayoría de las personas.

Con el tiempo, empezó a entrenar a otros nadadores y terminó en Sport City, donde trabajaba con atletas de todo tipo que patrocinaba el club. Además, estudió biomecánica, alineación muscular, entrenamiento de resistencia y técnicas de activación muscular. Resultó que no había nadie mejor en el mundo para restablecer por completo mi rango de movimiento y lograr que volviera al agua para ir tras los Siete Mares.

Ricardo había desarrollado un programa para medir con sensores digitales la fuerza que generan los nadadores en el agua y, en nuestro primer día de colaboración, me puso a prueba. Para ninguno de los dos fue una sorpresa descubrir, tras tan sólo 300 metros de nado, que casi toda mi fuerza provenía de mi lado derecho. La mayoría de los nadadores, si no es que todos, tienen un lado dominante, pero, mientras más eficientes sean sus brazadas de ambos lados, mayor será su potencia y velocidad. Debido a que el hombro izquierdo todavía me dolía terriblemente, me había acostumbrado a usar el brazo derecho más de lo habitual. Los resultados hicieron que Ricardo sacudiera la cabeza con incredulidad.

—Debes tener unas ganas tremendas de lograrlo —dijo, mientras yo me secaba.

—¿Por qué lo dices? —pregunté.

—¡Porque no puedo creer que hayas cruzado el estrecho de Tsugaru con esa brazada! Me empecé a reír, porque, a veces, casi siempre, sólo hay que reírse de uno mismo para disfrutar realmente de cualquier proceso difícil en la vida.

A partir de entonces, empezamos a hacer dos o tres sesiones de Técnicas de Activación Muscular (Muscle Activation Techniques, MAT) a la semana. Ricardo usaba estas técnicas, que combinan el tratamiento quiropráctico con el masaje, para reactivar los músculos subutilizados o sobrecargados de mis brazos y mi espalda. Luego, en la alberca, me ayudaba a corregir la brazada con el objetivo de hacerla más eficiente. Además, incorporó a un entrenador magnífico, Rafael Álvarez, para mejorar mi fuerza y mi condición física en general.

Para ser sinceros, tanto Rafa como Ricardo se sorprendieron por mi apariencia cuando nos conocimos. Habían oído hablar de mis logros deportivos —recientes y no tan recientes— y habían imaginado un espécimen un poco más cincelado. Se desconcertaron aún más cuando les conté acerca de mi rigurosa rutina de entrenamiento, que iniciaba a las cuatro y media de la madrugada seis días a la semana. Luego les confesé mi debilidad por la buena comida, el Herradura blanco, los vinos del valle de Napa, los puros cubanos y el *whisky* escocés de malta, y entonces entendieron. Les dije que mi estilo de vida no cambiaría y que tendrían que aceptarlo. No les gustó, pero se encogieron de hombros, asintieron y me instaron a beber más agua. Aseguraron que mis músculos, fascia y articulaciones funcionarían mejor si me mantenía mejor hidratado. "De acuerdo", les dije; con eso podía vivir.

Tener nuevas voces en el equipo —y en mi cabeza— fue refrescante, pero Nora aún era mi entrenadora. Bajo su dirección, nadaba de 30 a 35 kilómetros por semana, mientras intentaba perfeccionar mi nueva brazada. Hacía la mayor parte de mi entrenamiento en la alberca, aunque también viajaba a Las Estacas algunos fines de semana para hacer nados largos y lentos.

También viajé dos veces —primero en enero y después en febrero— a La Jolla, al norte de San Diego, California, para hacer dos nados de ocho horas en las aguas frías del océano Pacífico. Éstos fueron los nados más largos que hice en el periodo previo a Hawái. En ambas ocasiones nadé a un ritmo de tres kilómetros por hora y recorrí un total aproximado de 24 kilómetros.

La buena noticia era que mi hombro se había curado. Lo había sentido muy bien y, además, había soportado ocho horas en el agua fría —a una temperatura de alrededor de 15 °C— en dos ocasiones. Aunque eso me dio confianza, mi nueva brazada aún era un desastre. Es más, nunca había nadado tan lento. Nora y Ricardo acordaron que debía volver a nadar como siempre lo había hecho. Quizás era demasiado tarde para enseñar algo nuevo a este viejo lobo de mar.

Esos nados en La Jolla revelaron algo más: que mis esfuerzos no estaban donde debían estar. Me estaba preparando para el agua fría porque ya tenía en mente el estrecho de Cook —que es frío— y, sobre todo, el canal del Norte, el nado más frío de todos, antes de siquiera zambullirme en el canal más largo de la lista. Aún no sabía lo que me esperaba en Hawái. No comprendía cuán fuertes pueden ser las corrientes en medio del Pacífico. Lo único que sabía era que la temperatura del agua en el canal de Kaiwi, que a finales de marzo oscila entre 23 y 26 °C, era muy agradable. Sí, la distancia era un poco mayor, pero un nado en aguas tropicales sonaba como unas vacaciones en comparación con el agua oscura, a 13 °C, que yace entre Irlanda del Norte y Escocia.

No es que no me lo hubiesen advertido. En las semanas previas a mi viaje a Honolulu, envié un correo electrónico a mi amigo Forrest Nelson, uno de los mejores nadadores de aguas abiertas de la historia. Había cruzado el canal de Kaiwi en dos ocasiones —una vez en cada dirección—, así que le pedí consejos de último momento. Un par de horas más tarde, respondió: "Sé que eres un gran nadador, pero ésta va EN SERIO".

Mi equipo y yo volamos a Honolulu el 18 de marzo. En esta ocasión, me acompañaron mi médica personal, Ariadna del Villar, su esposo, Hugo, y su bebé, Joaquín. Por supuesto, Nora también estaba ahí; no nadaría un canal sin ella. Brad Howe, mi mejor amigo de Stanford, es como un amuleto de la suerte, así que le pedí que estuviera presente. Pablo, nuestro fotógrafo, decidió faltar al viaje e ir a Cuba para cubrir el discurso del presidente estadounidense Barack Obama y un concierto de los Rolling Stones. Lucía y Ximena vinieron con nosotros, pero no como parte de la tripulación, sino para recibirme cuando terminara el nado.

Llegamos por la noche, nos registramos en nuestro hotel en el barrio de Waikiki y fuimos a la playa para hundir los dedos de los pies en la arena blanca. Hacía calor, el olor del aire era agradable y me sentía listo. Lucía me preguntó que si estaba nervioso, pero no lo estaba. Había hecho todo lo posible para prepararme y ahora había llegado el momento de cumplir.

A la mañana siguiente, Nora y yo nadamos dos kilómetros antes de reunirnos en el club de yates de Waikiki con el capitán del barco, Michael Twigg-Smith, y nuestros kayakistas, Jeff Kozlovich y Steve Haumschild. Éstos no eran los típicos kayakistas que solíamos conocer antes de los nados, sino que estaban entre los remeros de canoas con estabilizador más curtidos de Hawái. En todas las islas hawaianas, hay hombres y mujeres que participan en regatas de larga distancia en canoa. La más famosa de estas competencias, que a menudo son de una isla a otra, es la de Molokái a Oahu. Jeff y Steve conocían el recorrido tan bien como cualquier competidor y era evidente que estaba en buenas manos. Después de revisar el informe meteorológico, decidimos que mi equipo y yo volaríamos a Molokái el 21 de marzo para reunirnos ahí con el capitán y probar nuestra suerte en el canal.

Los hawaianos llaman canal de Kaiwi, o canal de los Huesos, a los 45 kilómetros de mar turbulento y agitado por el viento que conecta a las islas de Oahu y Molokái. Algunos piensan que esto se debe a que los huesos de los pescadores y marineros que se han ahogado en esas aguas tempestuosas han aparecido en las costas de ambas islas. Otros arguyen que el nombre del canal tiene su origen en el paisaje seco y volcánico de Molokái, que los antiguos hawaianos podrían haber asociado con los huesos expuestos de la Tierra.

El canal de Kaiwi siempre ha sido peligroso debido a los vientos huracanados que pueden soplar durante días sin parar y las borrascas que se forman en un instante y pueden inundar una canoa en segundos. Sin embargo, durante siglos también ha sido una arteria comercial indispensable para las comunidades hawaianas; es donde los pescadores, generación tras generación, han ido a buscar la pesca del día. Además, durante mucho tiempo, ha sido el escenario en el cual hombres y mujeres, jóvenes y viejos, se han puesto a prueba para ver si son capaces de llegar de una isla a otra con su propia fuerza.

Hoy en día, es probable que el canal de Kaiwi se conozca principalmente por la Moloka'i Hoe, una de las carreras de remo más prestigiosas del mundo. Además de quienes compiten en canoas con estabilizadores, hay categorías para palistas de pie y remeros que, tras colocarse boca abajo en tablas largas, se impulsan con sus brazos y se deslizan sobre las olas de playa en playa. Muchas de las figuras hawaianas de actividades acuáticas han remado de Oahu a Molokái o viceversa, pero muy pocas de estas leyendas —me refiero a algunos de los mejores salvavidas y surfistas de todos los tiempos— han intentado nadar el canal.

En 1939, William Pai supuestamente se convirtió en la primera persona en nadar desde Ilio Point en Molokái hasta Sandy Beach en Oahu. Al parecer, había remado una distancia corta desde la costa antes de zambullirse y recorrer el resto del camino a brazadas, así que su cruce no se certificó. Keo Nakama completó el primer nado oficial de isla a isla en 1961. Hasta ahora, sesenta y tres nadadores diferentes han realizado la hazaña en un total de sesenta y siete ocasiones. Todos ellos saben que, para nadar de Molokái a Oahu, hay que pagar un precio alto.

Aterrizar en la isla rústica de Molokái después de haber estado en Honolulu fue como retroceder en el tiempo. Aunque los campos de maíz habían suplantado desde hacía mucho tiempo a las antiguas plantaciones de caña de azúcar, en Molokái aún se priorizaba la agricultura sobre el turismo. La isla, que sólo albergaba siete mil personas, era árida, sin vegetación exuberante, y su tierra roja contrastaba con el azul intenso del océano Pacífico.

No planeábamos pasar mucho tiempo ahí. Llegué al mediodía, con la intención de empezar el nado de inmediato, pero hubo dificultades. Olas demoledoras rompían con violencia en la orilla de Ilio Point, el punto de partida tradicional en Molokái, y el fuerte oleaje había absorbido toda la arena. Eso complicaba las cosas, porque las reglas de la natación en aguas abiertas exigen que el nadador tenga los diez dedos de los pies fuera del agua y en tierra firme al principio y al final del cruce.

Había una roca de un metro de altura a la que me podría haber intentado subir para saltar al agua desde ahí, pero, dadas las condiciones hostiles, hubiera sido ingenuo y peligroso. Afortunadamente, el capitán Twigg-Smith tenía una alternativa. Abordamos su barco, el *Stellina Mare* ("Pequeña Estrella de Mar" en italiano), en el puerto de Hale o Lono y navegamos a La'au Point, donde encontramos una playa desierta, protegida del oleaje impetuoso. Sabía que empezar desde ahí añadiría tres kilómetros al nado, pero nunca cuestiono a un capitán. Además, en un nado de semejantes distancias, ¿qué importa recorrer unos cuantos kilómetros más?

Salté del barco y nadé hacia la orilla. Al mismo tiempo, Jeff colocó sobre el agua su kayak, completamente cargado con todos los suministros que yo necesitaría. El plan era que Jeff y Steve se alternaran cada dos horas; Jeff fue el primero. Mientras yo caminaba hacia la orilla, cubierto de zinc de pies a cabeza, él me esperaba adelante de la marea espumosa. Una vez que mis pies estuvieron completamente fuera del agua, volví al mar, me sumergí bajo las olas pequeñas y comencé a nadar, listo y dispuesto a lidiar con cualquier cosa que el destino me pusiera enfrente. Desde el principio, me hizo una advertencia.

Apenas quince minutos después de haber iniciado, sentí una punzada en mi axila izquierda y el dolor recorrió mi cuerpo como una onda de choque. Me había picado una medusa. Estas criaturas son uno de los principales peligros del canal y no es del todo inusitado encontrárselas. Después de diez minutos de dolor insoportable, la sensación se desvaneció y no tardé en entrar en ritmo.

Durante las dos primeras horas, tuve la corriente a mi favor y el agua estuvo cálida y agradable. Me sentía fuerte y no había medusas a la vista. Había cruzado el canal de Tsugaru en menos de trece horas y calculé que, dado el kilometraje adicional, podría terminar Kaiwi en dieciséis horas, diecisiete a lo mucho. Mi brazada era larga y eficiente, mi hombro se sentía muy bien y, gracias a la corriente positiva, estaba encaminado a mejorar el tiempo que había estimado. Y, entonces, me estampé contra un muro. No era un muro de agotamiento; estaba lejos de estar extenuado. No, éste era el primer acto de resistencia del canal. Había abandonado el refugio de la isla de Molokái e incursionado propiamente en el canal de Kaiwi, donde me recibió una corriente que me frenó en seco.

Nadé en ese lugar durante más de una hora, sin avanzar un solo centímetro. Además, las olas eran tan grandes que se me dificultaba rastrear el kayak. Hubo momentos en que sólo lo veía cada tres o cuatro respiraciones —en lugar de en cada respiración—, y eso me causaba frustración. Seguir el barco de apoyo en lugar del kayak era prácticamente imposible, porque, en el canal de Kaiwi, el bote no navega al lado o enfrente del nadador. En Hawái, se acostumbra que el barco de apoyo se adelante unos 100 o 150 metros y deje que el nadador siga al kayak.

Pese a dar todo de mí, no podía avanzar y no lograba ver nada ni a nadie, y los minutos se convirtieron en horas.

CAPÍTULO NUEVE

Había nadado en incontables ríos, lagos y canales alrededor del mundo; pensé que había visto y sentido casi todo lo que un océano podía ofrecer, pero nunca había estado en las aguas de Hawái. No había entendido realmente cómo la ubicación remota de la cadena de islas la hacía propensa a corrientes y oleajes severos. Había estado tan preocupado por el canal del Norte que no había hecho mi tarea. Ahora que me enfrentaba a la realidad, sabía que mi amigo Forrest tenía razón y que me esperaba un día largo y una noche intranquila.

Fue entonces cuando, 30 metros a mi derecha, emergió una ballena jorobada de cerca de 15 metros de largo. Aves marinas la seguían en el momento en que exhaló con fuerza; luego sacó otro chorro antes de sumergirse con la cola en alto, como si se estuviera despidiendo. Su presencia me relajó y, conforme el sol descendía al oeste, el cielo se oscurecía y el oleaje aumentaba, supe que, dadas las condiciones, relajarme era mi única opción, mi única esperanza. El canal quería vencerme y era evidente que no lograría mi objetivo con pura fuerza; mi deber era relajarme más y estar en sintonía con mi cuerpo.

Para mantenerme concentrado y relajado, comencé a contar mis brazadas. Empezaba en el uno y, cuando llegaba al cien, volvía a comenzar. Lo más importante era que no sentía dolor al nadar: un buen signo. Además, con olas tan grandes como éstas, sabía que tragar agua no sería un problema. Cuando hay olas más pequeñas, el riesgo de que esto suceda es más alto. Beber agua salada durante un nado puede ser un desastre debido a la deshidratación. Las náuseas y los vómitos que ello provoca no hacen más que exacerbar la pérdida de líquidos. En cambio, flotar de arriba abajo en medio de un oleaje intenso puede causar desorientación, pero generalmente no es peligroso.

Progresé poco durante la siguiente hora; un metro por aquí, dos metros por allá. La corriente aún era tremenda y me combatía con toda su fuerza, pero empecé a sentir que avanzaba y, después de dos horas, finalmente me liberé y comencé a moverme de nuevo. Seguí nadando mientras contaba mis brazadas y mantenía mi mente despejada; así pasaron tres horas más. Como de costumbre, tomaba mi Accel Gel cada hora en punto y, a la media, bebía el agua que me daban mis kayakistas.

Luego, en la sexta hora, recibí otro golpe. Ahora no se trataba de la corriente, sino de un grupo de medusas. Eran carabelas portuguesas, unas de las criaturas más venenosas del océano. Estaba tan oscuro que no lograba ver cuántas había, pero sentía que me rozaban los brazos y las piernas, hasta que finalmente una me dio de frente. Sus tentáculos se sintieron como látigos en mi cara. Se aferró al puente de mi nariz y se extendió sobre mis dos mejillas. No tuve más remedio que provocarme aún más dolor y despegarla con mis propias manos.

La tortura fue insoportable. Jadeé, mi ritmo cardiaco se disparó y mis *goggles* se llenaron de lágrimas. Parecía que los dioses del canal querían atormentarme con todo lo que tenían a su disposición. Cuando me detuve, Steve me llamó. La tripulación a bordo del barco de apoyo tenía toda su atención puesta en mí; se preguntaban si estaba bien. Pero, cuando eres nadador de fondo, el dolor es uno de los gajes del oficio. Sin importar la causa —rozaduras en las axilas o el cuello, una úlcera en la boca por el agua salada o el veneno de una carabela portuguesa—, uno tiene que ser capaz de aislarse del dolor. Entonces, hice lo que siempre hago: lo ignoré, acepté mi dolor como impuestos que se tienen que pagar y seguí nadando.

Cuando me detuve para mi descanso diez horas y media después de haber iniciado, era pasada la medianoche. Las nubes se habían dispersado un poco y la luna llena jugaba a las escondidillas. Cada vez que el cielo se despejaba, aunque fuera sólo por un momento, la luz de la luna bailaba sobre la superficie. Jeff me dio mi botella de agua, mientras Nora observaba desde la barandilla del barco de apoyo.

—¿Por dónde vamos? —le pregunté.

—Acabamos de pasar el punto medio —respondió Nora, y se encogió de hombros. Era un golpe duro y ella lo sabía: tendría que nadar por lo menos veinte horas. Nunca había estado en el agua tanto tiempo como durante mi cruce del canal de la Mancha, el cual completé en dieciocho horas y diecinueve minutos. Pronto entraría a territorio desconocido sin ninguna garantía de éxito, pero no iba a sentir pena por mí mismo. ¿Qué caso tenía hacerse la víctima y culpar a las condiciones, a las medusas despiadadas y a los dioses del canal? Eso no iba a impulsarme a Oahu. Mejor pensé en Gibraltar.

Cuando llegué a España y me enteré de que tendríamos que nadar a la mañana siguiente, después de treinta y dos horas de viaje y muy pocas horas de sueño, no me dio miedo. Acepté el desafío, porque sabía que tendría que lidiar con ese tipo de frustraciones inesperadas para completar los Siete Mares. Mi lesión había sido otra prueba y, ahora, para cruzar el canal de Kaiwi, tendría que nadar más kilómetros y pasar más tiempo en el océano que nunca. Pero ¿podría manejarlo?

Era una pregunta válida, pues, después de nadar durante quince horas, mi cuello estaba rosa y en carne viva de tanto girar la cabeza hacia la derecha para respirar; me ardían la espalda y el brazo izquierdo debido a una docena de picaduras de medusas; y los músculos del cuello me dolían por levantar constantemente la cabeza para buscar el kayak entre las olas.

Luego, cuando se cumplieron las dieciséis horas y el sol empezó a salir, hice mi pausa de alimentación justo en medio de otra concentración de medusas. Ése era un problema. Según el pronóstico de Wind Guru, el viento ya debía haberse aplacado para entonces, pero aún soplaba en ráfagas: otra complicación. Además, el oleaje todavía era severo. Tomé mi agua con gel de proteínas y carbohidratos mientras las aguamalas me azotaban con ferocidad y, por si fuera poco, cuando empecé a nadar de nuevo, me picaron otra vez en la cara. Aturdido, perdí la concentración, me dio pánico y tragué agua de mar. A pesar de todo, no podía darme el lujo de parar ni un instante, porque la corriente, que el viento impulsaba en mi contra, se hacía cada vez más fuerte. Durante las dos horas siguientes, mis kayakistas apenas tuvieron que remar y el barco no se movió. Nadaba en arenas movedizas, sin ir a ninguna parte. Fue desmoralizante.

En tierra, Ximena y Lucía seguían mi progreso —o mi falta de progreso, más bien— mediante un GPS que teníamos en el barco de apoyo. Habían intentado hacer lo mismo en Japón, pero habían tenido problemas para conectarse a internet, así que prácticamente se habían quedado a oscuras. Esta vez, a medida que pasaban las horas, pensaron que el GPS se había estropeado. Les había dicho que llegaría al amanecer, pero el sol salió y se elevó y yo ni siquiera estaba cerca de la costa. No dejaron de actualizar el sitio de internet, pero durante esas dos horas no parecía avanzar porque no lo estaba haciendo. Lucía se puso nerviosa y eso, a su vez, puso ansiosa a Ximena. Conforme más tiempo pasaba, peor se sentían.

Reaccioné a las condiciones adversas con la misma rutina de siempre. Conté mis brazadas hasta cien y procuré que mis descansos fueran lo más cortos posible. Dos horas después, establecí un récord personal —el nado más largo de mi carrera— y la corriente cedió. Empecé a avanzar de nuevo, pero, a mi ritmo, todavía estaba a cinco horas de terminar el cruce.

Por primera vez, pensé en darme por vencido. Podía interrumpir el nado en ese momento y decir a todo el mundo que las condiciones habían sido terribles, además de que había establecido una nueva marca personal. No me daba vergüenza, pero no había ido hasta Hawái para eso, así que borré esa idea y las primeras dieciocho horas de nado de mi mente. Si no terminaba, esas dieciocho horas habrían sido en vano, de modo que no había razón para obsesionarse con ellas; ya estaban en el pasado. En cambio, pensé en las cinco horas restantes como si fueran otro entrenamiento de sábado por la mañana en Las Estacas. Nadar cinco horas seguidas cuando uno está fresco ya es todo un desafío de resistencia, pero había probado en innumerables ocasiones que era capaz de hacerlo sin problemas.

Cuando me quedaban 6.5 kilómetros por delante, el viento volvió a intensificarse y las olas comenzaron a aventarme de lado a lado. Por fortuna, Steve logró encontrar un camino a través de los vendavales. Con él remando al frente, fui

223

capaz de superarlos para continuar mi camino. Sentí una sensación de paz que había estado latente desde el inicio de mi nado. Mi tranquilidad mental y emocional me habían ayudado a sobrellevarlo todo y, ahora, afortunadamente, por fin me acercaba al final.

La última hora fue la más agradable de todo el nado. Con cada respiración podía ver cómo se acercaban los frondosos acantilados de Oahu. Aunque estaba adolorido, agotado y con falta de sueño —había estado en el agua durante casi un día entero—, me sentía tan bien que incluso consideré esperar otros cuarenta minutos para poder decir que había nadado durante veinticuatro horas seguidas. Luego vi en la playa a Lucía y Ximena, que me buscaban con los ojos clavados en el océano, y supe que era momento de reclamar lo que era mío.

224

Llegar a Sandy Beach puede ser complicado, porque el arrecife de piedra está muy cerca de la superficie y hay una maraña de rocas salpicadas de conchas filosas a ambos lados de la caleta arenosa. Jeff había hecho esa llegada cientos de veces, así que saltó de su kayak, se puso un par de aletas y me guio a mi meta.

Cuando mis dedos rozaron el fondo del banco de arena, me puse de pie y caminé por las aguas poco profundas hacia Lucía y Ximena, que estaban hombro con hombro en la playa, rebosantes de orgullo y alivio. Con los pies secos, levanté los brazos triunfalmente y les di un gran abrazo. Había tomado mucho tiempo —veintitrés horas y dieciocho minutos, para ser exactos— y muchísimo sufrimiento, pero lo había

CAPÍTULO NUEVE

logrado. Mi equipo vitoreaba desde el barco, más allá de las olas. Les devolvimos el saludo y los tres observamos cómo se adentraban en el mar y desaparecían detrás de la punta.

Con los brazos alrededor de las mujeres más importantes de mi vida, me dirigí a los baños públicos para ducharme y ponerme la ropa que me habían traído. Le pedí a Ximena que me consiguiera una cerveza con las personas que bebían junto a sus coches en el estacionamiento. Lo único que tuvo que hacer fue decirles que yo acababa de nadar desde Molokái e inmediatamente le dieron la botella más fría de su hielera.

Luego sucedió algo extraño. Mientras me enjuagaba, me empecé a marear, así que me senté en una mesa de pícnic. Ximena me encontró ahí, me dio la cerveza y se sentó frente a mí.

—¿Estás bien? —preguntó preocupada.

—Sí... creo... sólo estoy un poco mareado —le dije. Lucía también estaba ahí. Pensó que se me había bajado el azúcar y se dirigió a unas máquinas expendedoras que estaban cerca para comprarme un refresco, pero, mientras se alejaba, me desplomé sobre el suelo, me desmayé y empecé a convulsionarme. Ximena observaba, sin poder hacer algo al respecto. Llamó a Lucía, quien llegó corriendo y gritó con pánico: "¡Se está muriendo! ¡Ayuda! Por favor, ¡ayuda!".

Un socorrista, alerta, corrió a toda velocidad con una botella de oxígeno y pidió una ambulancia. Estaba inconsciente y mi cara se había contorsionado de tal forma que el salvavidas pensó que podía estar sufriendo un derrame cerebral, pero guardó la compostura. Esto no hizo mucho para mitigar los nervios de Lucía, que estaba fuera de sí. Al contrario, Ximena logró mantenerse tranquila durante la crisis.

225

Cuando llegaron los paramédicos, Ximena les contó todo por lo que yo había pasado. Me colocaron en una camilla y me subieron a la parte trasera de la ambulancia. No pensaban que hubiese tenido un derrame cerebral; Ariadna tampoco. Cuando Ximena finalmente logró contactarla, estaba enojada conmigo porque no había seguido el protocolo típico posterior al nado, como habíamos acordado.

Había estado en posición horizontal durante casi veinticuatro horas. Debí haberme recostado boca arriba con las piernas elevadas durante veinte o treinta minutos antes de ducharme y cambiarme de ropa, ya no se diga tomar una cerveza. Fue un error tonto.

Cuando me desperté en la ambulancia, los paramédicos se dieron cuenta de que estaba lúcido y fuera de peligro. Les reconozco que no hayan insistido en que fuera al hospital. Me dejaron tomarme mi tiempo, permanecer ahí recostado y beber mi refresco mientras esperábamos a que llegara nuestro taxi. Cuando finalmente lo hizo, me dieron de alta. No fue sino hasta que estuvimos en el taxi rumbo al hotel que Ximena se soltó y empezó a llorar.

Me sentía terriblemente mal. En cierto sentido, para ella y Lucía la experiencia había sido una probadita de su miedo más grande: que un día me esforzara demasiado, nadara más allá de mis límites y pagara con mi vida. Al fin y al cabo, era una persona de 57 años con el objetivo de alcanzar un logro deportivo de talla mundial. Para algunos, mi aventura sonaba como una locura, pero ellas siempre habían creído en mí. Con más desafíos por delante, esperaba no haber provocado que perdieran la fe.

CAPÍTULO NUEVE

Mi desmayo silenció la celebración y regresamos a Waikiki casi sin decir una palabra, pero debo confesar que, por dentro, estaba eufórico. Ante condiciones adversas, mi hombro se había desempeñado bien y mi equipo y yo nos sentíamos mentalmente fuertes. Cuando llegamos al hotel, me dirigí directamente a la habitación para darme una ducha de verdad y hacer un muy necesario pedido de alimentos y bebidas —por órdenes de los paramédicos, por supuesto—. Pedí un club sándwich, dos cervezas y dos tequilas, y me tomé el último Herradura en la terraza con vista al océano Pacífico.

Sólo me faltaban dos nados, pero no serían fáciles. Para terminar los Siete Mares, tendría que aceptar un nivel de incomodidad que nunca antes había experimentado y aprender a amar algo a lo que siempre había temido: el agua fría.

227

Por más improbable

que haya sido

cuando obtuve el

trabajo, liderar

Conalep fue más

que gratificante:

fue apasionante.

10

Incertidumbre

Mientras conducía rumbo a Metepec en mi primer día de trabajo, las dudas me inundaban. Cuando el secretario de Educación Pública me dio la noticia de que el presidente Zedillo me había elegido para dirigir el Colegio Nacional de Educación Profesional Técnica (Conalep), lloré. Sentía que, después de haber hecho todo lo que estaba en mis manos para ayudar a ganar la elección mi carrera había tocado fondo y me estaba yendo por el desagüe político. Luego comencé a informarme acerca del Conalep, y pasé de sentirme irrelevante a inadecuado. De repente, me convertí en el responsable de doscientos sesenta y dos planteles en todo el país, con diez mil cuatrocientos maestros que daban clases a un cuarto de millón de estudiantes.

El Conalep era el sistema escolar de educación media más grande de México. Al menos en un inicio, sus escuelas eran de carácter técnico terminal: estaban diseñadas para formar técnicos calificados. Pero en las casi dos décadas posteriores a su fundación en 1978, se había transformado varias veces y se había convertido en una masa educativa compleja y difícil de definir que, francamente, no tenía un buen historial. Me habían elegido para acudir al rescate.

En ese largo viaje en coche, estaba sumido en la incertidumbre. No tenía experiencia en temas educativos y estaba lejos de ser producto de una escuela técnica. Había estudiado alemán y economía. Una parte de mí, la que tenía miedo, se preguntaba si no me habían tendido una trampa para que fracasara. No obstante, también sabía que, incluso si ése era el caso, mi destino no estaba predeterminado. Con la estrategia adecuada, hasta las probabilidades bajas de éxito pueden dar frutos, pero ¿por dónde empezaría?

La mejor noticia que me dieron tras aceptar el trabajo fue que el presupuesto del Conalep estaba garantizado y que yo lo manejaría. En cuanto entré por las puertas de vidrio, caminé hacia mi oficina en el segundo piso y revisé los libros contables. Había importantes áreas de oportunidad para hacer mejor uso de los recursos. Los directores de los planteles del Conalep tenían salarios más bajos que los de otros sistemas de educación pública, así que trataban de compensar su sueldo con ingresos "extracurriculares". Además, había un exceso de personal administrativo que no beneficiaba a los estudiantes directamente, mientras que los maestros recibían un salario insuficiente.

Cuanto más escudriñaba las cuentas, más desconcertantes eran las historias que escuchaba, como, por ejemplo, que la mayoría de los directores había hecho de las cafeterías un negocio personal. Para compensar sus salarios bajos, recibían dinero de las concesionarias a cambio de un contrato para vender alimentos a los estudiantes. También obtenían recursos por medio de la venta de útiles escolares y cobros por el servicio de fotocopias. Cambié todo esto de inmediato: los directores recibieron un aumento salarial importante, pero se les quitó la facultad de firmar los contratos de la cafetería y de útiles escolares; asimismo, actualizamos las copiadoras en todo el sistema, de forma que les fuera imposible quedarse con una rebanada del pastel.

Durante esas primeras semanas, hice rondas y visité planteles a lo largo y ancho del país. Cada escuela —todo el sistema— tenía una larga lista de problemas y, sin tener experiencia en educación en la cual apoyarme, hice lo que sabía hacer: traer a México algo que antes no había estado disponible.

Cuando era un muchacho habían sido productos Speedo. En la Secretaría de Comercio había sido instaurar un nuevo estándar de limpieza para baños públicos en los edificios de la dependencia, equipar nuestras oficinas con computadoras de última generación y llevar al campo mexicano una red informática incipiente —diseñada por Microsoft gracias al futuro multimillonario Steve Ballmer, pero financiada por México— que permitía dar mejor seguimiento a las cosechas para los mercados de productos básicos. Ahora era momento de levantar al Conalep por medio de una estrategia similar; había que aplicar estándares globales modernos a una institución mexicana estancada.

Mi primera parada en cualquier visita a una escuela siempre era la oficina del director. Después de saludarnos y

231

tomar café, empezábamos a revisar los asuntos del orden del día. En esas primeras semanas, revisábamos el presupuesto e instrumentábamos estándares de evaluación para identificar las fortalezas y las debilidades de nuestros estudiantes y escuelas. Todo eso era de esperarse y los directores estaban preparados para ello, pero, cuando llegaba el momento de pasar al baño, a menudo los tomaba desprevenidos.

Una de las ventajas de ser jefe es que puedes levantarte durante una reunión sin tener que dar explicaciones. Por supuesto, como cualquier anfitrión preocupado, los directores siempre me preguntaban a dónde me dirigía.

—Voy al baño —decía casualmente, y me dirigía hacia el pasillo en donde estaban los baños de los estudiantes.

—Ah, no, no, no —respondían—. Use éste —y señalaban el sanitario de los profesores o el baño privado en su oficina. En ese momento sonreía, negaba con la cabeza y, de todos modos, caminaba hacia el baño de los estudiantes. Juro que escuché a algunos directores tragar saliva con terror. Casi todos se ponían blancos como fantasmas, y con razón: ésa era su peor pesadilla.

Todos estaban conscientes del estado de los baños. Los escusados estaban destrozados, las paredes garabateadas con grafiti y las tuberías obstruidas; no había espejos. Ésta no es la descripción de un baño en una escuela o en un puñado de escuelas en muy malas condiciones. En todos los planteles del sistema, los baños eran una vergüenza. Recordé que mi primer gran éxito con Jaime Serra había sido arreglar los baños de la Secretaría de Comercio y cómo mejorar algo tan básico había enorgullecido a los empleados. Mi apuesta era que lo mismo podía pasar con los alumnos del Conalep.

Lo más importante era el efecto que esto tendría en las jóvenes. Los baños eran tan desagradables que muchas de ellas se quedaban en casa cuando menstruaban, lo que las hacía perder horas de clase y retrasarse cada mes. Como padre de una hija joven, eso era inaceptable para mí, así que mejorar los baños, instalar espejos y renovar las tuberías se convirtió en una de las prioridades durante los primeros meses de trabajo.

Luego dirigí mi atención a la enseñanza de idiomas y habilidades de computación. Algunas escuelas tenían computadoras y otras no, pero, cuando visitaba las que tenían salas de cómputo, nunca veía a los estudiantes usar las máquinas. Las computadoras siempre estaban envueltas en sus cubiertas de plástico, protegidas de manos humanas.

—¿Por qué las computadoras traen condón? —pregunté de forma socarrona durante una visita, obviamente molesto.

—Para protegerlas, señor —respondió el director—. Son muy caras y no queremos que les pase nada. —Protegerlas de los estudiantes que supuestamente debían usarlas, había querido decir.

Visité escuelas en Puebla, Chiapas y Michoacán en las cuales el equipo ni siquiera se había sacado de su empaque original. Habíamos entregado *hardware* actualizado para las salas de cómputo y, por temor, los directores no lo habían instalado. La mayoría pensaba que proteger los aparatos costosos era lo correcto, pero estábamos a mediados de la década de 1990 —el primer gran auge tecnológico se había puesto en marcha— y nuestras escuelas técnicas habían puesto en cuarentena sus salas de cómputo. No tenía sentido. Sólo unos cuantos estudiantes podían acceder a las máquinas y les faltaba tiempo para aprender a utilizarlas, no se diga programarlas. Desde mi punto de vista, todos los estudiantes debían tener acceso a estas salas, las cuales tenían que estar abiertas y disponibles antes y después de clases.

Entonces, compramos computadoras para cada escuela e instalamos salas de cómputo equipadas con conexión a internet por línea conmutada para que los estudiantes pudieran navegar. Llamé a mis buenos amigos en Microsoft para asegurarme de que todas nuestras terminales tuvieran el sistema operativo Windows. Aunque casi todos nuestros estudiantes vivían en barrios de clase trabajadora, nosotros les ofrecíamos algo que ni siquiera la mayoría de las mejores escuelas privadas en México tenía. Eso fue exactamente lo que me distinguió de mis predecesores en el Conalep. Quería y esperaba que este sistema escolar compitiera con las mejores escuelas de México. El Conalep se podía haber creado para formar técnicos asalariados para el mercado laboral interno, pero las escuelas que dirigía estarían conectadas con el mundo y ofrecerían un lente a través del cual los estudiantes podrían ver sus posibilidades infinitas y aspirar a cosas que nunca se habían atrevido a soñar.

Parte de eso tenía que ver con el conocimiento de idiomas. Cuando llegué a las oficinas del Conalep, era uno de los muy pocos funcionarios que sabían inglés. Prácticamente ninguno de los directores de plantel o de los maestros lo hablaba y, obviamente, nuestros estudiantes tampoco lo aprendían. En una economía globalizada eso era suicidio económico, así que empecé a exigir que los mejores alumnos estudiaran inglés durante tres años.

Fuera de esa adición, más bien reduje el número de planes de estudios al mínimo. Cuando asumí el cargo, nuestras escuelas técnicas ofrecían a los estudiantes ciento treinta y dos carreras. No podría enumerar tantas ni aunque me dieran una semana para hacerlo. Entonces, hablé con mis amigos y colegas en el sector privado, especialistas en el ámbito educativo y representantes de los gobiernos estatales de todo el país y, juntos, elaboramos una lista de veintinueve carreras necesarias y viables. Incluían las que tradicionalmente había ofrecido el Conalep para formar mecánicos, electricistas, contadores y profesionales de la hostelería, pero también agregamos carreras más adecuadas para la nueva era tecnológica, como telecomunicaciones —con un plan de estudios actualizado— y programación. Sin importar su carrera, pedí a los alumnos que hicieran deporte y estudiaran música e idiomas para que pudieran tener una experiencia integral e inspirarse.

Por primera vez, el Conalep invitó a representantes de empresas a visitar los planteles y entrevistar a los futuros egresados. Así, éstas podían llenar sus vacantes rápidamente y los estudiantes podían graduarse con un trabajo remunerado garantizado. Lamentablemente, no todos se graduaban; para nada.

Heredé un problema grave de abandono escolar. Cuando llegué al Conalep, los estudiantes sólo pasaban, en promedio, tres semestres en la escuela. Necesitábamos darles algo en esos tres semestres que les durara para toda la vida. Contactamos a Microsoft de nuevo y comenzamos un programa que más tarde se llamaría Academia Microsoft. Era un programa de certificación para que los estudiantes se capacitaran en Microsoft Office, algo que esperaba que les ayudara en su vida laboral, incluso si no lograban graduarse y tenían que construir una vida sin un título académico.

Había sido parte del gobierno que había negociado el TLCAN y abierto el país a la economía global. Ahora mi trabajo era crear una fuerza laboral que respondiera a las demandas de esa economía. Quería formar a la próxima generación de emprendedores en el ámbito de la tecnología y, gracias a que tenía control del presupuesto y un equipo inmenso, pude poner en marcha todo lo que nos planteamos. Por más improbable que haya sido cuando obtuve el trabajo, liderar Conalep fue más que gratificante: fue apasionante.

Por supuesto, estaba el pequeño detalle de vivir en Metepec, un municipio de aproximadamente doscientos diez mil habitantes que siempre había considerado el lugar más aburrido del país. Obviamente, no podía hacer el viaje de dos horas entre mi casa y la oficina dos veces al día, así que llamé a mis amigos del hotel Four Seasons, ubicado en el Paseo de la Reforma, a sólo cuarenta y cinco minutos de Metepec. El gerente me ofreció una tarifa atractiva y el Four Seasons se convirtió en mi segunda casa. Era una buena vida, pero no duró mucho.

Unas semanas después, estaba en un evento con el presidente Zedillo y su equipo cuando me percaté de que me miraba con severidad desde el otro lado de la sala. En el momento en que se cruzaron nuestras miradas, se acercó.

—Ven —dijo—. Quiero hablar contigo.

Lo seguí, como si fuese un estudiante que está por recibir un regaño del director. Sabía que estaba en graves problemas, pero no sabía por qué.

—Escuché que te estás quedando en el Four Seasons —dijo. Asentí, contrito, y sacudió la cabeza—. Bueno, no vuelvas a ese hotel. Eso se acabó. —Luego se alejó.

¿Cómo se siente decepcionar a un presidente en funciones? Puedo asegurar que nada bien. Para él, no tenía importancia que la tarifa que había negociado en el Four Seasons no fuera exorbitante y estuviera dentro de mis límites presupuestales. Acabábamos de sobrevivir otra devaluación y las apariencias le importaban. Quería dirigir una administración limpia y que un funcionario de su gobierno se quedara en el Four Seasons no se veía bien. Debí haber sido más sensato.

La noche siguiente me registré en un Holiday Inn de tercera en la ciudad de cuarta que es Metepec. Tiré mi equipaje sobre la alfombra delgada, abrí las persianas, observé el horizonte sombrío y decidí pasar ahí el menor tiempo posible.

Los fines de semana eran fáciles. Regresaba a la Ciudad de México o volaba a Monterrey para ver a Lucía. Todavía no estábamos casados, pero estábamos perdidamente enamorados y nos dirigíamos en esa dirección. Entre semana era diferente. Claro, podía visitar planteles y programar reuniones en la Ciudad de México, pero también tenía mucho trabajo en la oficina. No podía evitar ese lugar para siempre.

En mi primera noche en Metepec, una alarma a las cuatro y media de la madrugada interrumpió abruptamente mi sueño. Me senté en el borde de la cama, me tallé los ojos, respiré profundamente y me alisté para correr 15 kilómetros antes del trabajo. Salí un tanto deprimido por las puertas corredizas de vidrio del Holiday Inn, cuando me sorprendió gratamente ver pasar a un pelotón de ciclistas. Vestían trajes de licra y montaban sus bicicletas de primera por un camino sinuoso que llevaba a las faldas del Nevado de Toluca, un volcán de más de 4,500 metros de altitud.

Era enero de 1995, estaba entrenando para mi primer triatlón Ironman en Kona, Hawái, y resultó que, por pura casualidad, me habían mandado al lugar adecuado. Cuando regresé de correr, el personal del hotel me explicó que atletas de todo el mundo se quedaban en Metepec para hacer entrenamiento en altitud. Me convertí en uno de ellos. Mis días siempre comenzaban con un nado, para después correr una distancia larga o hacer un recorrido en bicicleta por el volcán. Ah, Metepec. Las condiciones de entrenamiento eran tan buenas que terminé por enamorarme del lugar.

De todas maneras, quería ser un director general visible. Una de las críticas que se habían hecho a administraciones anteriores del Conalep era que los titulares no visitaban los planteles para verlos con sus propios ojos, no se reunían con maestros ni directores y tampoco conocían a los estudiantes ni a sus padres. Desde el principio, dije a mi equipo que teníamos que ser accesibles y que viajaría a cualquier parte del país siempre y cuando encontrara una alberca para que pudiera entrenar cada mañana.

Fue hermoso observar la transformación de las escuelas del Conalep con el paso de los años. Con baños limpios, salas de cómputo llenas y un plan de estudios mejorado, los edificios bullían con energía nueva. La eficiencia terminal aumentó seis por ciento, pero estaba convencido de que nuestro desempeño podía ser aún mejor. Si no hubiera estado tan comprometido con visitar los planteles y verlos con mis propios ojos, creo que nunca hubiera identificado una de las causas principales de abandono escolar: el embarazo adolescente.

Empecé a trabajar en el Conalep siete años después de la publicación, en 1988, de la Encuesta Nacional sobre

Sexualidad y Familia en Jóvenes de Educación Media Superior. Este estudio, que coordinó el Consejo Nacional de Población (Conapo), ofrecía información acerca de la sexualidad de la población mexicana —en particular de los adolescentes— y sacudió a la sociedad desde sus cimientos. En un país en el cual la religión, principalmente la Iglesia católica, tiene tanto poder, la sexualidad era una discusión nueva y no del todo bienvenida. En lo que respecta al sexo adolescente, la Encuesta estableció que, en promedio, los mexicanos perdían la virginidad a los 16.5 años; encontró que, en veintiséis por ciento de los embarazos, los padres eran menores de 18 años; y reveló estadísticas sorprendentes acerca de la homosexualidad y las enfermedades de transmisión sexual, especialmente el sida.

En las escuelas veíamos todo lo que se discutía en el estudio, sobre todo el embarazo adolescente. Cuando una niña se embarazaba, no sólo se ponía en riesgo su educación. En muchos casos, el padre adolescente también abandonaba la escuela porque necesitaba ir a trabajar. Así es como se crea o perpetúa un ciclo de pobreza. Para mi segundo al mando, José Antonio Gómez, y yo, el Conalep tenía la responsabilidad de dar a los estudiantes las herramientas que necesitaban para tomar mejores decisiones y, así, ayudar a frenar el embarazo adolescente. Coincidíamos en que necesitábamos un plan de estudios de educación sexual sólido. Esto puede parecer básico, pero, en el México de aquel entonces, ofrecer cursos de educación sexual en una escuela pública se consideraba revolucionario.

Miguel Limón, el secretario de Educación Pública —y mi jefe—, fue la primera persona a la que me dirigí con nuestro plan. Fausto Alzati había presentado su renuncia debido a un currículum falsificado, y Miguel lo había sustituido antes de que yo siquiera hubiese puesto un pie en Metepec. Ambos habíamos trabajado juntos durante el gobierno de Salinas y éramos buenos amigos. Antes de que asumiera mi puesto, Miguel me citó en su oficina en la Ciudad de México y me transmitió un mensaje potente que se me quedó grabado: "Sé que te gusta la grilla —dijo—, pero, si me llego a enterar de que estás usando el Conalep para fines políticos, te despido en ese momento. Tienes que concentrar todos tus esfuerzos en arreglarlo y cambiar la vida de los estudiantes. Es lo mínimo que merecen".

Inspirado, me propuse hacer exactamente eso. Con el apoyo de Miguel y un presupuesto generoso, logré construir un historial de éxitos. Entonces, cuando lo busqué para presentarle nuestra idea más nueva —y la más atrevida hasta ese momento—, no me sorprendió en absoluto que aceptara de inmediato. Él sabía que era hora de que en México hablásemos abiertamente acerca de sexo con nuestros hijos.

El Conalep y la Secretaría de Educación Pública (SEP) elaboraron, de manera conjunta, un nuevo libro de texto para un taller, titulado *Educación sexual y valores*. Desde luego, en el libro venían los aspectos básicos de la reproducción, pero también incluimos temas como el deseo sexual. No proponíamos simplemente la abstención, porque sabíamos que eso no funcionaría. Hablábamos abiertamente acerca de la masturbación y los métodos anticonceptivos; también de la homosexualidad. No íbamos a decir que había una sola manera de tener relaciones sexuales. Para nosotros, eso hubiera sido retrógrado, inhumano y una negación absoluta de la realidad.

Como era de esperarse, esos libros de texto provocaron un escándalo entre los miembros de la Confederación Patronal de la República Mexicana (Coparmex), una organización empresarial con mucha influencia en el Conalep. Su consejo directivo estaba repleto de conservadores acaudalados que no querían que habláramos de sexo con los adolescentes. Otras cuantas organizaciones conservadoras también protestaron públicamente. Nos acusaron de promover la homosexualidad y la promiscuidad, cuando simplemente intentábamos ser honestos con nuestros estudiantes para que pudieran tomar decisiones inteligentes y saludables.

A pesar de la reacción negativa, Miguel nunca vaciló en su apoyo: "Encuentra la manera de vencerlos", me dijo. Fui, pues, a la reunión del consejo directivo de la Coparmex para presentar nuestro texto y los videos que planeábamos mostrar a los estudiantes. También expliqué, con datos duros, por qué seguiríamos adelante con el programa. En respuesta, amenazaron con llevar a cabo una campaña de desprestigio —contra mí personalmente y contra el Conalep en general— en periódicos de todo el país. Estos señores eran los dueños de los diarios, así que no era una amenaza vacía. Pero cuando la corriente arrecia, uno no para de nadar y se sube al barco; empuja hacia delante y lucha con todas sus fuerzas para superarla, y eso fue lo que hicimos.

Nuestro siguiente paso fue presentar el plan de estudios a los padres de familia. Organizamos jornadas de puertas abiertas, invitamos a todos los padres de adolescentes de 15 años en adelante y contamos con la presencia de setenta y cinco mil de ellos. Durante las charlas, les mostramos los libros de texto y los videos. Todos los asistentes firmaron una carta de apoyo al programa.

La Coparmex volvió a amenazar con una campaña de desprestigio la semana siguiente. Los desafié a que lo hicieran y les dije que con mucho gusto imprimiría las setenta y cinco mil cartas que los padres habían firmado para respaldar el programa. Mientras poníamos a prueba nuestro currículo en quince escuelas, tuvimos una serie de reuniones tensas con la cúpula de la Coparmex. No obstante, tras la prueba piloto, la Confederación renuentemente aceptó apoyar públicamente la iniciativa. El programa se puso en marcha en las escuelas del Conalep en todo el país y, poco después, la tasa de abandono escolar bajó aún más.

Para mí, sin embargo, no se trataba sólo de las estadísticas. Al fin y al cabo, era imposible establecer una relación causal entre la educación sexual y la tasa de abandono escolar. Lo que me enorgullecía era nuestro compromiso con dar a los estudiantes las herramientas necesarias para tomar mejores decisiones. Luchamos para darles más control sobre sus vidas y un sentido de pertenencia sin importar a quién amaran. Fue de lo más destacado de mi carrera en el ámbito educativo.

Para entonces, ya me había casado con Lucía, me había puesto en contacto con Nora Toledano y había decidido, al menos temporalmente, dejar de lado los triatlones y concentrarme en la natación en aguas abiertas. Las cosas en el trabajo no podían marchar mejor, tenía el canal de la Mancha en la mira y la vida era hermosa.

El director general del Conalep puede ocupar el puesto hasta por dos periodos de cuatro años. Con Zedillo aún en el poder, me designaron y ratificaron sin problemas para un segundo periodo en 1999. En aquel tiempo, estaba en el proceso de incorporar a nuestras escuelas la educación basada en competencias, la cual busca que los estudiantes aprendan mediante la práctica y el estudio de situaciones reales de trabajo, en lugar de teorías o abstracciones.

Había varios modelos que podíamos emular. La educación basada en competencias se había utilizado en Inglaterra desde la década de 1970 y luego se había extendido por toda la Mancomunidad de Naciones. Canadá tenía un gran sistema, al igual que Australia. Nos acercamos al modelo australiano porque era un país cuya economía era más o menos del mismo tamaño que la de México y su sistema de Educación Técnica y Superior (TAFE, por sus siglas en inglés) tenía similitudes con el Conalep. Los dirigentes del TAFE se convirtieron en nuestros consultores.

Una de las primeras cosas que hicimos fue evaluar y volver a capacitar a los maestros. La evaluación no les entusiasmaba, pero los respaldamos con un programa de capacitación sólido. Cuando la contienda electoral para la presidencia tomó vuelo en 1999, habíamos capacitado a los catorce mil maestros del sistema. Desafortunadamente, no pude dirigir ese proyecto hasta el final.

Poco más de un año después de cruzar el canal de la Mancha, me quedé sin trabajo. Vicente Fox, un conservador del Partido Acción Nacional (PAN), derrotó al candidato del

243

PRI, Francisco Labastida, y ganó las elecciones del año 2000. Fue una victoria inesperada porque, durante los seis años del gobierno de Zedillo, los beneficios del TLCAN realmente habían empezado a notarse, y parecía que el país optaría por el *statu quo*. A fin de cuentas, el ingreso disponible había aumentado en todo el país, había un auge de desarrollo en la Ciudad de México y nunca antes había habido tantos adolescentes inscritos en instituciones de educación media superior. Sin embargo, a diferencia de nuestro candidato, Fox logró cautivar al país.

En esta ocasión, no participé en la campaña del PRI. De hecho, estaba en Italia el día de las elecciones y la derrota no me preocupó sobremanera —al menos no personalmente—, porque aún me quedaban dos años más en el puesto. Más adelante, el equipo de Fox me designaría como parte del equipo de transición de la SEP. Todas las señales eran buenas.

No obstante, al cabo de unas semanas, me despidieron sin causa y me convertí en un cuarentón desempleado en la mitad de su carrera, sin idea de lo que haría a continuación. Lo único que sabía era que no me quedaría en el sector público. Estaba harto de esperar a que me dieran un puesto, siempre sujeto al capricho de los políticos o del público en general. Había sido un empresario desde que era niño y quería regresar a los negocios, pero ¿qué haría?

Al principio, cometí algunos errores. Comencé una empresa de consultoría con mis dos exjefes, Miguel Limón y Jaime Serra, pero, después de haber manejado mis propios asuntos durante tanto tiempo, lo sentía como un retroceso. Dejé la consultoría y me involucré en un nuevo proyecto que buscaba hacer más eficientes las cadenas de suministro.

Era un buen negocio, pero me peleé con el fundador y, en cuestión de un año, me salí. Perdí mi inversión inicial y todas mis acciones.

En otras palabras, mi regreso al sector privado empezó con dos fracasos, pero Lucía no perdió la fe en mí y no me asusté, porque los deportes me habían preparado para la vida. La incomodidad que se siente al hacer un Ironman o un nado de larga distancia es una gran preparación para los periodos de dificultades psíquicas, emocionales e incluso financieras que, tarde o temprano, hay que enfrentar.

Cuando una persona se ve obligada a resistir el dolor extremo en el agua, sentirá incomodidad de forma inmediata e intensa. Lo único que querrá hacer es rendirse, pero, si persevera a pesar de todo, estará acondicionada para soportar aún más incomodidad la próxima vez, y ésa es la clave del éxito. El éxito no suele depender del talento o la suerte, sino que surge de la resistencia y la perseverancia. Se trata de tener suficiente fe y voluntad para soportar el desánimo y el dolor, y nunca rendirse.

Para entonces, sabía que tener un trabajo era la cosa más fácil del mundo. Uno recibe su salario cada quincena y la vida es relativamente estable. Cuando alguien se convierte en su propio jefe, sin embargo, sentirá como si lo lanzaran al mar abierto, donde se está a merced del clima, las corrientes y la mala suerte. Pero no importa a lo que se tenga que enfrentar; nada, además de él, predeterminará su destino. Su éxito o fracaso en una situación dada casi siempre dependerá de cómo responda a las condiciones externas.

Sin importar lo que haga o lo que esté en juego, mi respuesta nunca cambiará. Siempre seguiré nadando.

El canal del Norte me

acechaba y necesitaba

ponerme a prueba,

porque el frío te saca

el aire de los pulmones,

te golpea el estómago y

se adueña de tu mente.

II

Catalina
(de nuevo)
y el estrecho
de Cook

D os mil diecisiete fue mi año de agua fría.
Mi plan original después de completar
el canal de Kaiwi, en marzo de 2016,
era nadar el canal del Norte en agosto
de ese año y, si todo salía bien, terminar
los Siete Mares con el estrecho de Cook en Nueva Zelanda
durante el verano del hemisferio sur, es decir, en febrero o
marzo de 2017. Incluso después de que el Comité Ejecutivo
Nacional del PRI me nombrase secretario de Actividad Física
y Deporte del partido, no vi razón alguna para modificar mis

planes. Podía entrenar porque, sin importar en qué parte de México estuviera, siempre me aseguraba de tener acceso a una alberca, aun si eso implicaba nadar a deshoras. Como de costumbre, nadaba entre 30 y 35 kilómetros por semana y los fines de semana durante cuatro horas en Las Estacas. Me sentía seguro y fuerte de cuerpo y mente, hasta que viajé a San Francisco en junio de 2016.

Resulta que San Francisco, una de mis tres ciudades favoritas en el mundo, tiene la suerte de albergar una de las comunidades de natación en aguas abiertas más importantes del mundo. Los dos clubes más emblemáticos de la comunidad, el South End Rowing Club y el Dolphin Club, están uno al lado del otro, junto al muelle de la calle Hyde, frente a la zona de Fisherman's Wharf y muy cerca de la plaza Ghirardelli. Su playa compartida y su pequeña caleta se conocen en San Francisco como Aquatic Park.

Desde que se fundaron los clubes en la década de 1870, nadadores y remeros se han congregado ahí para nadar o competir a bordo de sus clásicos botes de remos de madera en la gélida, turbia y brumosa bahía de San Francisco. Al terminar, se meten al sauna y toman *whisky* juntos para calentar sus huesos congelados.

En ambos clubes, hileras de fotos y placas grabadas con los nombres de quienes han completado los cruces más famosos del mundo decoran los pasillos revestidos de madera. Después de recorrerlos, contemplar el equipo, absorber la historia y conocer a los miembros de esta sociedad secreta de aventureros —como los describe la también nadadora de los Siete Mares y amiga mía, Kim Chambers—, los nados de resistencia más difíciles del mundo empiezan a sentirse como una posibilidad real. Además, cuando nuevos nadadores se unen a los clubes y se ponen una meta como, por ejemplo, nadar el canal de la Mancha, siempre se les alienta a seguir adelante, se les capacita y se les dan consejos para recaudar fondos.

Los nadadores más importantes del Área de la Bahía de San Francisco pertenecen a alguno de los dos clubes, aunque hay quienes son miembros de ambos. Yo soy miembro del South End Rowing Club, porque tiene menos reglas. Los nadadores del Dolphin Club no tienen permitido nadar fuera de los límites del Aquatic Park, es decir, más allá de una sección acordonada de la bahía. La regla es comprensible dados los serios problemas que pueden provocar el tránsito constante de barcos, la niebla y la baja temperatura del agua, que la mayor parte del año oscila entre 11 y 14 °C y rara vez supera los 16 °C. Precisamente por eso viajé a San Francisco en junio de 2016; el canal del Norte me acechaba y necesitaba ponerme a prueba.

Uno no puede probarse a sí mismo en una caleta acordonada que sólo permite alejarse unos 200 metros de la costa. Eso no es nadar en aguas abiertas; es nadar en una alberca ensalzada. Claro, hace mucho frío y nadar durante periodos largos en esas aguas con tan sólo traje de baño, gorra y *goggles* no deja de ser un reto, pero no es lo mismo que lidiar con esas temperaturas mientras las temibles mareas de la indomable bahía de San Francisco te avientan de un lado al otro.

Entonces, mi amigo y kayakista Miguel Meléndez y yo nos preparamos para un nado de cuatro horas del Aquatic Park al puente de la Bahía y de regreso. El agua esa mañana estaba a poco más de 14 °C. Cuando uno se mete a aguas así de frías sin un traje de neopreno, lo único que se puede hacer es comenzar a nadar de inmediato. Hacerlo no es fácil: el frío te saca el aire de los pulmones, te golpea el estómago y se adueña de tu mente. Además, en el momento en que sumerges la cara, un dolor de cabeza tremendo se expande por tu cerebro.

El dolor puede ser insoportable, pero, por lo general, sólo dura los primeros diez minutos del nado, para luego retirarse a la parte posterior de la mente. Después, el dolor de cabeza se desvanece y la sangre fluye hacia el tronco del cuerpo, lo que crea una membrana adormecida en la superficie de la piel. Es tentador acostumbrarse a esa membrana, porque uno se siente más caliente, casi vigorizado, pero, en cuanto uno deja de nadar para ver, digamos, el puente Golden Gate iluminado por el sol naciente, el frío regresa rápidamente y te castiga de nuevo.

Cuando entramos al agua esa mañana de junio, una capa espesa de niebla blanca rodeaba los rascacielos del centro de San Francisco. Hacía años que no nadaba a temperaturas inferiores a 16 °C durante más de una hora. Había entrenado en La Jolla, pero el océano Pacífico rara vez alcanza temperaturas tan bajas al sur de California, donde las corrientes frescas de Alaska se mezclan con las cálidas aguas mexicanas.

Me encantó estar en medio de la bahía, en una ciudad que verdaderamente es mi segundo hogar. Disfruté de las vistas de dos puentes icónicos y la isla de Alcatraz, y conté los enormes portacontenedores y los remolcadores humeantes que provenían del Pacífico. Pero no tenía experiencia y, después de casi una hora de sentirme fuerte y capaz, mi confianza se desmoronó cuando el frío mordisqueó mis sinapsis, erosionó esa membrana protectora y se filtró a mis huesos. No había manera de que pudiera llegar hasta el puente y regresar. Con los labios azules del frío y sin poder controlar el castañeo de mis dientes, se lo dije a Miguel y dimos media vuelta. Para cuando caminamos tambaleantes hacia la orilla del Aquatic Park, habíamos estado en las aguas de la bahía de San Francisco durante poco más de tres horas. No paraba de temblar, así que no permanecimos afuera y nos dirigimos directamente al sauna. Mientras estaba sentado en la banca de cedro y absorbía el calor seco, los mismos pensamientos se repetían en mi mente una y otra vez.

Si no podía resistir cuatro horas en temperaturas similares a las que me esperaban en las aguas norirlandesas, ¿cómo podría nadar durante doce horas en el canal del Norte? Sólo faltaban dos meses para ese cruce y era obvio que no estaba listo. Además, tenía miedo, y no sólo del frío. Después de todo el esfuerzo, el tiempo y el dinero que había gastado, temía no poder lograr lo que me había propuesto. Tenía miedo al fracaso.

De vuelta en el hotel, llamé a mi equipo para darles la noticia: pospondríamos el nado. Al principio pensaron que me había vuelto a lastimar el hombro, pero, una vez que se los expliqué, Rafa y Ricardo entendieron. Nora no estaba contenta. Es increíblemente difícil reservar barcos de apoyo para los cruces. Dado que en muchos canales hay una lista de espera de dos a tres años, le preocupaba que, si aplazábamos el nado de 2016 a 2017, no lográsemos conseguir un barco hasta 2019. Sabía que yo quería ser la séptima persona en completar los Siete Mares y, aunque estaba a tiempo de lograrlo, Rohan

More de India, Ion Lazarenco-Tiron de Moldavia y Steven Junk de Australia perseguían el mismo objetivo y estaban al acecho. Si me quedaba sin la posibilidad de intentar el cruce del canal del Norte en 2017, pensaba Nora, cualquiera de los otros nadadores podría terminar el reto antes que yo.

Sus argumentos eran válidos, pero, si intentaba nadar el canal del Norte en 2016, el fracaso estaba garantizado y de todas maneras tendría que reservar otro viaje en 2017. Entonces, ¿para qué arriesgarme? En lugar de eso, Rafa, Ricardo y yo empezamos a ir a San Francisco cada mes. Pasábamos la mayor parte del tiempo en el South End Rowing Club y en la bahía de San Francisco.

En noviembre, logré terminar el nado de ida y vuelta al puente de la Bahía junto con Kim Chambers, quien en 2014 se había convertido en la sexta persona en completar los Siete Mares. Kim es una amiga muy querida, pero en esa ocasión me molestó mucho porque, como el nado era pan comido para ella, no paró de hablar mientras yo luchaba por sobrevivir. Aun así, se sintió bien tocar el pilón de concreto del puente de la Bahía, luchar contra la corriente hasta el Aquatic Park y salir del agua sin padecer un frío insoportable. Fue una señal de que estaba más cerca de donde tenía que estar.

En términos fisiológicos, empecé a acumular más grasa parda, un tejido adiposo repleto de capilares que rodea algunos órganos internos. Este tipo de grasa mantiene a los recién nacidos calientitos en este mundo frío y permite que los mamíferos que hibernan conserven su calor mientras duermen durante el invierno. La mayoría de las personas pierde esta especie de almohadilla térmica interna poco después de nacer, pero los nadadores de aguas abiertas la necesitan para resistir el frío del mar durante medio día sin que les dé hipotermia. La única manera de acumular grasa parda es pasar tiempo en agua fría.

El siguiente nado de los Siete Mares que tenía programado era el del estrecho de Cook, entre las islas Norte y Sur de Nueva Zelanda, en marzo. Aunque el agua estaría mucho más fría que en Hawái, probablemente no sería una prueba adecuada para evaluar mi capacidad de lidiar con el frío al que me enfrentaría en el canal del Norte. Eso me hizo pensar en el increíble cruce del canal de Catalina que había hecho mi amigo Dan Simonelli el 15 de enero de 2016. Lo había planeado para celebrar el octogésimo noveno aniversario del nado pionero de George Young, pero también para prepararse para cruzar el canal de la Mancha ese verano. En todos los años que habían transcurrido desde la carrera de Wrigley, Dan era apenas el tercero en hacer la travesía completa en el mes de enero.

Me puse en contacto con él en noviembre y llegué a la dolorosa conclusión de que un cruce exitoso del canal de Catalina en enero —si es que lo lograba— me daría algo en qué apoyarme cuando las cosas se pusieran difíciles en el canal del Norte.

Según Dan, uno de los aspectos más difíciles de nadar el canal de Catalina en enero era organizar el cruce. La temporada de natación en Catalina no empieza hasta abril, así que, para conseguir la aprobación de la junta directiva de la federación del canal, había tenido que presentar una solicitud por escrito junto con una evaluación médica reciente. Seguí el mismo protocolo y, a principios de diciembre, se aprobó mi nado. Intentaría convertirme en el cuarto nadador en la historia en cruzar el canal de Catalina en enero, en el nonagésimo aniversario de la increíble hazaña de George Young.

Cuando les dije a Nora y Rafa, ambos se enojaron. A Rafa le preocupaba que este nado y el del estrecho de Cook estuvieran demasiado cerca y que no pudiera recuperarme a tiempo. Como la gran atleta que es, Nora es una persona de hábitos y se rige según planes que parecen estar grabados en piedra. Este cruce implicaba un nuevo cambio de planes que alteraría el programa de entrenamiento y reducción de esfuerzo. No les gustó la idea, pero yo estaba decidido.

Nadar durante cuatro horas en la bahía de San Francisco es un desafío, pero cruzar el canal del Norte requeriría permanecer más de doce horas en el agua. Era una diferencia significativa y necesitaba saber si tenía la capacidad de hacerlo. No pretendía acumular más grasa parda; en este nado pondría a prueba mi fortaleza mental, nada más.

Días antes de mi cruce del canal de Catalina, Lucía, Ximena, David y su novia —ahora esposa— Itzi viajaron conmigo a San Francisco para pasar Año Nuevo juntos. Celebramos en grande, por supuesto, y, a la mañana siguiente, me levanté poco después del amanecer y me dirigí al club para recibir el año con un nado en el Aquatic Park. El agua estaba a sólo 10 °C, casi tan fría como llega a estar en la bahía.

Aunque esta vez me quedé dentro de los límites del parque —sólo nadé hasta las banderas en la boca de la caleta—, hacía tanto frío que la cabeza me dolía como nunca. Pasaron diez minutos, luego quince y después veinte, pero seguía sin poder recuperar el aliento. Mareado por el miedo y el *shock* del agua fría, entré en pánico y nadé hacia el muelle, donde salí del agua y caí de rodillas, temblando, con la cabeza entre

254

las manos. Mi piel estaba de un blanco fantasmagórico y mis labios azules; mis huesos temblaban tanto que parecía una maraca viviente de Año Nuevo. Sólo había estado en el mar durante cuarenta y dos minutos.

Mi amigo Simon Domínguez, presidente del South End Rowing Club, me encontró allí. Simon es un gran nadador y un experto en el agua fría. En una ocasión nadó el lago Tahoe, un lago alpino a gran altitud que mide 35 kilómetros de punta a punta. También hizo el intento valeroso y sin precedentes de nadar 46 kilómetros desde el puente Golden Gate en San Francisco hasta los Farallones. No obstante, cuando sólo le faltaban cinco kilómetros, con el cuello irritado y sangrante, atrajo a los tiburones blancos y lo sacaron del agua como medida de precaución.

Simon no sabía qué tanto o, más bien, lo poco que había nadado esa mañana. Me hizo las preguntas básicas —el nombre de mi esposa, mi ciudad natal y la fecha— para evaluar si tenía hipotermia o no. Luego me ayudó a levantarme y me llevó adentro, a esa conocida banca de cedro dentro del sauna, donde me volví a perder en mis pensamientos. Había entrenado en agua fría durante siete meses, pero, después de esa lamentable actuación, me preguntaba si había sido suficiente. Pronto lo descubriría: faltaban tan sólo dos semanas para mi nado de Catalina.

Mi equipo y yo abordamos el barco de apoyo en el puerto de Long Beach el 15 de enero a las siete de la noche. Forrest Nelson, el actual presidente de la Federación de Natación del Canal de Catalina, y Carol Sing, la secretaria, pasaron a desearme suerte. Dan Simonelli había aceptado ser uno de mis kayakistas y estaba en la cubierta organizando los suministros cerca de Tom Hecker, otro nadador de aguas abiertas de primer nivel que iba a fungir como observador oficial de la Federación. Incluyéndonos a Nora y a mí, teníamos en un solo barco a cuatro personas que habían completado la Triple Corona y a cuatro miembros del Salón de la Fama Internacional de Natación de Fondo. Fue un sentimiento maravilloso saber que tantos nadadores extraordinarios se interesaban en mi cruce, en el nonagésimo aniversario del nado inaugural del canal de Catalina. Quería hacer que ellos —y el difunto George Young— se sintieran orgullosos de mí.

En las horas previas a cualquier cruce, no hay lugar en mi mente para otra cosa que no sea el éxito. Olvido los pendientes de mi vida profesional, me desconecto de las dificultades de México y de este mundo lleno de complicaciones y dejo de afligirme por cualquier problema personal. Pongo toda mi atención en mi plan para el nado y en el océano que tengo enfrente. Sin embargo, con todos esos grandes atletas a mi alrededor, estaba un poco nervioso, porque, además, había mucho en juego. Lo más importante era que, para clasificar al canal del Norte, tenía que nadar al menos seis horas en agua a una temperatura inferior a 15.5 °C. También quería igualar la hazaña de Dan y necesitaba tener éxito ese día para poder enfrentar con confianza el canal del Norte en 2017.

Mientras Pablo tomaba fotos, Ariadna preparaba los suministros médicos y Miguel Meléndez, mi otro kayakista, ayudaba a organizar la alimentación, Forrest me apartó del grupo.

—Está fría —dijo con una ceja arqueada, señalando el agua.

—Me ha tocado peor —respondí. Asintió. Ambos sabíamos que cruzar el canal por la noche, con el mar a una temperatura inferior a 15.5 °C y tan sólo traje de baño, gorra y *goggles*, exigiría un esfuerzo monumental y sería muy doloroso.

—Mira, Antonio, sé de lo que eres capaz y sé que sabes manejar el dolor y soportar condiciones extremas —dijo Forrest—, pero no siempre podemos controlar cómo salen las cosas y... si nos esforzamos demasiado... a veces... —No pudo encontrar las palabras para terminar su reflexión. En cambio, colocó su mano izquierda sobre mi hombro y extendió la derecha—. Sólo sé inteligente, ¿de acuerdo? —Cerramos el trato.

El viaje a la isla desde el puerto de Long Beach se me pasó de volada. El viento soplaba con fuerza y había bastantes olas, pero el barco las atravesó sin problemas. En menos de una hora, la embarcación ya se balanceaba frente a Long Point en la isla Catalina.

Miguel Meléndez y Dan Simonelli se vistieron y equiparon los kayaks, Rafa me ayudó con el calentamiento y el estiramiento y Nora cubrió mi piel con óxido de zinc y vaselina. Justo cuando estaba a punto de saltar y nadar hacia mi punto de partida, apareció un delfín. Con un salto, emergió del agua hacia la noche oscura y quedó expuesto de la nariz a la cola antes de desaparecer en el agua negra.

"¡Está a 14 °C!", gritó René Martínez, el cuñado de Itzi que nadaría el canal de Catalina unos meses después. Acababa de revisar el termómetro del barco a petición de Nora. El agua estaba un poco más fría de lo que habíamos previsto, pero era demasiado tarde para quejarse. Había mucho que hacer.

Nora se me acercó con su iPhone. "¿Quieres revisar Wind Guru por última vez?", me preguntó. Le dije que no. Ya sabía que se pronosticaban vientos fuertes para toda la noche, y era hora de ver cómo me desempeñaba en condiciones adversas una vez más. Me acerqué al borde de la cubierta y salté.

Mientras nadaba hacia la isla, podía sentir el frío en mis entrañas, pero no en mi cabeza. Eso quería decir que la temperatura del agua no era tan severa como la de la bahía de San Francisco. En la playa, con los pies secos, hice la señal y comencé el nado de 32.3 kilómetros rumbo a la California continental.

Los fuertes vientos habían despejado el cielo, el aire se sentía fresco y había luna casi llena, pero el tamaño de las olas, que casi alcanzaban los dos metros de altura, era superior a lo que cualquier nadador hubiese deseado. Antes de salir del hotel, había tomado un tazón de sopa de tomate y, durante el viaje a la isla, me había comido un *muffin*. Ninguna de las dos cosas me había sentado bien. Con el movimiento de las olas frías, que me aventaban de un lado al otro, me dieron náuseas y empecé a vomitar una y otra vez. No tenía más remedio que nadar.

Al cumplir cinco horas, sentí dolor en el brazo izquierdo y focos rojos se prendieron en mi cabeza. El dolor me recordó lo que había enfrentado en el estrecho de Tsugaru. Lesionarme en un nado tal vez innecesario tan sólo dos meses antes de mi cruce del estrecho de Cook, el penúltimo de los Siete Mares, era lo peor que me podía pasar. A la media hora, nadé hacia el barco y pregunté a Rafa y Ricardo qué podía hacer para mitigar el dolor.

Su preocupación era obvia, pero no tenían permitido tocarme. Detenerse en ese momento tampoco tenía mucho sentido, porque necesitaba nadar al menos seis horas para clasificar para el canal del Norte. Lo discutieron y me dijeron que me concentrara en el movimiento del tronco, que extendiera los brazos desde el abdomen, girara la cadera y restara carga a mis hombros al impulsarme en el agua. Hice lo que sugirieron y el malestar en mi brazo disminuyó, pero pronto mi ingle comenzó a pulsar con dolor.

Después de eso, los intentos de diálogo con mi equipo fueron inútiles. Los fuertes vientos impedían que nos escucháramos, así que dejé de intentarlo. De vez en cuando, me escribían mensajes en sus pizarras blancas, pero, si llegaba a hablar con alguien, era con Dan o Miguel, el kayakista que estuviera de guardia. Miguel no aguantó los dieciséis nudos de viento y las olas impetuosas por mucho tiempo. A la mitad del camino, ya estaba demasiado mareado para remar. Sería Dan quien me tendría que llevar a buen puerto.

Un gran momento en cualquier nado en Catalina es la transfusión de energía que, al amanecer, afortuna al nadador. Durante toda la noche, el cielo había estado despejado. Con tanto viento, estaba seguro de que eso no cambiaría y de que el amanecer traería el calor y la energía que tanto necesitaba. En efecto, al principio la luz del sol era tan intensa que decidí cambiar mis *goggles* por otros más oscuros. Después de ocho horas de nado, sin embargo, tenía las manos tan frías que no las sentía ni podía doblar los dedos. Fue necesaria mucha concentración para quitarme los *goggles* y cambiarlos por los otros.

En ese preciso momento, con los *goggles* nuevos en su lugar, el viento trajo nubarrones que taparon el sol. La temperatura volvió a bajar y, después de un breve descanso del viento antes del amanecer, las cabrillas se multiplicaron a mi alrededor. Aunque no se pronosticaban cambios en el clima durante las horas siguientes, hubo algunas noticias buenas. Sin contar las yemas de mis dedos, mi cuerpo estaba aguantando bien. No temblaba, mi estómago se había estabilizado y avancé bien, hasta que me topé con un muro implacable.

Con la ya cercana costa a la vista, una corriente negativa me mantuvo en el mismo lugar. Llevaba trece horas de nado y Ariadna miraba el reloj, preocupada por la hipotermia. Pero, como no me tenía que acercar al barco de apoyo para los abastecimientos, no podía examinarme adecuadamente. Dan era quien me vigilaba de cerca y, como el nadador de aguas abiertas experimentado que es, no iba a sacarme del agua por temor. Sólo iba a tomar esa decisión si tenía la certeza absoluta de que yo estaba en peligro. Aunque la corriente desfavorable me había hecho reducir la velocidad, le demostré tener suficiente fuerza para mantenerlo tranquilo.

Fue un nado largo y el frío me pasó factura. Cuando llegué a la orilla rocosa de Palos Verdes alrededor del mediodía del 15 de enero, había estado en el agua durante catorce horas y veintisiete minutos. Temblaba tanto que apenas podía permanecer erguido, mis huesos se sacudían, estaba tan pálido como un espectro y tenía los ojos casi cerrados por la hinchazón.

Levanté los brazos mientras me tambaleaba en la playa y, cuando sonó la bocina, me arrastré hacia el agua y dejé que Dan me guiara hacia el barco, que flotaba más allá de las olas. Apenas me alcanzó la fuerza en los brazos para subir la escalera del bote. En cuanto estuve en la cubierta, me apoyé en los hombros de Ricardo y Rafa, quienes me sentaron en una silla. Ariadna me revisó los ojos con su linterna y los tres me llevaron a una regadera que usa el motor del barco para calentar el agua de mar. Cuando alguien tiene hipotermia, no se puede usar agua hirviendo para hacerlo entrar en calor. A pesar de que el agua de esta regadera estaba tibia, tenía tanto frío que sentía como si estuviera bajo una cascada de aguas termales.

Ariadna revisó mis signos vitales, me envolvió en una cobija y una manta isotérmica y colocó compresas calientes sobre mi piel. Era demasiado pronto para saber cuánta fuerza me había quitado el cruce o cuánto tardaría en recuperarme. Lo único que sabía era que me había convertido en la cuarta persona en nadar Catalina en enero, que me había clasificado oficialmente al canal del Norte y que, si todavía me quedaba aire en los pulmones, el siguiente nado sería el estrecho de Cook en marzo.

261

El viaje a Nueva Zelanda nueve semanas después nos tomó veintinueve horas de principio a fin. Pasamos por San Francisco, pero, como esta vez viajaba en compañía de todo mi equipo —Lucía, Nora, Rafa, Ricardo, Pablo, Ariadna y su hijo de un año, Joaquín—, no disfruté de la ciudad ni nadé en la bahía. En lugar de eso, hicimos una escala de tres horas antes de tomar un vuelo transpacífico esa noche. Mientras esperábamos, me empezaron a dar escalofríos, me dolía la garganta y tenía los senos nasales obstruidos. Ariadna me dio antibióticos, pero las cosas empeoraron en el avión; no era la obertura ideal para ninguna aventura.

Situada entre colinas verdes y frondosas, Wellington, la capital de Nueva Zelanda, es una ciudad reluciente que desemboca en una tranquila bahía azul zafiro en el extremo sur de la isla Norte de Nueva Zelanda. A pesar de la belleza, me sentía muy mal. Además, desde mi nado de Catalina, no había logrado siquiera acercarme a mi mejor nivel de condición física. Mis músculos habían estado adoloridos y cansados y, aunque había cumplido con el kilometraje que establecía mi programa de entrenamiento, temía que Rafa y Nora hubiesen tenido razón desde un inicio. Cruzar el canal de Catalina había sido un gran riesgo y aún estaba por verse si haberlo hecho no estropearía mi nado del estrecho de Cook y el resto de mis planes deportivos para el año.

Nos alojamos en el Intercontinental, uno de los mejores hoteles de Wellington, y nos sorprendió gratamente

encontrarnos en la recepción con una mexicana de Guanajuato. Antes del TLCAN, hubiera sido poco probable encontrarse a una joven de una ciudad mexicana relativamente pequeña que estudiara y trabajara en la capital de un país lejano como Nueva Zelanda. Pero, en mi opinión, eso es lo que el TLCAN dio a México: levantó nuestra autoestima colectiva. De la noche a la mañana, dejamos de ser un país del tercer mundo en la periferia de la prosperidad. Nos convertimos en una pieza importante del sistema global y, ahora, más de veinte años después, nuestros hijos estudian en todas partes del mundo. Conocer a esta joven fue otro recordatorio de la importancia de lo que habíamos logrado durante los gobiernos de Salinas y Zedillo. No obstante, eso no me quitó el dolor ni la tos; tampoco cambió el hecho de que tenía menos de una semana para recuperarme.

Nos reunimos con el capitán del barco, Philip Rush, al día siguiente. Habíamos estado en comunicación durante meses, pero no nos habíamos conocido y quería verme nadar. Philip no era el típico capitán de barco. Para empezar, la suya era una embarcación semirrígida muy básica de 12 metros de largo; además, aunque pocos capitanes son también nadadores, Philip era una leyenda: tenía en su palmarés dos cruces dobles del estrecho de Cook —aproximadamente 46 kilómetros en total— y un cruce triple, sin parar, del canal de la Mancha. Con ese nado había establecido un récord mundial. Cuando un nadador con esa trayectoria muestra interés en tu forma, quieres mostrar lo mejor de ti, pero estaba demasiado enfermo para complacerlo.

En lugar de eso, encontramos un lugar acogedor para relajarnos y platicar en lo que resultó ser una mañana nublada. Llegó con buenas y malas noticias. El pronóstico climatológico para la mayor parte de mi ventana era pésimo, pero se esperaba que en el primer día, para el cual sólo faltaban cinco días, el clima estuviera despejado y tranquilo, con excelentes condiciones para nadar. También mencionó que, en lo que iba de la temporada 2017, todos los nados en los que había participado como capitán habían terminado exitosamente.

Dos días después, el 15 de marzo, me empecé a sentir mucho mejor y, para reducir gradualmente el esfuerzo, comencé una rutina de nados cortos, de máximo una hora. Mi ritmo era sólido y, aunque el agua estaba fría, a 15 °C, estaba preparado para ello. Había entrenado duro en San Francisco y había demostrado de lo que era capaz en el canal de Catalina. Mi grasa parda estaba bien afianzada y lista para mantenerme caliente durante los 23 kilómetros del nado.

El estrecho de Cook, conocido por el pueblo aborigen de Nueva Zelanda, los maoríes, como Te Moana-o-Raukawa, conecta el mar de Tasmania con el océano Pacífico Sur y separa las dos islas principales del país. Nadar los 23 kilómetros que mide su parte más angosta conlleva una buena cantidad de peligros. Si bien su temperatura es similar a la del canal de Catalina, sus corrientes tremendas, que han llegado a inmovilizar a nadadores hasta por ocho horas, pueden hacer que cualquier inicio prometedor se convierta en un fracaso total.

Aunque el estrecho lleva el nombre del capitán James Cook, el explorador inglés que "descubrió" las islas de Hawái y lideró la primera circunnavegación europea de la actual Nueva Zelanda, la leyenda maorí dice que fue Kupe, un legendario navegante polinesio, quien salió en una canoa desde Tahití y, guiado por las estrellas, se convirtió en el primero en cruzar el estrecho y tocar sus orillas. En el siglo XIX, balleneros navegaron desde Europa y Wellington pronto se convirtió en el primer bastión europeo de lo que más adelante se volvería Nueva Zelanda.

Como con la historia del estrecho, también hay dos versiones acerca de quién fue la primera persona en cruzarlo a nado. En la historia oral maorí hay registro de que, para 1831, ya había al menos una persona que lo había hecho. Algunos creen que se trató de una mujer escoltada por un delfín. Me gusta creer que eso es verdad. Pero, en cuanto a aquellos de nosotros que nadamos con trajes de baño Speedo, el primero en cruzar el estrecho fue Barrie Davenport en

1962. Trece años más tarde, la gran Lynne Cox se convirtió en la primera mujer en hacerlo de forma oficial.

Se puede pensar en el estrecho de Cook como un menisco en el cual convergen dos poderosos océanos. Como en cualquier cruce, el horario de inicio depende del clima. Los capitanes buscan ventanas meteorológicas y dan seguimiento al flujo de las mareas, porque las corrientes en el estrecho de Cook cambian de manera abrupta: se mueven vigorosamente en una dirección durante seis a ocho horas antes de encaminarse hacia el lado opuesto. Y, sin embargo, pese a todo eso, cuando llegamos al puerto a las seis de la mañana para encontrarnos con Philip Rush, mi mente estaba en todas partes salvo en la tarea en cuestión. Para empezar, el esposo de Ariadna no había podido hacer el viaje, así que su hijo Joaquín había tenido que quedarse con Lucía en Wellington. Además, Lucía estaba nerviosa por tener que cuidar a un bebé que iba a estar sin su madre por primera vez. Pablo acababa de comprar un dron y estaba preocupadísimo por aprender a usarlo. Le angustiaba tanto un posible fracaso que constantemente pedía ayuda a Ricardo y terminó por estresarnos a todos. Rafa, por su parte, había pasado por una cirugía de espalda que le impedía acompañarnos en el barco y había tenido que permanecer en Wellington. Era un circo, pero, cuando llegó Philip, nos dio noticias que acallaron todo ese ruido sin sentido: el clima sensacional que habíamos esperado no duraría tanto como él había previsto.

"Tendremos entre cuatro y cinco horas de buen clima; luego el viento va a empezar a soplar —dijo—. Se espera una fuerte tormenta y, si las condiciones no son adecuadas, tendré que sacar al nadador del agua, pase lo que pase. Tengo la última palabra". Su mensaje no pudo haber sido más claro y debió haberme asustado, pero, cuando salí de la isla Norte a las siete y media de la mañana, seguía demasiado confiado. El agua estaba a una temperatura razonable —15.6 °C—, la superficie estaba tranquila y cometí el error de pensar que Philip no tenía motivo para preocuparse y que sería un día fácil.

Durante las primeras cinco horas, el barco navegó a mi derecha, pero, cuando el viento aumentó y las olas empezaron a crecer y hacer espuma, se colocó a mi izquierda para protegerme del caos. El problema era que nunca respiro de mi lado izquierdo y no iba a comenzar en el penúltimo nado de los Siete Mares. Sin un bote a mi derecha que me guiara, no sabía hacia dónde mirar ni cómo orientarme. Durante un descanso, Philip señaló una montaña que se elevaba sobre la costa de la isla Sur.

"Sólo dirígete hacia esa montaña", dijo. Hice lo que me pedía, pero el viento arreció tanto que me desviaba constantemente de mi camino. A veces me empujaba tanto a la derecha que mi posición era casi paralela a la de la isla. Sentía que, en lugar de dirigirme hacia la isla Sur, nadaba rumbo a un horizonte vacío.

Las corrientes del Pacífico me empujaron hacia el este, lejos del destino de mis sueños. Sabía que, si se me escapaba este punto de llegada, tendría que nadar mucho más de 23 kilómetros; el siguiente punto estaba a 16 kilómetros de distancia.

Después de nadar durante siete horas, tenía buenas posibilidades de completar el cruce en doce, un tiempo decepcionante, por decir lo menos, pero ya había nadado durante casi veinticuatro horas en una ocasión, así que era factible lograrlo. Sólo era cuestión de mantener el punto de llegada a mi alcance y terminar antes de que la tormenta se intensificara.

En la octava hora, cuando volteé para respirar, mi mano izquierda cayó sobre una medusa translúcida que flotaba en la superficie del mar púrpura. Su veneno invadió mi cuerpo, mis ojos se llenaron de lágrimas detrás de mis *goggles* y maldije mi suerte, pero no me detuve.

Mi ritmo había bajado a sesenta brazadas por minuto, lo cual era lento para mí, peligrosamente lento. En la duodécima hora, noté que el punto de referencia al que había estado apuntando se había movido mucho a la izquierda. Se me escapaba mi destino, así que tuve que cambiar de dirección justo cuando el viento arreciaba. La fuerza que movía las nubes oscuras iba en aumento, y Philip le dijo a Nora que tenía que subir mi ritmo a más de sesenta y una brazadas por minuto o no lograríamos vencer a la tormenta. Ella me dio la noticia, mientras el capitán se acercaba a Pablo y Ricardo. "Las cosas no pintan bien —les dijo—. El viento empeorará mucho, y muy pronto. Es posible que tengamos que sacarlo". Asintieron de forma sombría, pero no me lo dijeron.

"¡Sólo te faltan dos kilómetros!", me gritó Philip media hora después. No había sonado tan optimista y entusiasta desde la primera hora. Asentí y decidí no hacer más pausas de alimentación. Era hora de hacer un último esfuerzo. Aceleré y sentí cómo atravesaba el agua con facilidad. No me había sentido tan bien desde el inicio del cruce. Una vez más, escuché el grito alegre de Philip:

—¡Estás a 800 metros! —Levanté la vista.

—¿Adónde me dirijo? —le grité de vuelta. Había dos montículos que se elevaban sobre el mar, llenos de gaviotas agitadas. Eran el comienzo de la masa terrestre de la isla Sur, pero no había mucha playa.

—¡Nada hacia el montículo izquierdo! —respondió.

Recorrí el trayecto mientras caían las primeras gotas de lluvia y, cuando nada más me faltaban unos cuantos metros, reduje la velocidad para sincronizarme con el oleaje. Me preocupaba que las rocas estuvieran cubiertas de conchas filosas, pero, cuando una ola me depositó sobre una pila de rocas, me recibió una capa de esponjas y algas. Fue un final indulgente para un nado difícil.

El nado de Cook no requiere salir del mar por completo, así que me apoyé torpemente en las rocas, con los pies aún sumergidos en el agua poco profunda, y levanté seis dedos hacia el cielo. El dron de Pablo capturó el momento. Lo había logrado: tenía seis de los Siete Mares en la bolsa.

Philip pisó el acelerador rumbo a la ciudad mientras tratábamos de escapar de la lluvia. Después de una hermosa cena con vistas al estrecho y una noche más en Wellington, casi todos los miembros de mi equipo regresaron a México. Lucía, Pablo y yo nos dirigimos a Queenstown.

En ese país tan bello, Queenstown es probablemente la ciudad más hermosa de todas. Rodeada de montañas escarpadas llenas de nieve, es la capital neozelandesa de los deportes de aventura. Desafortunadamente, en nuestro segundo día ahí, Lucía se resbaló en la calle, se cayó y se golpeó la cabeza en el borde de la acera. Fue una caída terrible e inesperada. La llevamos a la sala de emergencias, donde le diagnosticaron una conmoción cerebral. El médico dijo que, si hubiera golpeado el suelo con más fuerza, podría haber muerto.

Sus palabras me estremecieron y, mientras esperaba en la sala de emergencias, no pude evitar pensar en lo rápido que pueden cambiar las cosas en este mundo frágil. En esta vida, no hay tiempo para relajarse, ni siquiera después de un éxito, sobre todo si uno quiere perseguir sus sueños, reclamar lo que es suyo y hacerse un nombre. Quienes estamos llenos de ambición no podemos quitar el pie del acelerador, porque no sabemos cuándo terminará la función.

Una vez que dieron de alta a Lucía, acortamos nuestro viaje y regresamos a México. Durante los cinco meses siguientes, continuaron mis peregrinaciones mensuales a la bahía de San Francisco y, cada vez que podía, nadaba en agua fría por horas y horas. Esperaba volverme inmune al frío, pero una parte de mí sabía que eso era fantasía pura. Cuando se trata de hipotermia, no hay pastilla que se pueda tomar ni vacuna que se pueda inycctar.

Soportar temperaturas crueles durante horas y horas requiere aprender a evitar el pánico y, para ello, hay que saber controlar la mente mediante una mezcla de concentración intensa y relajación profunda. Ésta es una habilidad en sí misma. Conocía a alguien en la Ciudad de México que podía ayudarme a encontrar ese equilibrio y prepararme para el desafío más grande de mi carrera como nadador. Me había ayudado de vez en cuando durante más de veinte años. Era hora de volverme a poner en contacto él.

269

"Nadarás, contarás

tus brazadas,

mantendrás tu

mente en blanco y te

concentrarás en tu

perla roja. Ése será tu

termostato interno".

Controlar la mente

Desde la magnífica actuación de Felipe Muñoz en ese día mágico de 1968, el deporte me ha servido de guía; luego, cuando yo mismo comencé a entrenar y competir en la alberca, se convirtió en mi roca, la única cosa sólida en la que me puedo apoyar sin importar lo que pase. Haya sido mi destino afortunado o injusto, la marea alta o baja, mis actividades deportivas han sido como una burbuja, una vida paralela, un capullo en el que puedo olvidarme de todo el ruido de la cotidianeidad y vivir el momento.

A menudo, eso implica empujarme hasta el límite, hasta llegar a sufrir, y ése es el punto. Cuando te pones a prueba físicamente, descubres tu esencia. ¿Renuncias cuando las cosas se ponen difíciles o tienes lo que se necesita para salir adelante? Para la mayoría de las personas, incluyéndome, la respuesta cambia según el día. Por eso los deportes son tan poderosos; ofrecen la oportunidad de enfrentar dificultades —e incluso provocarlas— para que, día tras día, semana tras semana y año tras año, podamos ver de qué estamos hechos.

He tenido muchos éxitos y también he fracasado en grande, pero lo importante es que siempre he vuelto al ruedo. Ponerme a prueba una y otra vez, desde la infancia hasta la madurez, me ha permitido desarrollar una autoconfianza y una resistencia que sólo pueden ser resultado de controlar la mente durante desafíos físicos extremadamente estresantes. A pesar de ello, encarar el canal del Norte —y una hipotermia casi garantizada— era el obstáculo más intimidante al que me había tenido que enfrentar.

Al océano frío no le importa quién eres o de dónde vienes, qué has hecho o cuáles son tus planes. Los seres humanos no estamos hechos para nadar los 35 kilómetros de mar que separan Irlanda del Norte de Escocia, punto. No estamos diseñados para soportar, durante más de medio día y sin un traje de neopreno que nos mantenga calientes, aguas cuya temperatura ronda los 13 °C en el verano.

Pero eso es lo que se interponía entre mi sueño y yo, un sueño que había perseguido durante años. Si no lograba cruzar este último canal, todo habría sido una enorme pérdida de tiempo y energía. Sí, habría aprendido lecciones de esta aventura sin importar el resultado, pero estar tan cerca de la meta y no alcanzarla sería devastador, así que me propuse hacer todo lo posible para tener éxito. Necesitaba estar consciente de mis miedos más profundos y aprender a lidiar mejor con mis inseguridades para poder superar mis límites; necesitaba llamar a Jaime Delgado y pedirle ayuda.

Jaime Delgado creció limitado por un problema articular que le impedía jugar como cualquier otro niño. Intentaba integrarse con sus compañeros, pero su falta de destreza lo convertía en un perdedor recurrente. Cuando cumplió 17 años, descubrió el karate y, en su primer día de clases, fue el peor de todo el grupo. Como sus articulaciones estaban rígidas y sus músculos débiles, la calistenia y los estiramientos le causaban dolor, pero perseveró. Al principio entrenaba dos horas al día; luego aumentó a cuatro, seis y hasta ocho horas diarias.

El muchacho estaba tan obsesionado que se cortó el pelo como sus ídolos, Bruce Lee y David Carradine, y obtuvo la cinta negra en sólo tres años. El karate, sin embargo, fue sólo el comienzo. A continuación, estudió taekwondo, kendo, judo y ninjutzu y, a los 21 años, se convirtió en *sensei*. A esa corta edad lo contrataron como coordinador de defensa personal y preparación física en la Academia de Policía, donde se encargó de entrenar a los oficiales en el combate cuerpo a cuerpo.

En sólo cuatro años, había aprendido a destrozar un cuerpo humano de doscientas maneras diferentes: podía romper huesos, dislocar articulaciones y magullar órganos, y era capaz de convertir un periódico enrollado en un arma efectiva contra oponentes armados con cuchillos; sabía cómo matar. No obstante, en las artes marciales lo más importante es mantener el equilibrio, así que su próxima misión fue aprender a curar.

Un día escuchó en una conferencia a Chi Shian Ming, un maestro de kung-fu y chi-kung del monasterio de Shaolin en

273

China, quien estaba de gira por México. El linaje Shaolin es venerado en las artes marciales, porque va más allá del poder físico; utiliza también el poder energético y mental. Chi Shian Ming dio varias demostraciones del poder de la energía, fruto de la práctica de chi-kung.

Jaime quedó tan impresionado que se convirtió en su alumno y lo siguió a China, donde continuó su entrenamiento del manejo de la mente, la energía y el cuerpo. Después viajó solo al Tíbet y vivió en los monasterios de Drepung y Shiar Tze. Durante su estancia, aprendió los secretos de una técnica mental que usaban mensajeros tibetanos para soportar bajas temperaturas y ser capaces de correr kilómetros y kilómetros de un monasterio a otro en el Himalaya. Le enseñaron a correr concentrado, relajado y con un gasto mínimo de energía para rendir al máximo. Correr en ese estado meditativo permitía a los mensajeros mantenerse calientes y evitar el dolor durante sus travesías en las más duras condiciones climáticas; les producía una sensación de flotar sin cansancio.

A fines de la década de 1980, Jaime comenzó a trabajar con atletas para ayudarles a desarrollar fuerza mental, controlar la presión y recuperarse rápidamente de lesiones. Para cuando lo conocí, ya había entrenado a jugadores de tenis de la Copa Davis, estrellas del Barcelona y del Atlético de Madrid, pilotos de la Fórmula Renault, golfistas y ultramaratonistas. Sin embargo, la primera vez que escuché su nombre fue cuando él me llamó en 1998. Alex Kormanovski, un bioquímico que solía estudiar los efectos del entrenamiento en mi química sanguínea, le había dicho que yo iba a tratar de nadar el canal de la Mancha y pensó que me podía ayudar.

No quería dinero. Le atrajo tanto la idea de apoyar a alguien capaz de nadar largas distancias en aguas abiertas que se ofreció a ayudarme de forma gratuita.

"Todos los atletas con los que trabajo afirman que su deporte es el más difícil —me dijo—. El jugador de futbol dice que el suyo es el único deporte que se juega con los pies; el jinete sostiene que depende de un animal irracional; el jugador de tenis afirma que ninguna pelota le llega igual; el golfista considera que su deporte es el más difícil debido a la técnica y la mecánica; y los ultramaratonistas arguyen que deben mantener su energía mientras corren distancias sobrehumanas. Pero puedo asegurarte que lo más difícil de todo es lo que estás haciendo en las aguas abiertas.

"Debes lidiar con las temperaturas del agua y las corrientes dinámicas, enfrentarte a las medusas, los tiburones y un sentimiento permanente de frustración por estar a merced de la naturaleza y, además, hacer todo por ti mismo de principio a fin".

Confesó que las técnicas que me quería transmitir no eran nuevas; para nada. Quería desmitificar las técnicas de meditación y las artes marciales antiguas que le habían enseñado sus maestros y los monjes en los monasterios para ayudarme no sólo a perseverar en el agua, sino a sobresalir.

Fue una decisión fácil. Muy pocas personas comprenden el compromiso y las dificultades que conlleva la natación de fondo. Se sintió bien tener su apoyo inmediato. Además, nunca cometo el error de pensar que tengo todas las respuestas y siempre acepto toda la ayuda que pueda obtener. Fui a verlo al día siguiente antes del amanecer y, desde entonces, he estado en contacto con él.

Mientras más se acercaba el nado del canal del Norte, más me apoyaba en él. Cada viernes, sin importar en qué parte del mundo estuviera, hablábamos a las cinco de la mañana en persona, por Skype o por teléfono. Nuestras sesiones siempre comenzaban con una meditación, para que Jaime pudiera evaluar mi estado mental.

"Los orientales producen, en promedio, treinta mil pensamientos por día, por lo que son más tranquilos y pacientes —me dijo Jaime una vez—. Los anglosajones producen cuarenta mil pensamientos diarios, lo que los hace más ordenados y obsesivos. Nosotros los latinos producimos sesenta mil pensamientos todos los días; somos apasionados y distraídos, pero también extremadamente creativos. Luego estás tú, Antonio. Creo que tú produces setenta mil pensamientos cada día. ¡Detener tu mente es muy difícil!".

Durante la primera sesión después de nadar en la bahía de San Francisco en junio de 2016, le confesé que no pensaba poder soportar el agua fría y que creía estar destinado al fracaso. Nunca me había visto tan inseguro.

"El problema no es el agua fría —dijo—, sino el miedo que le tienes. El agua fría existe, siempre estará ahí. No podemos cambiar eso, pero sí podemos cambiar la forma en que te relacionas con ella y te afecta, así que eso es lo que vamos a hacer".

Al principio, no entendía a qué se refería. ¿Realmente era posible romper las leyes de la termodinámica? Cuando una criatura de sangre caliente se sumerge en agua fría, su temperatura cae. Si permanece ahí durante un tiempo considerable y la temperatura del agua baja demasiado, le dará hipotermia. Así es como funciona.

¿Estaba Jaime sugiriendo que podía regular mi temperatura corporal de adentro hacia afuera y no al revés? Estaba consciente de que los maestros de artes marciales y yoga ya habían demostrado su capacidad para violar las leyes de la naturaleza, pero ¿podría hacer lo mismo un simple mortal como yo? ¿Podría vencer a la ciencia? Lo dudaba mucho, pero también sabía que tenía que confiar ciegamente en Jaime y convencerme totalmente de sus locuras, o me quedaría sin posibilidad alguna de alcanzar mi sueño.

Durante el año siguiente, encaramos el problema mediante tres técnicas distintas que practicamos una y otra vez. La primera consistía en fortalecer mi concentración, para lo cual tenía que aislarme del estrés cotidiano y las dificultades en el trabajo y la vida. La teoría de Jaime era que, como estaba tan preocupado por mi red política y mis negocios —para entonces, ya era dueño de varios—, me costaba trabajo quedarme quieto y concentrarme si no hacía alguna actividad dinámica, como nadar, correr o ejercitarme. El esfuerzo físico ayudaba a apaciguar esos pensamientos y preocupaciones, pero, en cuanto volvía a la calma, mi mente se convertía en el Periférico: una vía con tránsito pesado.

Cuando estaba en la Ciudad de México, nos veíamos en persona antes del amanecer en una sala común de su edificio de acero y vidrio en Santa Fe, un barrio de lujo relativamente nuevo. La sala era elegante y moderna, con pisos de azulejo blanco, iluminación empotrada regulable y vistas a un rompecabezas de rascacielos. Solía mantener las luces tenues.

"Cuéntame de tu semana", me decía, mientras me sentaba en el sofá de cuero frente a él. Le explicaba cómo iba todo con el entrenamiento y el trabajo. Él escuchaba, pero no sólo prestaba atención a las palabras que salían de mi boca. También evaluaba cómo me expresaba y adónde miraba, si mantenía contacto visual o si volteaba hacia el cielo o el suelo. Quería ver cómo me comportaba mientras hablaba. No me daba consejos; estaba demasiado ocupado haciendo un diagnóstico de mi mente.

Luego cerraba sus ojos, y ésa era la señal para que yo hiciera lo mismo. Su respiración larga, profunda y lenta llenaba el espacio con una sensación de reverencia silenciosa. Después, me guiaba para hacer movimientos de chi-kung y, así, limpiar mi energía y calmar mi mente. A continuación, meditábamos para deshacernos de pensamientos inservibles.

"Respira profunda y lentamente y cuenta hasta diez, no en voz alta, sino en silencio —me dijo durante una sesión en el verano de 2016—. Si te viene algún pensamiento a la mente, tienes que volver a empezar desde uno". No es fácil silenciar la mente. De hecho, es uno de los desafíos más difíciles que hay. He practicado esta técnica de manera intermitente a lo largo de los años y, aunque puede ser difícil para mí, cada vez que emprendo una aventura deportiva, Jaime siempre está ahí para afinar mis habilidades. "Cuando estés respirando en silencio mental con los ojos cerrados y puedas contar tres veces seguidas hasta diez sin pensar en nada, puedes pasar a veinte".

La mayoría de las mañanas practicaba durante quince minutos antes de nadar y, pese a que me tomó semanas, finalmente logré llegar a veinte. Cuando le di la noticia, estaba muy contento, porque eso quería decir que estaba listo para una nueva técnica.

"A esto le llamo la meditación de la perla —me dijo cuando mencionó la técnica por primera vez—. Practican una de sus modalidades en el Tíbet, donde el Himalaya puede provocar inviernos increíblemente fríos. Mientras que los monjes usan esta técnica para meditar, los mensajeros la emplean cuando corren por las veredas a temperaturas bajo cero cubiertos con sólo una túnica. Para mantenerse calientes, crean un horno en su vientre bajo con su mente".

Se sentó frente a mí y colocó su mano tres dedos abajo de su ombligo. "Aquí tienes un centro de energía, el *tan tien*. Anda, pon la palma de tu mano debajo de tu ombligo". Hice lo que me pedía. "Ahora cuenta tus respiraciones y, al mismo tiempo, visualiza una perla en ese lugar". Comencé y, después de unos minutos de silencio, volvió a hablar: "¿La ves? ¿Ves una perla?".

Asentí mientras los ojos de mi mente veían que mi perla imaginaria empezaba a titilar, a cobrar vida. Con los ojos cerrados y una respiración pausada, lenta y profunda, seguí concentrado en mi núcleo y, pronto, la imagen en mi cabeza tomó la forma de una perla giratoria redonda, brillante y resplandeciente, del tamaño de una piedra de río.

"Muy bien. Deja que se torne roja — dijo —, como si fuera un carbón que arde en un horno. Ahí es donde necesito que esté tu mente. Aquí mismo, ahora, pero también cuando estés en el agua. Nadarás, contarás tus brazadas, mantendrás tu mente en blanco y te concentrarás en tu perla roja. Ése será tu termostato interno. El frío estará ahí, por supuesto, pero está fuera de tu control, así que no debes pensar en él; ése no es asunto nuestro.

"Recuerda: tú no eres tus problemas ni tus desafíos. No eres el frío, ni el calor, ni el éxito, ni el fracaso. Eres más grande que todo eso. Todos lo somos. Entonces, mientras menos te

279

identifiques con el frío, o con cualquier otro obstáculo que te atrape, más fácil te será resistirlo.

"Todo es temporal. No importa lo que suceda en tu vida ni qué tan fría esté el agua; si avivas constantemente tu fuego interno, acumulas el calor y dejas ir todo lo demás, llegarás adonde tengas que estar".

No recuerdo cuánto tiempo medité esa mañana, pero sí recuerdo haber visto a mi perla giratoria resplandecer con un color rojo como el del carbón ardiente. Le di forma, color y poder, y pronto emitió ondas de energía cálida que recorrieron mi cuerpo desde mi interior hasta la superficie de mi piel, al grado de que el sudor empapó mi frente y resbaló hasta gotear desde mi nariz. Cuando abrí los ojos segundos después, noté que el sol se había elevado sobre la Ciudad de México, la habitación se había calentado como una pecera bajo una lámpara de calor y Jaime ya no estaba.

CAPÍTULO DOCE

"Este nado, a través del

canal más desafiante

de los Siete Mares,

borró cualquier vestigio

de resentimiento y me

redimió de todos mis

fracasos y defectos".

13

El canal del Norte

Había estado en el histórico pueblo pesquero de Donaghadee en Irlanda del Norte durante tres semanas y el clima no quería cooperar. Si el cielo se despejaba, el viento soplaba; cuando el viento cedía, entraba niebla que traía consigo poca visibilidad y lluvia fresca. Nada de esto es poco común en Irlanda durante agosto, pero, cuando eres un nadador de aguas abiertas con un cruce de larga distancia en la mente, es una pesadilla.

Como en el Pacífico del noroeste estadounidense o en la ciudad de San Francisco, el verano es fugaz en el canal del Norte, un estrecho que separa la costa suroeste de Escocia de la orilla noreste de Irlanda del Norte y que conecta el mar de Irlanda con el océano Atlántico Norte. Como nadie sabe en qué momento el sol decidirá salir o los vientos dejarán de soplar en este pedazo de mar, los nadadores reservamos ventanas meteorológicas de una semana en Donaghadee con la esperanza de que los dioses del Canal nos den una oportunidad. Pese a haber entrenado durante meses, o incluso años, la esperanza es nuestra única arma y somos propensos a todo tipo de supersticiones mientras consultamos el pronóstico meteorológico e intentamos descifrar lo que deparará el destino.

Mi ventana se abrió oficialmente el sábado 29 de julio de 2017, pero, durante los tres primeros días, vendavales arremolinados hacían que cruzar el canal fuese imposible. El pronóstico climatológico del lunes tampoco agradó al capitán del barco de apoyo, Quinton Nelson. A diferencia de otros, asumir riesgos no era su estilo. Según el pronóstico de Wind Guru, las primeras horas del martes se veían muy bien para nadar, pero, cuando me reuní con Quinton el lunes por la noche, se mantenía cauteloso.

Quinton era el prototípico marinero curtido. Su ropa se veía desteñida, su piel erosionada y su pelo entrecano despeinado, pero su conducta era tranquila e imperturbable. Cuando hablaba, lo hacía de forma lenta pero firme. Le mostré las predicciones de Wind Guru y las desestimó.

—En el canal del Norte —dijo con su fuerte acento irlandés—, es prácticamente imposible que un nadador termine el cruce con vientos superiores a diez nudos. Nunca lo he visto. —Había esperado mejores noticias, así que aparté la mirada y, desde el muelle, volteé a ver el mar abierto. —Sin embargo —continuó—, ningún otro día de la semana se ve mejor, y sería una pena que regresaras a México sin haber podido hacer el intento.

—No te preocupes por eso —le dije—. Sólo dame tu opinión profesional con toda sinceridad.

—Sigamos vigilándolo —respondió.

Acordamos desechar el plan de nadar a la mañana siguiente y reunirnos nuevamente el martes por la noche. Pero, cuando me desperté el martes por la mañana, el cielo estaba despejado y el viento tranquilo. Después de un breve nado de cuarenta y cinco minutos, Nora y yo contemplamos el clima aparentemente perfecto —el mejor que habíamos visto durante nuestra estancia en Donaghadee— y lo que parecía una oportunidad perdida. Nuestras conjeturas se confirmaron cuando, en el camino de regreso a nuestra posada después del nado, nos enteramos de que un nadador sudafricano había salido temprano esa mañana para intentar el cruce.

Quinton estaba siendo cuidadoso. Lucía se lo agradecía y yo lo respetaba, pero era difícil no sentir frustración y preguntarse si no habíamos perdido la única oportunidad de nadar esa semana. Nora estaba más molesta que yo, pero ambos sabíamos que el canal del Norte es famoso por su clima cambiante y, en efecto, los vientos arreciaron al mediodía, tal como Quinton sospechaba. Más tarde, nos enteramos de que, después de alrededor de seis horas de sufrimiento en el canal, habían sacado al sudafricano del mar y lo habían llevado al hospital con hipotermia.

La posibilidad de que me diera hipotermia había sido la razón por la cual había pospuesto mi nado del canal del Norte el año anterior. Desde entonces, había hecho un viaje tras otro a San Francisco para nadar en agua fría. Con cada visita, mi resistencia había crecido poco a poco y cruzar con éxito el canal de Catalina en enero de 2017 había sido muy buena señal. No obstante, me había costado tanto trabajo que sabía que necesitaba más exposición, más torturas autoinfligidas de

285

agua fría. Así que, a medida que el invierno se convertía en primavera, me seguí poniendo a prueba.

Cada vez que me sumergía en las aguas gélidas, turbias y verdes neón de la bahía de San Francisco era una oportunidad para afinar los ejercicios que Jaime me había recetado. Me tenía que relajar por completo —aunque el frío intentase apoderarse de mis músculos, filtrarse hasta mis huesos y dominar mi mente—, mientras buscaba mantener un ritmo suficientemente rápido para lograr mi objetivo de cruzar un canal helado antes de colapsar. Eso implicaba desarrollar mi concentración y visualizar en mi ombligo la perla roja de energía, mi carbón ardiente imaginario, mi sistema de calefacción interno. Durante mi nado de Catalina, mi calentador se descompuso; parpadeaba intermitentemente mientras yo sufría para alcanzar el éxito. Tan sólo cuatro semanas antes de que se abriera mi ventana en Irlanda del Norte, aterricé en San Francisco para una última ronda de entrenamiento, la última oportunidad para perfeccionar mi técnica.

Planeamos una serie de cuatro nados en cuatro días en y alrededor del Aquatic Park. El año anterior, en junio de 2016, la bahía de San Francisco me había vencido. Sin importar cuánto tiempo nadara, ya fueran cuarenta y cinco minutos o cuatro horas, el frío me golpeaba como un martillo en el estómago y la entrepierna; el dolor era monumental e ininterrumpido. Después de salir del mar, mi temperatura corporal tardaba más de una hora en recuperarse lo suficiente para que el dolor disminuyera, y aún más tiempo tenía que pasar antes de que mis pies se sintieran más o menos normales. En innumerables ocasiones me vieron temblar en el muelle del Aquatic Park, con mis huesos sacudiéndose incontrolablemente. Sin embargo, todo eso me dio experiencia y confianza, y mi miedo al frío se desvaneció a medida que creció mi capacidad de resistir y hacerle frente.

En el transcurso de esos cuatro días en julio de 2017, nadé un total de nueve horas, incluyendo nados de tres y cuatro horas, en temperaturas tan bajas como 13 °C. Mi cuerpo respondió mejor de lo que esperaba: se enfrió sin dolor y pude mantener un ritmo constante y eficiente. Después, no tuve que estar en el sauna durante cuarenta y cinco minutos para recuperar mi temperatura corporal, como en mis visitas anteriores. Me recuperé rápidamente y, tras diez minutos en el sauna, estaba como si nada. Me había convertido en un mamífero marino de agua fría, aislado con grasa parda, justo a tiempo para enfrentar el desafío de natación más duro de mi carrera deportiva.

287

Antes de dejar el South End Rowing Club para tomar mi vuelo transatlántico, tomé arena de la playa del Aquatic Park y llené un frasco con agua de la bahía para llevármelo a Irlanda del Norte, como un recordatorio de lo que ya había hecho y era capaz de hacer. No soy una persona supersticiosa, pero, ante el clima desfavorable y mis posibilidades decrecientes de hacer el cruce, sentí la necesidad de actuar. El martes 1 de agosto por la tarde, cuando sólo quedaban setenta y dos horas para que se cerrara mi ventana, reuní a mi equipo junto con amigos del club de natación local, los Chunky Dunkers, para una ceremonia pagana improvisada, con la esperanza de que el destino se pusiera a mi favor. Esparcí la arena del Aquatic Park sobre la playa y rocié agua de la bahía de San Francisco y Las Estacas —mis principales campos de entrenamiento— sobre el mar. Con casi dos docenas de compañeros nadadores como testigos, pedí permiso al canal del Norte para cruzarlo.

Los primeros resultados no fueron buenos. Cuando volví a reunirme con Quinton el martes por la noche, dijo que el pronóstico para el miércoles, que inicialmente había parecido prometedor, se había estropeado y tendríamos que esperar un día más. No tuvo que añadir nada; yo estaba consciente de la situación. Con mi ventana de tiempo a punto de terminar, nadaría el jueves 3 de agosto o me vería obligado a esperar al menos otro año.

Para entonces, ya llevaba tres semanas en Donaghadee. Eso me había dado dos semanas para acostumbrarme al horario y el agua antes de que se abriera mi ventana. En mi primera mañana en el pueblo, el viento soplaba a más de veinte nudos, pero, con un puerto protegido cerca de Pier 36, nuestra posada, era fácil encontrar agua lo suficientemente tranquila como para entrenar.

Una de las cosas que más me gustan de la natación en aguas abiertas son las vistas que se pueden disfrutar desde el océano. Ciudades resplandecientes, costas escarpadas, montañas de jade y pequeños pueblos embaldosados con piedra y ladrillo muestran sus mejores ángulos a los afortunados que pueden verlos desde el agua. Mis recurrentes nados matutinos, seguidos de caminatas largas, fabulosos almuerzos de marisco y buen *whisky* de malta, hicieron que el extravagante y dulce Donaghadee se ganara un lugar en mi corazón.

Ubicada a unos 29 kilómetros al este de Belfast, la localidad se caracteriza por su faro y su puerto, ambos del siglo XVII, y el Montículo (Motte), un antiguo fuerte almenado que yace sobre una colina. Tiene un aire de pueblo pintoresco y alberga a menos de siete mil personas, pero su cercanía a una ciudad ajetreada y la actividad portuaria han garantizado una prosperidad duradera. Lo mejor es que buena parte de la población nada regularmente en el canal del Norte o conoce a alguien que lo hace. En buena medida, esto se debe a los Chunky Dunkers, un legendario equipo de natación local.

Los Dunkers tienen su origen en una familia local que se comprometió a nadar en el canal del Norte todos los días durante un año. No les importaba la velocidad ni la distancia; a veces ni siquiera nadaban estilo libre. Simplemente habían acordado desafiar al frío, aunque fuera sólo por diez o quince minutos, antes de entrar a calentarse. A menudo los nados eran más largos, pero siempre se respetaba la regla sagrada: no usar trajes de neopreno.

Aunque un pequeño grupo de los Chunky Dunkers se mete al agua todos los días, el domingo es el gran día de nado. En mi primer domingo en el pueblo, nadamos todos juntos. Luego les platiqué acerca de mi misión de los Siete Mares y firmé su registro. Me honró y alegró mucho hacer nuevos amigos con quienes compartía una pasión.

Durante dos semanas, nadé por lo menos noventa minutos una o hasta dos veces al día. Aunque el canal del Norte estaba un poco más frío que el Pacífico, cada nado era menos doloroso que el anterior. Me acostumbré al entumecimiento

289

de mis dedos y al crudo roer del frío en mi mente. Me relajaba, me concentraba en la perla roja y visualizaba las ondas de calor que salían del centro de mi cuerpo y recubrían mi piel. En mi camino de regreso a la posada, disfrutaba los saludos y las sonrisas de caras conocidas. Me había aclimatado al mar y a Donaghadee, y parecía que el pueblo también se había aclimatado a mí.

En este nado final me acompañaron los de siempre: Ricardo y Rafa; Pablo, Lucía y Ximena; Nora, Ariadna y Joaquín; y Brad. Reservamos las cinco habitaciones del Pier 36 y los dueños, Margaret y Denis Waterworth, siempre nos hicieron sentir como en casa. Entendían bien a los deportistas. Al fin y al cabo, su hijo Lewis había hecho nueve triatlones Ironman y su hermano Jody era un saltador de esquí acuático que había batido récords.

Me presentaron a leyendas locales como Lynton Mortensen, un australiano que en 2017 nadó el canal del Norte y el canal de la Mancha con sólo dos semanas de diferencia, y Padraig Mallon, quien, además de tener el canal del Norte en su palmarés, alquila su barco para ayudar a otros nadadores que buscan alcanzar el sueño de cruzarlo. Cuando nos conocimos, se lamentó de que este nado, que es quizás el más difícil de los Siete Mares, también sea el más ignorado. Entendía los motivos: el clima es tan malo que muchos nados se cancelan antes de que el barco siquiera zarpe del puerto, y el frío es tan severo que hasta los grandes nadadores tienen dificultades para soportar las diez, doce o incluso catorce horas que puede tomar el cruce de Irlanda del Norte a Escocia.

También está la medusa melena de león gigante —la más grande de todas las aguamalas—, una bella criatura translúcida color mandarina capaz de dar dolorosas picaduras. El canal del Norte se conoce por tener vastas concentraciones de ellas. Durante su nado, mi amiga Kim Chambers fue víctima de cientos de picaduras. Salió del agua en Escocia tambaleante, hinchada, delirante y con hipotermia. Tiene vagos recuerdos de los momentos posteriores a su nado y se vio obligada a "celebrar" su triunfo en el hospital.

En vista de todo esto, no sorprende que, cuando llegué a Donaghadee, sólo cuarenta y siete personas hubieran nadado exitosamente el canal del Norte —para poner esta cifra en perspectiva, el canal de la Mancha se ha cruzado, a la fecha, en más de dos mil cuatrocientas ocasiones de forma individual o en relevos—. Cuando se puso el sol el miércoles 2 de agosto, parecía que no tendría la oportunidad de intentar ser el número cuarenta y ocho. Al llegar a Pier 36 esa noche, Quinton se veía desanimado.

"Lo siento mucho —dijo—, pero, en este momento, no veo que haya condiciones adecuadas". Hizo una pausa. Sentí el ardor de la decepción, pero no dije una palabra. "Por supuesto, el clima puede cambiar y, si estás dispuesto a irte a dormir esta noche sabiendo que podría haber una posibilidad...". Arqueó una ceja y respondí con una sonrisa. Puso las manos sobre la mesa y se encogió de hombros. "No puedo prometer nada, pero reunámonos aquí a las siete de la mañana y decidamos entonces".

Si hubiera tenido la certeza de que nadaría el jueves, la expectativa tal vez me habría dificultado dormir. Aunque mi sueño pendía de un hilo, las cosas estaban más allá de mi control —al igual que la presencia de nubes en el cielo—, y eso era liberador. No había absolutamente nada que pudiera hacer para salir del aprieto y, sin la presión encima, me quedé dormido antes de las nueve de la noche y dormí profundamente hasta que mi alarma sonó a las cinco de la mañana.

Me levanté rápidamente y, con café en mano, salí de la posada a dar un paseo. Las calles estaban mojadas por la lluvia de la noche anterior y el cielo estaba nublado y gris. El clima no parecía ser muy diferente al de las últimas tres semanas, así que decidí que, si Quinton concluía que intentar el cruce en esas condiciones era imposible, le pediría al menos seis horas de nado. Quería probar la naturaleza del canal del Norte con mi cuerpo y mente, y llevarme esa experiencia a México en caso de que tuviera que volver para terminar lo que había empezado.

Después de meditar y hacer algo de chi-kung, me reuní con Rafa a las seis y veinte de la mañana, como habíamos acordado, y comenzamos mi rutina de estiramiento. Pasara lo que pasara, ese día nadaría. Cuando llegó Quinton a las siete, nos encontró ahí, a punto de terminar el calentamiento.

—La situación está muy difícil —dijo mientras miraba hacia el mar abierto—. Ahora hay mal clima, como pueden ver, pero, según el pronóstico, puede mejorar en tres o cuatro horas. —Nuestras miradas se encontraron y nos quedamos viendo. —Es tu nado, Antonio. Tú tienes la última palabra.

—¿Confías en que mejorará? —le pregunté.

—Sí —respondió. Ésa era la palabra que había esperado escuchar desde que mi ventana meteorológica se había abierto. Lo único que había querido era una oportunidad. Extendí mi mano y él la estrechó.

—Vamos a Escocia —le dije.

Con el cielo aún lluvioso y gris oscuro, caminamos hacia el puerto deportivo; ahí le di un beso en la mejilla a Ximena, abracé a mi hermano Brad, que también se quedaría atrás, y tomé a Lucía entre mis brazos para despedirme de ella. Todos estábamos llenos de ilusión y esperanza, pero también preocupados, porque la densa capa de nubes, que se extendía sobre el mar verde grisáceo, era un mal augurio.

Fui el último de mi equipo en abordar el *James and Frances Macfarlane*, un antiguo bote de rescate de 16 metros. En cuestión de segundos, Quinton tomó el timón y salimos del puerto rumbo al punto de partida. Mientras rozábamos la superficie ondulada, Ariadna y Nora aplicaban a cada centímetro de mi piel expuesta la capa habitual de óxido de zinc y vaselina y me preparaban para la travesía.

Diez minutos después, con el barco parado, salté al mar y nadé hacia la orilla. El agua se sentía sorprendentemente cálida. Aún estaba fría, a poco más de 13 °C, pero en las últimas semanas me había acostumbrado a nadar en aguas a temperaturas alrededor de un grado más bajas y el aumento moderado se sintió como un regalo. Me dirigí tranquilamente hacia la orilla, donde una pendiente verde y rocosa se convertía en un pedregal de roca negra que desembocaba en el océano, y salí del agua con mi traje de baño Speedo, *goggles* y una gorra diseñada especialmente para la ocasión. Hice un gesto con la mano y mi equipo me dio la señal, pero no partí de inmediato. Sabía que el camino que estaba por recorrer exigiría todo de mí, pero también sospechaba que mi éxito no dependería sólo de mis habilidades. Necesitaría algo de suerte y condiciones favorables; necesitaba que el mar cooperara. Entonces, me tomé un momento para conectarme con el canal y pedí permiso para cruzar de Irlanda a Portpatrick, Escocia, a 35 kilómetros de distancia. Después de eso, sólo quedaba una cosa por hacer. A las siete y media de la mañana del 3 de agosto de 2017, comencé a nadar.

Mantuve un ritmo inicial moderado de sesenta brazadas por minuto, mientras la costa irlandesa se desvanecía entre la niebla detrás de mí. La lluvia seguía cayendo, pero el viento era ligero, y eso me dio esperanzas. En la tercera hora, las nubes retrocedieron y revelaron retazos de azul y un arcoíris hermoso. Con el sol sobre mis hombros, encontré un ritmo más eficiente: pasé a sesenta y dos brazadas por minuto y luego a sesenta y cuatro. También pude echar un primer vistazo a la costa escocesa. Todavía estaba lejos y se veía un poco borrosa, pero ya no era un sueño remoto. Estaba justo ahí, esperándome.

Aunque el primer intento de cruzar el canal del Norte de que se tiene registro se remonta a 1928, no fue sino hasta después de la Segunda Guerra Mundial, el 27 de julio de 1947, que el veterano de guerra inglés Tom Blower hizo el primer nado exitoso en quince horas y veintiséis minutos. Su récord se mantuvo por más de veinte años. Hubo varios intentos en las décadas de 1950 y 1960, pero nadie tuvo éxito y al menos un nadador murió de hipotermia después de que su equipo de apoyo lo sacara del agua.

Kevin Murphy, otra leyenda inglesa de la natación, fue el primero en repetir la hazaña de Blower cuando, el 11 de septiembre de 1970, terminó el cruce en sólo once horas y veintiún minutos. Lo hizo de nuevo el año siguiente, aunque excedió su tiempo anterior en más de tres horas. Da igual; ese segundo nado lo convirtió en la primera persona en cruzar el canal dos veces, una lista que aún es increíblemente corta, lo que muestra la extraordinaria dificultad del nado.

El 22 de agosto de 1988, la estadounidense Alison Streeter se convirtió en la primera mujer en cruzar el canal con un tiempo récord de nueve horas y cincuenta y cuatro minutos; su marca se mantuvo durante décadas. Streeter volvería a nadar el canal dos veces más. Ella y Kevin Murphy, quien hizo su tercer cruce diecisiete años después de su primero, son dos de los tres nadadores que han completado tres nados individuales del canal del Norte.

Mientras nadaba e intentaba abrirme paso hacia un lugar más modesto en la historia, seguía esperando a que aparecieran las venenosas medusas melena de león gigante, mas no estaban por ninguna parte. El frío era continuo e intimidante, pero, como un mensajero tibetano en el invierno del Himalaya, mi concentración relajada estaba exactamente donde debía estar. Contaba mis brazadas, visualizaba la brillante perla roja y mantenía a raya a mis demonios. Como de costumbre, hacía paradas cada treinta minutos para dar sorbos de agua y tomar Accel Gel y, a las dos de la tarde, una hora antes de lo programado, ya iba a más de la mitad del camino y estaba disfrutando cada momento.

En retrospectiva, durante mis otras travesías de los Siete Mares, mi mente siempre había estado atada a alguna preocupación molesta o a un obstáculo imprevisto. Las corrientes impredecibles, las concentraciones de medusas, los tremendos portacontenedores, el miedo a las lesiones y el

295

futuro, por supuesto, eran como un lastre; agotaban mi fuerza y me ralentizaban. Desde el principio, el mayor fantasma de toda mi aventura de los Siete Mares había sido este sombrío tramo de mar. Durante tres años, el canal del Norte me había perseguido dentro y fuera del agua, pero ahora ahí estaba, justo en medio, y hasta lo estaba disfrutando.

Desde luego, ningún cruce es fácil, y el clima cambiante estuvo a la altura de su reputación. Variaba cada treinta minutos: había sol, luego lluvia, luego un poco de viento y luego calma. La temperatura del aire subía y bajaba, pero, pese a todo, aguanté el ritmo, concentrado en cada brazada, en cada momento, y mantuve mi mente lo más vacía posible.

Ésa era la clave. Tenía que mantener mi mente bajo control. No podía pensar en lo que me esperaba, porque sabía que la expectación sólo provoca más pensamientos, que, a su vez, generan emociones, y éstas a menudo se tornan en ansiedad. Además, si éste iba a ser mi último nado, quería disfrutar hasta la última brazada. Eso implicaba permanecer tranquilo y sentir verdaderamente cada una de ellas.

Sin embargo, durante mi pausa de alimentación de las cuatro de la tarde, Nora no pudo contener la emoción. Se inclinó sobre la barandilla y gritó: "¡Antonio, estás a sólo dos horas de lograrlo! ¡Estamos muy cerca!". Su felicidad era contagiosa y me invadieron las emociones. Mientras tomaba agua y gel energético, sonreí con lágrimas inesperadas en los ojos. Esta travesía había requerido mucha fe y trabajo duro, más de lo que hubiera podido imaginar. Lucía, Ximena, David y mis hermanos me habían apoyado incondicionalmente; comunidades de nadadores en todas partes del mundo me habían recibido con los brazos abiertos; había contado con el soporte del mejor equipo de entrenadores en las aguas abiertas; y, ahora, sólo faltaban dos horas para completar lo que pensé que sería una pesadilla, pero se había transformado en un hermoso sueño.

En otras palabras, mi disciplina mental no estaba donde debía estar. Me había relajado demasiado. En lugar de luchar por terminar lo que había empezado, estaba actuando como si mi éxito ya estuviera garantizado: un error de principiante. En el mar abierto, dos horas son más que suficientes para que ocurra un desastre, especialmente en el canal del Norte, donde se sabe que las condiciones pueden deteriorarse en un santiamén.

Sentí el cambio en la corriente casi inmediatamente después de esa pausa de alimentación. Pasé de moverme libremente a estar anclado en un mismo lugar. Mi ritmo era de sesenta y dos brazadas por minuto y, de todas formas, sentía que retrocedía. Nadé con todavía más fuerza, pero seguía sin avanzar ni un centímetro. Pasó una hora y no había ganado terreno. Aún estaba a dos horas de distancia. O… ¿no?

En el barco, Mark Hamilton, el observador oficial, consultó su carta náutica. La marea estaba cambiando —sucede cada seis horas en mar abierto—, por lo que la fuerza de la corriente negativa sólo iría en aumento. Aunque difícilmente me hubiera podido preparar mejor para el agua fría, esto no era Hawái y la probabilidad de cruzar el canal del Norte en más de dieciocho horas no era muy alta. En mi siguiente pausa de alimentación, Nora me dio las malas noticias.

"Quinton dice que tienes aproximadamente una hora para superar la corriente", afirmó. Reproduje en mi mente la primera conversación que tuve con Quinton en el puerto deportivo: "Lo más difícil es efectivamente llegar a Escocia —me había dicho—. Muchos nados se han suspendido a metros de la costa".

En aquel momento, pensé que ése sería el peor escenario posible, y ahora lo estaba viviendo. Rafa percibió mi debilidad mental y notó que estaba a la deriva, sumido cada vez más en la autocompasión, así que se inclinó sobre el costado del barco con fuego en los ojos: "¡Sube el ritmo, Toño! ¡Vamos! ¡Con todo!".

Tenía toda la razón. Lancé la botella de agua y puse manos a la obra: aumenté mi ritmo a sesenta y cinco brazadas por minuto. No fue suficiente, así que empecé a bracear aún más fuerte. Los miembros de mi equipo me animaban: echaban porras, cantaban y gritaban; sus palabras de aliento se esparcían en el viento escocés. Era exactamente lo que necesitaba para seguir.

Centímetro a centímetro, porfié en superar las mareas cambiantes con la esperanza de bajar los humos al canal. Llegué a sesenta y siete brazadas por minuto y luego a sesenta y ocho. Jadeaba, lágrimas salían de mis ojos y mi corazón latía con fuerza, pero no sabía si estaba avanzando.

Estaba inmerso en un estado de flujo. Me había convertido en un punto de conciencia en medio de un océano vasto y ondulante; era un peregrino de buen corazón, un mortal cargado de sueños y deseos que absorbía la energía del mar y todo el cosmos. En cada respiración, usaba esa misma energía para abrirme paso a través de un muro de contención y alcanzar mi tierra prometida.

El canal me dio todo lo que tenía y, con concentración y determinación, le devolví todo y le pedí más. Pasaron treinta minutos en un abrir y cerrar de ojos. Hice otra pausa de alimentación; luego volví a lo mío y repetí el proceso. La hora más desafiante en toda mi vida como nadador fue la experiencia más absorbente que he tenido dentro o fuera del agua. Y, de repente, terminó.

Había superado la corriente. El progreso era palpable y Escocia se movía hacia mí con los brazos abiertos. Esta vez no me detuve: no habría más celebraciones prematuras ni descansos. Ahora, más que nunca, las palabras que Quinton había pronunciado en nuestro primer encuentro resonaban en mi mente: "Nunca se sabe cuándo las corrientes se tornarán contra ti... Nunca se sabe...".

Seguí nadando con fuerza, pero el canal del Norte había terminado de jugar conmigo. Había demostrado ser un pirata digno y mi sueño estaba a punto de hacerse realidad. Sin embargo, habría un último obstáculo. Conforme me acercaba a la costa escarpada de Portpatrick me quité los *goggles* y vi lo que realmente era la playa: una maraña de rocas irregulares que las olas azotaban sin cesar. No había ningún lugar seguro para tocar tierra. Pedí orientación a Quinton, quien se encogió de hombros. "Tienes que nadar hasta esas rocas", dijo.

Asentí, puse los ojos en blanco y me reí; luego hice lo que me dijo. Cuando entré a la zona de impacto, una ola rompió detrás de mí, me pasó encima y me aventó de lado. Lo único que pude hacer fue extender mis piernas y brazos agotados, como si fuera una estrella de mar, y rogar por que mi cara no se estrellara contra una roca. Cuando mi mano derecha rozó piedras que yacían en aguas poco profundas, me las arreglé para sujetarme de un borde y, mientras la marea se retiraba, me senté en una roca plana y ancha. Recuperé el aliento y miré hacia atrás, hacia arriba y alrededor de mí. Estaba en Escocia. Lo había logrado.

Sólo en dos ocasiones anteriores había estado tan bien preparado para un evento de natación: las rondas de clasificación para los Juegos Panamericanos en 1974 y para los Juegos Olímpicos en 1976. Ambas terminaron en fracaso. Aunque nunca cumplí los sueños de mi infancia, este nado, a través del canal más desafiante de los Siete Mares, borró cualquier vestigio de resentimiento y me redimió de todos mis fracasos y defectos.

La Asociación de Natación del Canal del Norte no requiere que el nadador salga por completo del agua. Simplemente debe tocar la orilla rocosa, y Mark Hamilton constató que yo lo había hecho. Justo antes de las nueve de la noche, con los últimos rayos de luz tenue aún iluminando el cielo veraniego, después de un nado de trece horas, treinta y dos minutos y treinta y dos segundos, me convertí en el séptimo nadador en completar los Siete Mares. A mis 58 años, también era el de mayor edad.

Cuando Quinton hizo sonar la bocina, levanté el brazo izquierdo, triunfante.

CAPÍTULO TRECE

"Si abrazas

la vida y cultivas la

disciplina, estarás

preparado para

saborear mejor el

presente y disfrutar

tu camino".

14

Disfruta el viaje

Parado en la oscuridad, tras bambalinas, mariposas revoloteaban en mi interior por primera vez en años. No era el resplandor de las luces lo que me estremecía. Me encanta estar en el estrado y disfruto hablar en público, pero este evento era diferente a todos los demás: era especial.

Estaba en el escenario del histórico Memorial Auditorium de Stanford, uno de los edificios emblemáticos de mi *alma mater*. Eran fines de 2017 y estaba a punto de dirigirme a mis compañeros de clase en la reunión que marcaba los treinta años de nuestro egreso. Brad Howe estaba ahí, por supuesto, junto a Lucía, nuestro hijo David y su prometida Itzi —Ximena no pudo ir porque tenía exámenes finales en Boston—. Los rodeaba un mar de viejos amigos y colegas.

Mi nerviosismo no se debía a la falta de preparación. Estaba listo para dar un discurso acerca de mi travesía por los Siete Mares y todos los desafíos que había enfrentado en el camino. Era el mismo tipo de discurso que había dado desde hacía varias semanas. No, el contenido no me ponía nervioso en absoluto; era el contexto.

Mientras gotas de sudor recorrían mi frente y sentía la humedad en las palmas de las manos, recordé la primera vez que me pidieron que hablara delante de mis compañeros en Stanford. Fue en mi segundo año. Todavía me consideraba marxista y me inscribí en un curso acerca de Marx que impartía un profesor legendario. Sólo tenía ocho compañeros en la clase, todos ellos brillantes y siempre bien preparados. Peor aún, cada vez que entregábamos un ensayo, el profesor nos hacía leerlo en voz alta y defenderlo frente los demás, como si se tratara de una tesis.

Sólo hay que imaginarse lo que se sentía para mí, un joven mexicano que todavía estaba perfeccionando su inglés, leer frente a un grupo de estudiantes de Stanford bien leídos y seguros de sí mismos. Me sentía como un impostor y leer mi trabajo era un suplicio, porque mi actuación era patética. Ahora, ahí estaba de nuevo; era uno de los oradores principales de la reunión y podía ver una o dos caras conocidas entre el público. Ni aunque hubiera sido el guionista de mi propia película se me habría ocurrido semejante escena.

En muchos sentidos, seguía sintiendo la euforia posterior al nado del canal del Norte. La tarde del cruce regresamos al puerto deportivo y disfrutamos de un festín memorable en Harbor & Company, el restaurante hermano de Pier 36. Cenamos mariscos frescos y bebimos varias botellas de vino español y suficiente *whisky* de malta para mantener a una pequeña destilería, hasta que mi equipo exigió irse a dormir en la madrugada. Yo también volví a mi habitación junto con Lucía, pero no pude conciliar el sueño; todavía estaba lleno de adrenalina y realización. Entonces, salí de la posada y caminé por la playa, embelesado por el canal. De vez en cuando, cerraba los ojos y recordaba los demás nados. Los Siete Mares, vaya aventura. Me sentía afortunado, pero era una fortuna por la que había trabajado duro, y eso me daba una profunda sensación de paz y satisfacción.

Aunque la noticia de mi hazaña se difundió entre la comunidad de nadadores en aguas abiertas con bastante rapidez, pasaron varios días antes de que se enterara el público en general. Que eso haya sucedido fue un golpe de suerte, algo que nunca hubiera imaginado, porque rara vez aparece en las noticias un acontecimiento relacionado con la natación en aguas abiertas. Sin embargo, en la primavera de 2017 había tenido el gusto de platicar con un periodista independiente de Estados Unidos antes de un nado de San Diego a Tijuana que lideramos Kim Chambers y yo. El evento había sido, en parte, una protesta contra el presidente estadounidense Donald Trump y, además, una muestra de solidaridad y fraternidad entre dos grandes naciones que dependen una de la otra y siempre lo harán. El reportaje se publicó en la revista *Outside*. Durante la entrevista que me hizo el periodista, mencioné mi misión de completar el reto de los Siete Mares, y dijo que estaría pendiente de mi progreso en las semanas siguientes. Pasaron dos meses y no supe nada de él.

Por eso me sorprendió recibir un mensaje suyo durante mi estancia en Donaghadee. Hablamos varias veces antes de mi cruce del canal del Norte y también después. Cuando su artículo se publicó el domingo siguiente, no estaba en la

305

revista *Outside*, sino en la primera plana del suplemento de deportes dominical de *The New York Times*. Nos habían dado más protagonismo que a Usain Bolt. Si alguien me hubiera dicho que eso pasaría, lo habría tachado de mentiroso. ¿Dedicar más tinta a un nadador de aguas abiertas de quien pocos habían oído hablar que al mejor velocista de la historia? Aún suena descabellado, pero sucedió.

Esa exposición mediática generó réplicas por todas partes —salí en televisión nacional en México y mi historia apareció en periódicos de muchos países— que me dieron visibilidad y, con el tiempo, me consiguieron la invitación a dar un discurso frente a mis brillantes compañeros. Pero, minutos antes de subir al escenario en Stanford, me empecé a hacer una serie de cuestionamientos existenciales que me llevaron a dudar del contenido de mi presentación.

¿Cuál era el punto de todo esto?, me preguntaba. ¿Realmente importaban mis nados de los Siete Mares desde una perspectiva más amplia? ¿Tenía valor el simple hecho de haber alcanzado un logro? Este tipo de preguntas son exactamente las que deben evitarse a toda costa antes de hablar en público. Así empiezan los ataques de pánico.

Durante décadas, había vivido según el sabio mantra de cualquier atleta competitivo: el pasado es pasado y el futuro no existe; lo único que tenemos es el momento presente. No obstante, muchos de nosotros estamos tan enredados en el arrepentimiento, la ambición, la depresión o la victimización que disfrutar el presente se vuelve difícil.

A veces, eso es circunstancial, pues la vida puede ser dura e intimidante. No obtenemos todo lo que queremos y muchos tienen dificultades incluso para conseguir lo que necesitan para vivir con dignidad y seguridad. En otras ocasiones, nuestra ansiedad y falta de gozo son el resultado de elecciones subconscientes. Elegimos absorber el ruido y la furia del momento presente de una manera que no siempre corresponde con lo que esperamos o lo que nos gustaría que fuera nuestra vida, lo que provoca un sentimiento de victimización y pérdida.

Tras bambalinas, traté de hacer que mi mente se volviera a concentrar en el guion que ya había memorizado, el que describía el "mayor logro de mi vida". Pero ¿podía un nado o una serie de nados realmente ser el mayor logro de la vida de una persona? La vida tenía que ser más que eso. ¿Debía olvidarme por completo del discurso de los nados y, en lugar de eso, centrarme en la importancia de las relaciones?

Pensé en mis hermanos, en cómo comenzamos a hacer negocios tan jóvenes para ayudar a mis padres a cubrir nuestras colegiaturas. Los cuatro hermanos Argüelles nos hemos mantenido unidos toda la vida y, por eso, todos hemos sido exitosos. Diego ha demostrado ser un empresario ingenioso durante toda su vida adulta y aún somos socios; Raúl ha sido por muchos años un alto ejecutivo en empresas multinacionales; y mi hermano menor, Arturo, es un restaurantero consumado. Todos tenemos familias felices y continuamente invertimos uno en el otro y nos apoyamos incondicionalmente.

Lo mismo aplica para Brad. Mi extraño hermano estadounidense desperdició por completo su educación en Stanford y optó por convertirse en artista. Lo bueno es que es un genio. Sus lienzos y esculturas adornan no sólo mi casa, sino también galerías e incluso museos. Me enorgullece el éxito de Brad, porque he estado presente en sus momentos más difíciles. He sido testigo de su gracia y perseverancia en incontables ocasiones, más recientemente cuando perdió su casa y su estudio de arte —junto con obras invaluables en progreso— durante los incendios de Malibú en 2018. No obstante, perder tantas cosas pareció no molestarle en lo más mínimo. Ante la pérdida permaneció, y permanece, agradecido. Qué gran ejemplo es. Estoy muy agradecido de tenerlo en mi vida y la de mis hijos.

Mis ojos se posaron sobre Lucía, que no podía verme mirándola. Me casé con el amor de mi vida, una exitosa psicoanalista lacaniana, y juntos criamos hijos hermosos. Ximena terminó su maestría en administración de empresas y está lista para una carrera en emprendimiento social, mientras que David cursó un doctorado en la Universidad de Stanford.

Me mantengo en contacto con Ernesto Zedillo, Miguel Limón y Jaime Serra, quien, a su manera, está de vuelta. Actualmente, dirige un laboratorio de ideas y contribuye a dar forma a la política económica en México y en otras partes del mundo. Cuando Trump criticó el TLCAN durante su campaña presidencial de 2016, la figura de Serra resucitó en México. Al fin y al cabo, él había negociado el acuerdo.

Sí, en lo que a relaciones se refiere, mi riqueza es inconmensurable, pero, al igual que los grandes logros, la buena salud de nuestras relaciones más cercanas no siempre garantiza una vida plena. Incluso quienes tenemos todas las ventajas, incluido el don del amor y la amistad, podemos no lograr ver los acontecimientos inesperados como oportunidades; podemos no aprender lecciones importantes y perdernos una realización existencial más profunda; podemos deprimirnos y perder el rumbo.

Mientras esperaba mi turno para hablar, no tenía duda de que me sentía satisfecho, pero no por las cosas que había hecho o las personas que amaba. El secreto de mi éxito en el trabajo, el deporte y la vida en general ha sido mi capacidad de encontrar alegría y esperanza y de permanecer abierto a oportunidades inesperadas a medida que pasa la vida. No es tan fácil como parece; es una lección que he tenido que aprender una y otra vez.

El mejor ejemplo de ello no está en mis nados, sino en la última etapa de mi carrera como servidor público, cuando terminé en el ámbito educativo contra mi voluntad. Nunca anticipé trabajar en el Conalep y no quería hacerlo, pero, al final, ya no quería irme. Entonces, con base en el plan de estudios que creamos y perfeccionamos en el Conalep, creé mi propio sistema escolar para continuar formando estudiantes en los municipios conurbados de la Ciudad de México. También he trabajado como consultor para las secretarías de Educación Pública de tres estados. Nunca habría adivinado en mi primer día de trabajo en Metepec que la educación se convertiría en una pasión que me satisfaría personal y económicamente durante más de dos décadas. Pero así ha sido porque estuve abierto a lo que la vida me puso en el camino y, con mucha dedicación, aproveché esa oportunidad.

Reconozco que es más fácil sacar provecho de las oportunidades si uno es dueño de su propio tiempo. En el Conalep estaba a cargo, así que no estaba bajo las órdenes de un supervisor *in situ*. Tenía jefes, sí, pero nuestro contacto en el día a día era mínimo. Obviamente, muy pocos trabajos

309

permiten eso. Los jefes exigen que lleguemos a una hora determinada y más vale estar ahí, listos para hacer el trabajo. Ese tipo de cosas todavía me pasa de vez en cuando. Pero los supervisores no viven en nuestras cabezas; no determinan cómo pensamos ni qué tan duro trabajamos. Eso depende de nosotros mismos.

Presentarse al trabajo es una elección propia, no de ellos. Siempre que sea posible, todo lo que hacemos debe verse a través del lente de la elección: elegimos cómo nos sentimos y qué planeamos hacer con nuestro tiempo cada segundo de cada día. Ciertamente elegimos cuánto nos esforzamos y, cuando se mira la vida de esa manera, uno no puede más que sentirse libre.

Por supuesto, la libertad puede ser una trampa si no se acompaña de autodisciplina. México lo ha experimentado. En general, el TLCAN ha sido maravilloso para la economía nacional, aunque no ha sido perfecto. Los salarios no han aumentado tanto y la riqueza no se ha repartido de manera tan equitativa como nos hubiera gustado, pero México está claramente mejor ahora que participa en el mercado global.

Al mismo tiempo, no hemos empalmado las nuevas oportunidades y la mayor libertad económica con disciplina en lo que a nuestras dietas se refiere. Las marcas estadounidenses de comida rápida aprovecharon las fronteras abiertas en la década de 1990 y su establecimiento en México ha tenido consecuencias desastrosas para la salud. La obesidad infantil se ha disparado, al igual que la hipertensión y las enfermedades cardiovasculares. La libertad sin disciplina es una receta para el desastre; siempre lo ha sido.

CAPÍTULO CATORCE

En 2016, mi amigo Steven Munatones, fundador de la Asociación Mundial de Natación en Aguas Abiertas, sobrevivió a un ataque cardiaco grave. Su hijo actuó rápidamente, le dio reactivación cardiopulmonar y lo trajo de vuelta a la vida. Estuvo en coma durante una semana y en terapia intensiva durante dos más. Sin embargo, a pesar de todo eso, o tal vez por eso, permanece optimista y lleno de vida a sus 57 años, y tiene una pregunta maravillosa que hace a aquellos que no ha visto en mucho tiempo. Es una pregunta que se hace constantemente: "¿Dónde vas a nadar en 2050?".

Me encanta esa pregunta, porque tener una aventura en mente, una meta en el calendario, estimula la disciplina. No se trata del resultado. El éxito y el fracaso son demasiado fugaces. Lo mejor de establecer grandes objetivos es que hace que la vida cotidiana sea mucho más interesante, desafiante y divertida.

En las primeras etapas de mi carrera como deportista de resistencia, solía deprimirme después de terminar un Ironman o un nado de larga distancia. Tener una misión para la cual prepararme traía concentración y disciplina saludable a mi vida, pero, cuando terminaba, sentía que un agujero negro se abría nuevamente debajo de mí. Ya no tengo la misma sensación de depresión o alienación después de un nado, pero de todas maneras trato de tener el próximo gran reto en mente, porque sé que la disciplina es lo que convierte la libertad —de movimiento y de mente, esa sensación de que todo es posible— en realización.

311

La aventura y el deporte exigen el tipo de rigor intelectual y físico que vigoriza nuestras vidas. Impregnan cada momento de significado y vitalidad. Las metas nos obligan a esforzarnos para convertirnos en nuestra mejor versión y, para mí, de eso se trata esta vida.

A menudo trabajo en más de un gran proyecto; vivo más de una misión a la vez. Actualmente soy parte de una coalición que busca enfrentar los desafíos de salud pública en México. Traje al país Nado por mi Corazón, un exitoso evento de una semana en el que decenas de miles de personas en numerosas ciudades nadan un kilómetro para crear conciencia acerca de la importancia de la actividad física y la salud del corazón.

En cuanto a la obesidad infantil, también creé un programa con Rafa, el ABC Motriz, que consiste en capacitar a maestros de escuelas públicas para promover que sus alumnos se muevan dentro y fuera del salón de clases. Por más que nos guste comer, los mexicanos tenemos que estar en mejor forma física, y predicar ese evangelio se ha convertido en una de mis misiones.

Otro proyecto reciente que me entusiasma mucho es Brazada Abrazada, porque combina mis dos pasiones: la natación y la educación. Sé que pasar tiempo en la alberca puede cambiar la vida de un estudiante de primaria —cambió la mía— y, ahora, quiero que otros niños tengan la misma oportunidad que tuve cuando era pequeño. La idea del programa es que, mediante la enseñanza de la natación y otras actividades acuáticas, los niños reciban una educación integral y adopten estilos de vida saludables. Empezamos con doscientos niños del Internado "Coronel J. Cruz Gálvez", ubicado en Hermosillo, Sonora, y, hasta ahora, hemos logrado sumar a mil quinientos participantes en todo el estado.

Por supuesto, sigo nadando. Lo hago por placer, pero también para demostrar que, incluso a mis 60 años, no he dejado de ponerme retos. Tras haber cruzado con éxito siete de los grandes canales del mundo, sólo queda una cosa por hacer: redoblar esfuerzos.

En agosto de 2019, completé mi primer cruce doble del canal de Catalina. Es el nado más largo que he hecho hasta ahora: bracear desde la California continental hasta la isla Catalina y de regreso —alrededor de 65 kilómetros en total— me tomó veinticuatro horas y diecisiete minutos. Esta travesía fue el preludio a un desafío aún mayor: un cruce doble del canal de la Mancha, programado para el verano de 2020. Se suponía que mi primer cruce del canal de la Mancha iba a ser uno doble. La simple posibilidad de lograr a los 61 años lo que no pude hacer a los 40 me emociona, pero es un reto difícil que exige disciplina diaria.

Hace poco, estuve un fin de semana en La Paz para entrenar en el golfo de California durante ocho horas seguidas. En medio del mar azul, una criatura gigante se aproximó. Su aleta dorsal se asomó por encima de la superficie a tres metros de distancia y mi corazón se desplomó. Era definitivamente un tiburón, uno grande: medía más de seis metros de largo. Pero, cuando estaba más cerca, mi miedo devino en risa. Este tiburón no era peligroso; ni siquiera tenía dientes afilados. Era un tiburón ballena, y estos animales se alimentan por filtración. La noble belleza se me acercó en silencio majestuoso, pasó por debajo de mí con su séquito habitual de peces pequeños y desapareció en el azul eterno.

313

Ésos son los momentos por los que vivo. La vida no se trata de victorias. Su belleza se puede encontrar en las experiencias sutiles y profundas que suceden en el camino. Mientras más a menudo estemos abiertos a las oportunidades, establezcamos objetivos y cultivemos la disciplina, más probable es que nos encuentren la belleza, la alegría y la satisfacción. Ése fue el mensaje que llevé al escenario del Memorial Auditorium esa noche de 2017: si abrazas la vida y cultivas la disciplina, estarás preparado para saborear mejor el presente y disfrutar tu camino.

Cuando me llamaron, no moví un músculo. Los aplausos aumentaron, Lucía estiró el cuello y sus ojos escrutadores me encontraron en la sombra mientras sonreía y lo asimilaba todo. La volteé a ver. Cruzó sus hermosas piernas, guiñó un ojo y señaló hacia el centro del escenario vacío.

Salí a la luz.

314

Agradecimientos

L a culminación de una travesía rara vez es producto de una sola persona. Quiero agradecer a todos aquellos sin cuyo apoyo no hubiera podido llegar a buen puerto.

A mi madre, por haberme inculcado la constancia y el amor por el trabajo bien hecho.

A mi padre, por darme los consejos que me han permitido navegar a través de las tormentas.

A Lucía, por siempre estar a mi lado y ser la tierra firme a la que siempre regreso.

A Ximena, David e Itzi, por acompañarme en mis sueños.

A mis hermanos Diego, Raúl y Arturo, por apoyarme y darme ánimo para dar lo mejor de mí y nunca rendirme.

A mis profesores, la señora Muñiz, Maricarmen Palacios, Miss Silins, Rusell Berman y Jaime Serra, que, con mucho esfuerzo y dedicación, lograron que algo aprendiera.

A Manuel Ángel Núñez, Enrique Escalante, Jaime Serra, Ernesto Zedillo y Miguel Limón, quienes más que jefes fueron mentores, me tuvieron paciencia y me dieron la oportunidad de crecer.

A Alejandro Martí, Daniel Servitje, Claudio X. González Laporte y Guillermo González Guajardo, por su generosidad y su fe en mis proyectos.

A mis entrenadores Gabriel Altamirano, Nelson Vargas, Dick Beaver, Don Jacklin, Jim Gaughron, Rodolfo Aznar, Nora Toledano, Rafael Álvarez, Ricardo Durón, Ricardo González y Héctor Chávez, por creer en mí a pesar de mis limitaciones.

A Quinton Nelson, Mark Hamilton, Mike Oram, Philip Rush, Jeff Kozlovich, Steve Haumschild, Michael Twigg-Smith, el capitán Mizushima, Dan Simonelli y Rafael Rodríguez, por haberme guiado a través de los Siete Mares.

A Karina López, Javier y Ramón Reverté, Fernando Gómez del Campo, Mara Garbuno y Chris Hill, por ayudarme a dar vida a esta historia.

A María Paula Martínez, Pablo Argüelles y Paulo Nunes dos Santos, por capturar con sus lentes los paisajes y las emociones de cada aventura.

A Hermes Ilarraza, Ariadna del Villar y Radamés Ortiz, por darme los cuidados médicos y de rehabilitación que permitieron a mi cuerpo seguir nadando.

A Steven Munatones, por dar vida a los Siete Mares.

A Adam Skolnick, por plasmar en papel los relatos en los que se basa esta historia.

A Franco Bavoni, por la excelente traducción y la incansable labor de cuidar el uso correcto de las palabras.

A Guillermina Velázquez, por siempre estar al pendiente de mí y sacarme de los enredos cotidianos.

A José Luis Peña, por su apoyo incondicional y las muestras de amistad que durante tantos años me ha dado.

Al mar, por siempre recibirme con los brazos abiertos.

EDITORIAL
REVERTÉ